1. 北方民族大学中央高校基本科研业务费校级项目"基于弱…生态系统创新扩散机理研究"（12021001041，2022QN…
2. 宁夏哲学社会科学规划项目"竞争与合作关系下制造业…研究"（20NXRCC14）；
3. 北方民族大学学院重点建设经费项目（11170008）；
4. 国家自然科学基金项目"基于路径构造理论的知识密集型产业主导技术锁定的形成机理、破解路径与策略体系研究"（72274044）

经管文库·管理类
前沿·学术·经典

MANAGEMENT

The Technical Innovation Diffusion in
Manufacturing Enterprises
—Innovation Ecosystem Perspective

制造企业技术创新扩散研究
——基于创新生态系统视角

苏 晓 孙 冰 刘一江 ◎著

经济管理出版社
ECONOMY & MANAGEMENT PUBLISHING HOUSE

图书在版编目（CIP）数据

制造企业技术创新扩散研究：基于创新生态系统视角／苏晓，孙冰，刘一江著. -- 北京：经济管理出版社，2024.6（2025.4重印）.

ISBN 978-7-5096-9715-3

Ⅰ.①制… Ⅱ.①苏… ②孙… ③刘… Ⅲ.①制造工业-技术革新-研究 Ⅳ.①F407.4

中国国家版本馆 CIP 数据核字（2024）第 101790 号

组稿编辑：杨国强
责任编辑：王　洋
责任印制：许　艳
责任校对：王淑卿

出版发行：经济管理出版社
　　　　　（北京市海淀区北蜂窝 8 号中雅大厦 A 座 11 层　100038）
网　　址：www.E-mp.com.cn
电　　话：(010) 51915602
印　　刷：北京厚诚则铭印刷科技有限公司
经　　销：新华书店
开　　本：720mm×1000mm/16
印　　张：13.75
字　　数：239 千字
版　　次：2024 年 6 月第 1 版　　2025 年 4 月第 2 次印刷
书　　号：ISBN 978-7-5096-9715-3
定　　价：98.00 元

前　言

　　技术创新对推进社会结构转型、转变经济增长方式均发挥着重要作用。面对当前经济全球化格局的转变以及经济可持续健康发展的各方压力，竞争与合作关系下创新扩散如何发挥作用并推动社会经济的可持续发展已成为创新研究的热点。目前，创新的研究范式已经从"创新系统"发展为"创新生态系统"，国家间的竞争、企业间的竞争已然转变为创新生态系统间的竞争。在此背景下，制造业企业作为我国技术输出的中坚力量，担负着推动经济长期平稳快速发展的关键责任。创新扩散不仅成为制造业企业获得核心竞争优势、营造良好创新生态环境的重要途径，更是提升国家综合国力，促进社会主义经济健康发展的有力保障。因此，在当前多变且复杂的社会经济环境中，全面、系统、深入地研究制造业企业创新扩散问题，科学、切实可行地提出对策建议，对于我国经济的平稳发展、建设具有中国特色社会主义经济体制有着重要的理论意义和现实意义。

　　第一，本书在全面梳理已有研究理论的基础上，科学界定了制造业企业技术创新生态系统及其创新扩散的相关概念，分析了制造业企业技术创新生态系统结构组成及系统内各主体间的作用关系，论述了制造业企业技术创新生态系统创新扩散的影响因素，进而讨论了基于竞争合作框架研究创新扩散机理的可行性。

　　第二，基于 Cournot 数量竞争博弈，本书构建了竞争关系下制造业企业技术创新生态系统创新扩散博弈模型。基于相应的博弈研究结果，对早期市场中的投资补贴和产出补贴等不同参数下的制造业企业技术创新生态系统创新扩散过程进行了仿真模拟，进一步分析了竞争关系下制造业企业如何制定技术标准。对主要市场中的扩散成本、采纳企业数量和采纳时间等不同参数下的制造业企业技术创新生态系统创新扩散过程进行了仿真模拟，分析核心企业和配套企业通过政府补贴和扩散成本影响制造业企业技术创新生态系统中的创新扩散。

第三，剖析了合作关系下制造业企业技术创新生态系统的创新扩散机理。构建了基于搭建技术创新生态系统、被动采纳配套技术、主动采纳配套技术和维持创新生态系统四个合作过程的 B-M 博弈模型；基于相应博弈研究结果，运用计算机仿真方法，分别研究了不同收益分配比例下，合作关系的核心企业和配套企业的新技术采纳策略，并从企业地位、合作策略和合作收益分配比方面分析了配套技术在制造业企业技术创新生态系统创新扩散不同阶段的扩散机理。

第四，剖析了竞争与合作关系下的制造业企业技术创新生态系统的创新扩散机理。构建了制造业企业创新生态系统中多代技术创新扩散的数理经济模型，探讨了不同的合作和竞争策略下制造业企业创新生态系统中创新扩散的演化机理。剖析了制造业企业技术创新生态系统创新扩散的整体性机理。结合竞争关系、合作关系和竞合关系的创新扩散机理，对制造业企业技术创新生态系统创新扩散机理进行了整体描述。

第五，运用在线数据进行实证研究，验证制造业企业技术创新生态系统的创新扩散机理。通过爬取新能源电池技术创新生态系统创新扩散数据的复杂网络分析对上述研究进行了实例验证。

目　录

第1章 绪论

1.1 研究的背景、目的和意义

1.1.1 研究背景

2020年10月制定的"十四五"规划指出，我国"要加大对先进制造业的投资"，以"保持制造业占 GDP 比重基本稳定，提升先进制造业的核心竞争力"，要"深入推进国家战略性新兴产业集群发展工程，健全产业集群组织管理和专业化推进机制，发挥产业集群优势，打造创新生态系统，鼓励技术创新和企业兼并重组"。制造业能够集中反映国家治理能力，是社会环境、经济水平的"晴雨表"，因此我国政府十分重视制造业的技术发展及技术创新过程中各主体和主体间互动关系形成的创新生态系统，以期通过新技术的产生、推广和市场化进程等创新扩散过程推进产业集群的发展，稳定产业链整体结构，进而达到提升制造业竞争力的最终目的。在此背景下，对于中国而言，在技术创新生态系统的视角下探求制造业创新扩散及其演化的深层机理，进而探索有效地提升制造业企业创新扩散水平的路径，是加快推进我国制造业转型升级的迫切需要。

从20世纪60年代 Fourt 和 Woodlock（1960）以及 Mansfield（1961）等学者关于创新扩散的研究问世以来，建立创新扩散模型，进而预测创新扩散的研究一直被学者所关注。在漫长的发展历程中，创新扩散的研究重点随着经济环境和社会环境进行不断改变，引领着新思想、新技术的市场化传播。Meade 和 Islam（2006）以及刘航（2020）在回顾创新扩散的研究时总结提出，未来的创新扩散研究将集中于三个方面：第一，使用数据挖掘技术进行新技术的扩散预测；第二，多模型（方法）结合的扩散研究；第三，多世代技术的扩散研究。目前，众多学者的研究普遍认为，制造业企业的技术创新不再是单个企业可以在企业内部独立完成的任务，而是一个企业与企业间互补协作的动态过程，并在此过程中实现创新扩散。当前的制造业企业创新扩散呈现出协同性、网络型和集群性等社会网络的特点以及非线性、适应性和自组织等生态系统的特点。因此，需要综合考虑制造企业创新扩散的系统特点，对制造业的创新扩散进行研究。

21 世纪，管理学已经进入了一个多元化的经济时代，对系统科学的研究逐渐从对无生命系统的研究向探讨有生命系统的研究转变，并从工程技术领域逐渐拓展到社会科学、生命科学领域。近年来，国内外学者尝试从生态系统层面探讨制造业企业网络及其创新扩散机制，并在新兴技术创新生态系统构建、新兴技术在区域创新生态系统中的扩散以及新兴技术在产业生态系统中的扩散等方面取得了研究成果。然而，当前研究主要集中于探讨网络特征对生态系统中创新扩散的影响，鲜少剖析企业间互动行为对创新扩散的影响。然而，创新扩散的成功不仅取决于技术本身的特性以及外部网络结构，企业与企业的交互行为也是创新扩散的主要影响因素。合作与竞争是创新扩散中企业与企业间的主要交互关系，合作指采纳企业互相合作推动创新扩散，而竞争是使用不同创新的企业为推动其所采纳创新的扩散而产生的竞争。随着我国经济进入"新常态"，经济结构不断优化升级，从要素驱动、投资驱动转向创新驱动，企业与企业间的竞争与合作关系不断变化，竞争与合作关系下的制造业企业创新生态系统创新扩散变得越来越重要。

因此，在我国提升制造业竞争力，发展壮大新兴产业的压力下，在当前多变且复杂的社会经济环境中，针对新经济形势下我国制造业企业及其创新扩散的重点问题，基于生态系统思想，考虑采纳创新的企业间竞争与合作关系，运用数理经济学、多主体仿真、社会网络理论等研究范式，系统、深入地研究制造业企业创新扩散机理，对我国制造业企业的竞争力提升、技术的持续进步和新型产业的发展具有重要的理论价值和现实指导作用。

1.1.2 研究的目的

第一，考虑创新采纳企业间的竞争与合作关系，结合数理经济模型、多主体仿真及网络分析等多种理论，阐明以竞争为主要关系、以合作为主要关系、竞争与合作同时存在三种情境下制造业企业技术创新扩散的问题。

第二，在构建制造业企业技术创新生态系统的基础上，采用数理经济建模方法，深入探讨在竞争与合作关系下制造业企业技术创新生态系统创新扩散的内在机理，并通过仿真和实证方法验证研究结论，明确制造业企业技术创新生态系统中创新扩散的发展规律。

第三，采用数理经济模型的方法探究制造业企业技术创新生态系统创新扩散机理；基于数理模型和多主体仿真分别对制造业企业技术创新生态系统创新扩散过程进行描述和仿真；基于爬取的现实扩散数据进行社会网络分析，验证制造业企业技术创新生态系统中创新扩散的关键环节和发展路径。

1.1.3 研究的意义

本书的研究内容对于促进制造业企业创新生态系统的创新扩散具有较强的理论意义和现实意义。

（1）在理论意义方面，本书研究我国技术创新领域同时考虑了竞争与合作关系，并分析创新生态系统创新扩散。有鉴于此，本书基于 Cournot 数量竞争博弈构建了包含早期市场和主要市场的创新生态系统创新扩散模型，基于混合 Bayes-Markov 多阶段博弈构建了核心企业和配套企业合作的创新生态系统创新扩散模型，基于数理经济模型构建了单代技术和多代技术的创新生态系统创新扩散模型，分析了以竞争为主要关系、以合作为主要关系以及竞争和合作共存的三种情境下我国制造业企业创新生态系统的创新扩散机理问题。此项研究有助于全面、深入地探索制造业企业创新生态系统创新扩散的理论问题，有利于拓展技术创新的研究领域和研究视域，因此具有较强的理论意义。

（2）在现实意义方面，本书关注于技术创新领域，结合数理经济方法、多主体仿真和社会网络分析等方法，以竞争与合作关系为视角，探讨我国制造业企业创新扩散的发展规律，剖析竞争与合作关系交互作用下我国制造业企业创新扩散的内在机理，指出了政策补贴、扩散成本、技术转换成本在双重市场中对技术创新扩散的重要作用，发现了影响新核心技术和新配套技术创新扩散的主要因素，指明了代际技术扩散需考虑的重要因素，并基于新能源客车企业电池技术的现实数据对创新生态系统技术创新扩散机理进行了实例验证，给出了相关的管理启示和建议。研究成果可以为企业传播与采纳先进技术提供理论指导和决策借鉴，为政府促进和推广先进技术提供理论依据和政策参考。因此，本书的研究具有较强的现实意义。

1.2　国内外研究现状

1.2.1　技术创新生态系统的相关研究

自 20 世纪 70 年代产业生态系统被提出以来，已有众多学者以自然界真实存在的生态系统为参照模板，探讨产业生态系统的形成和运行机制，不断丰富和完善有关产业生态系统的相关理论和概念。其中，Moore（1999）以自然生态系统为依据，预言未来经济主要以产业生态系统的形态出现，企业在各自的生态系统中彼此依赖，相互进化。随着产业生态系统概念的完善，美国竞争力委员会于2004 年在研究报告《创新美国》中进一步提出，21 世纪需要一个新的概念来描述在创新过程中企业、政府和高校之间的关系，以体现创新性质的变化。这个新概念就是"技术创新生态系统"。Adner（2006）通过分析指出，技术创新生态系统的核心是一套高效的协同整合机制，通过协同整合创新生态系统中各个企业的创新成果，为客户提供有效的解决方案，实现"1+1>2"的效果。自此，技术创新生态系统进入学者的视野，其特征、结构以及运行方式等特征逐渐受到学者的关注。

1.2.1.1　技术创新生态系统特征研究

技术环境与技术发展相互影响，因此，技术创新可以看作一种社会生态系统。部分学者参考自然生态系统的协同竞争、领域共享和互惠共生等特征研究技术创新生态系统。研究结果表明，技术创新生态系统的特征与自然生态系统的特征相类似，均具有共存共生、共同进化的生态特征，同时存在有利关系和有害关系。也有学者参照自然生态系统中的路径依赖，认为企业技术创新也存在路径依赖，且该依赖性具有遗传和变异的特征，同时一个有效的技术创新生态系统可以通过市场和非市场的方式在不同的企业间构建创新路径。此外，Guan 和 Liu（2005）和 Luo（2007）等尝试使用 Theil 熵原理测度创新生态系统的创新绩效；Ginsberg（2010）通过研究风电企业的创新行为，发现了创新生态系统的外部性特征。

1.2.1.2　技术创新生态系统结构研究

结构既是技术创新生态系统的构建形式，也是技术创新生态系统内部资源整合和利益共享的基础，因此部分学者开始探讨技术创新生态系统的结构和组成。在技术创新生态系统结构方面，部分学者认为创新生态系统由不同层次组成。系统中存在两种主要角色：核心企业和辅助企业，并存在三层（核心层、开发应用层和创新平台）。其中，核心层由具有领导特性的企业所组成，其对技术创新生态系统的发展具有重要作用，并影响到系统中其他企业的创新效率。一部分学者认为，技术创新生态系统由水平层面的各个网络模块构成，这些模块才是创新生态系统的基本单位。一部分学者综合了层次结构和模块结构，认为技术创新生态系统同时包括层次和模块。如果从企业角度分析创新生态系统，则该系统由位于不同层次的企业相互联结而成；如果从技术角度分析创新生态系统，则该生态系统由纵向技术模块和配套技术模块构成。

1.2.1.3　技术创新生态系统运行研究

技术创新生态系统的运行模式是学者研究的热点之一。在技术创新生态系统中，企业高度依赖技术和知识，这种高依赖性促使企业在创新生态系统中注重与企业的协作，从而促使创新网络和技术标准联盟的形成。例如，Cloot 等（2006）研究发现，协作创新与技术标准的契合关系最能体现高科技企业创新生态系统的运行状况和创新效率。同时，有学者从开放性的角度探讨创新生态系统的运行特征。例如，Rohrbeck 等（2009）以德国电信业为案例，研究了创新生态系统的发展，并指出开放性对生态系统的运行有重要作用。他们发现，开放的生态系统更有利于提高整个系统的创新效率，并不断吸引新企业加入到创新生态系统中。在此基础上，张利飞（2009）综合技术标准联盟和开放性，认为高科技企业创新生态系统的运行需要具备两种机制：开放创新机制和技术标准推广机制。

1.2.1.4　技术创新生态系统主体关系研究

技术创新生态系统主体关系的研究主要包括研究层次和关系平衡两个方面。

首先，Dorn 等（2016）从公司内部、公司间和网络三个层面，并从关系的性质、治理和管理、关系的输出、行动者特征和环境特征这五个主要研究领域整合了关于合作竞争的"新"视角。基于此，Crick 等（2020）认为，在竞争激烈的市场中，企业需要与提供互补产品和服务的竞争对手建立信任和互惠关系。Bouncken 等（2016）研究发现，关系治理的单一使用提高了合作竞争的垂直联盟的产品创新性，而交易治理的单一使用随着合作竞争的增加而降低了产品的创新性。当企业将关系治理和交易治理作为多元治理应用时，纵向合作竞争联盟可以获得新的方法而提高其产品创新能力。Klein 等（2020）研究表明，当竞争对手只分享几个市场时，合作的强度削弱了多市场竞争和市场进入间的积极联系；在市场高度重叠的情况下，合作的强度会削弱竞争和市场进入间的消极关系。Arslan 等（2018）以博弈论和交易成本范式为基础，系统地考察了竞争行为和合作行为间的相互作用及其对联盟不同利益的影响。Gnyawali 和 Park（2011）研究指出，企业可以同时在不同的层次上进行合作，在有限的环境中与其他参与者的关系（如一个二元或一个较小的行业合作竞争小组）可以为其在其他环境中提供机会。Bouncken 等（2015）进一步强调了这一观点，认为生态系统的竞争合作是超越了行业层面上众多参与者间的合作竞争。生态系统中每个参与者都有不同的属性、决策原则和目的，这些差异会在生态系统层面造成意想不到的结果。合作伙伴间适度的竞争水平比非常高或非常低的竞争水平更有利于驱动技术变革，且是企业竞争优势的来源。核心企业的合作伙伴间的竞争确实增加了与这些合作伙伴中任何一个终止合作的倾向。企业只有通过高度的联盟导向和更多的合作伙伴才能从合作竞争对手那里获得收入。

其次，Park 等（2014）从竞争主导、合作主导和平衡合作竞争三个方面对创新绩效的影响进行概念化和实证化研究，发现较高较程度的竞争和高程度的合作对创新绩效有积极影响。此外，一些学者发现，仅仅依靠合作竞争经验而不建立合作竞争战略是中小企业价值获取失败的原因。强调利用小企业和大企业间的相似性和差异性管理相应的合作竞争协议，并通过使用"资源相似性"和"市场共性"作为关键维度来捕捉两个企业之间的竞争和合作的优势。

1.2.2　创新扩散的相关研究

1.2.2.1　技术创新扩散的基本理论研究

熊彼特在研究技术创新时认为，技术创新可以分为三个阶段：发明阶段、创新阶段和扩散阶段。在此之后，学者主要从传播论、学习论、替代论和博弈论四个方面探讨技术创新扩散。

（1）传播论。Rogers（1983）认为，创新扩散过程就是信息的传播过程，从传播学的角度为技术创新扩散赋予新的内涵。Mahajan 等（1990）将技术创新扩散界定为创新在人群间的交流。但该定义着重强调了扩散方面的特征，忽略了创新方面的特征，因此缺乏一般性。Brown（1981）和 Stoneman（2002）等把创新扩散定义为创新随时间的推移在社会团体间的传播现象。Rogers（2002）通过进一步总结已有学者的研究，从传播论的角度定义了创新扩散过程。他认为，创新扩散的本质是创新在创新生态系统成员间的传播过程，这种传播过程需要通过某种渠道，并随着时间的推移而变化。在创新扩散过程中，创新对采纳创新的成员具有新奇性和不确定性。

（2）学习论。Mansfield（1971）认为，技术创新扩散的过程是一个贝叶斯学习过程。Norihisa 和 Papaconstantinou（1997）通过分析 10 个国家的技术创新情况，认为技术创新系统包含一系列的相互作用的主体和机制。技术创新扩散实际是主体学习新技术的过程。这些主体相互学习主要存在两种目的：一是提高自身生产水平和产品性能；二是消化吸收他人技术。在技术创新扩散过程中，学习能力与消化吸收新技术能力呈正相关关系。陈子凤和宫建成（2009）结合产出法和网络分析法，通过考察 1997~2002 年各个部门在创新生态系统中创新扩散的参与情况，认为技术创新扩散速率与企业学习能力并非完全的正相关关系。

（3）替代论。Sahal（1985）认为，技术创新扩散的本质是新技术替代旧技术的过程。替代理论认为，研究创新扩散不能用孤立的技术研究替代，而应结合时间和空间维度分析技术创新扩散过程。基于此，创新扩散既是扩散随时间变化的动态展开，也是扩散在不同空间的动态延伸。因此，对技术创新扩散可以从时间替代和空间替代两个方面展开论述。在时间方面，Fisher-Pry（1971）首先提出了技术创新扩散的时间替代模型。Norton 和 Bass（1987）以销售量为研究变量构建替代方程，可以较好地模拟记忆电路和逻辑电路的替代过程。在空间替代方面，被誉为第四代区位论大师的瑞典降德大学教授 Hagerstrand 所著的 *Spatial Diffusion as an Innovation Process* 奠定了空间替代理论的基础。空间替代理论认为，一项创新的出现会造成新供给者与其周围的空间产生"位势差"，同时一种平衡力量会促使创新供给者向外扩散和传播创新成果或周围地区通过学习、模仿和借鉴，从而消除这种差异。也有学者同时分析了两种假说的适用条件。例如，Homer（1987）指出，时间扩散的假设前提是旧技术会被新技术完全替代，而空间扩散的假设前提是新旧技术共同存在技术创新生态系统中。因此，时间替代模型更适用于对完全替代技术的创新扩散研究，而空间替代模型则适用于对互补技术/产品的创新扩散研究。

（4）博弈论。Reinganum（1981）将博弈论应用于创新扩散中，并在垄断市场假设下构建了创新扩散模型。模型假设随着新技术/产品的引入，企业采用新技术/产品的收益会发生变化。在任意时刻上，新技术/产品的扩散成果都会被新技术/产品的收益和使用新技术/产品的成本所影响。随着越来越多的企业采纳新技术/产品，企业使用新技术/产品的收益逐渐下降，同时使用新技术/产品的成本逐渐降低。因此，存在一个新技术/产品扩散的纳什均衡，各个时间点的纳什均衡会连接成一条关于时间的扩散曲线。同时，Reinganum（1981）还分析了市场结构对新产品采用时间的影响，发现在线性需求下，使用新技术/产品的企业数量的增加会缩短剩余企业采纳新技术/产品的时间。在此之后，演化博弈、微分博弈等诸多博弈理论均被应用于技术创新扩散的研究中。

1.2.2.2 技术创新扩散模型研究

在研究创新扩散过程中，也有学者建立了多个创新扩散模型，用以预测新技术和新产品的扩散情况。主要分为两类：时间扩散模型和空间扩散模型。

早期的模型主要是时间扩散模型。例如，由 Fourt 和 Woodlock（1960）、

Mansfield（1961）提出的用以描述新产品渗透和饱和度的时间扩散模型。其中，Fourt 和 Woodlock（1960）认为，新技术/产品的潜在采纳者只会受到大众媒体的影响。Mansfield（1961）认为，新技术/产品的潜在采纳者只会受到人际交流的影响。在此基础上，Bass（1969）将内部因素和外部因素结合在一起，提出了具有里程碑意义的创新产品首次购买扩散模型，即 Bass 模型。该模型的核心是潜在采纳者对新技术/产品的采纳决策独立于系统中的其他成员，潜在采纳者采纳创新的时间还受到社会系统压力的影响，且这种压力会随着使用新技术/产品的企业数量的增加而提高。自 Bass 模型提出以来，大量学者以 Bass 模型为基础，通过调整假设条件构建创新扩散模型，这些模型被称为"Bass 模型族"。

进入 21 世纪以来，由于 Bass 模型在许多扩散现象中的解释力度不足，基于社会网络的空间扩散模型应运而生。空间扩散模型主要考虑空间特征对产品扩散的影响。Garber 等（2004）利用空间维度销售数据的不同，提出了新产品的创新扩散模型，用以预测产品扩散情况。Duan 等（2005）根据消费者网络的无标度特征，针对创新扩散，提出了"Hub 赠样策略"。López-Pintado（2006，2008）从非策略性互动的角度研究了社会网络中创新扩散问题。他们的模型既刻画了创新扩散过程中社会网络（如人际关系网络）的具体结构，又假设了空间中的局部扩散机制。通过结合两方面的特征，López-Pintado（2006，2008）的模型可以更好地刻画社会网络中的创新扩散问题。结论表明，新技术/产品的扩散阈值由网络连通度和扩散机制共同决定。Redondo 等（2007）在此基础上提出了网络博弈的一般性理论框架（以下简称 GGJVY 理论），用以解释完全信息和不完全信息情况下个体在网络中的位置以及网络结构变化对技术创新扩散的影响。Jackson 和 Roger（2007）在 GGJVY 理论基础上，进一步通过结点度分布的一阶和二阶随机占优来比较不同网络结构。研究发现，平均度越高的网络结构，扩散速率也越高。Jackson 和 Yariv（2007）在 GGJVY 模型框架基础上，同时考虑企业的成本和收益构建短期最优反映模型，研究了创新扩散过程。结果表明，在多阶段情况下，创新的扩散速率会同时受到网络结构和成本结构的影响。Alessandra（2014）通过分析 15 个欧盟国家的专利数据，发现技术扩散与空间网络特征存在关系，同时不同空间的技术积累会影响技术多样性的发展。

以上创新扩散模型均针对同一代产品的创新扩散情况，而新技术/产品往往需要迭代以不断发展。目前已有学者关注到新产品的迭代问题，研究多代技术/产品的创新扩散模型。在这一方面，Victor（2013）构建了基于系统动力学的多代技术/产品的扩散模型，认为市场潜力在多代技术/产品中有竞争关系。Jiang和 Jain（2012）基于 Noton-Bass 模型提出了多代技术扩散的一般性模型。David（2015）通过对三代合作伙伴计划（3GPP）的案例研究发现，基本专利的组合政策和最大专利费税率有利于私营集团和国营性质企业进行创新竞争。Ruiz-Conde（2014）等构建了一个重复实验的扩散模型以刻画多代技术/产品的创新扩散情况，并通过验证发现，技术试验率能够提高企业的市场支出，加速多代技术/产品的扩散率，但竞争技术/产品的支出会对其产生消极影响。

1.2.2.3 网络与创新扩散研究

众多学者认为，创新扩散会受到企业网络结构和网络关系等网络特征因素的影响。

根据拓扑结构的不同，社会网络可以分为四种：随机网络、小世界网络、规则网络、无标度网络。李红和孙绍荣（2007）采用实验的方法研究了网络结构以及初始企业规模和特点对随机网络、小世界网络和无标度网络中创新扩散的影响。Choi 等（2010）采用仿真的方法分析了不同的网络拓扑结构对创新扩散的影响，研究发现，相较于随机网络，采纳企业高度集中的网络中，其新技术的渗透性能要更高。也有学者在不同的网络结构下探讨了创新扩散机理。例如，Cowan 等（2004）分析了规则网络、随机网络和小世界网络三种网络的网络结构对创新扩散的影响，并发现小世界网络的网络结构最能促进创新的快速扩散。Marx 等（2006）分析了美国硅谷企业间的创新扩散，验证了小世界网络对创新扩散的促进作用。黄玮强和庄新田（2007）基于 ER 随机图模型研究了随机网络，并且发现，采纳新技术的企业数量会影响到创新扩散的深度，而随机网络的结构与创新扩散的速度无明显的相关关系。林略和周力全（2009）基于 Watts 的网络模型研究了小世界网络的创新扩散，同样证明了小世界网络结构对创新扩散的促进作用。李英和蒋录全（2010）采用基于智能体（Agent）的仿真方法研究了小世界网络的创新扩散问题，并分析了 Nash 和 Pareto 两种不同规则对网络中创新扩散的影响。蔡霞等（2019）研究了小世界网络中社会网络结构和网络中的创新先驱者比例对创新扩散的影响。

除网络结构，也有学者从网络其他特征方面探讨网络与创新扩散间的关系。网络是由复杂的社会关系组成的，这些关系会对创新扩散，尤其是创新扩散过程中知识共享、企业间关系的建立以及新网络的形成产生影响。Ceci（2011）用内容分析法（Content Analysis）分析了中小企业网络中的创新扩散，发现人际关系和专业关系的共存对创新的扩散与渗透至关重要。张晓军（2009）研究了小世界网络中传媒和口头交流两种创新扩散的基本渠道的阈值模型，并研究了网络密度与创新扩散之间的关系。研究发现，企业对其传媒网络和社会关系网络的依赖程度会调节网络密度对创新扩散的影响作用。Cho 等（2011）分析了意见领袖对网络中创新扩散的影响。研究发现，只有当初始的采纳企业数量超过某个阈值时，意见领袖才会对网络中的创新扩散产生明显的影响。

1.2.2.4 双重市场与创新扩散研究

Muller（2008）使用彩电、空调和民用波段收音机的数据证明 Bass、Rogers 和 Moore 三种创新扩散模型的早期市场和主要市场间都存在部分或完全的鸿沟，验证了新产品扩散市场应该被视为由"早期"和"主要"市场组成的观点。Goldenberg 等（2002）认为，早期市场和主要市场中普遍存在的创新扩散的减速现象主要由技术的快速变化、行业表现不佳和经济衰退等因素造成。早期市场和主要市场间的沟通强度及市场的相对规模会影响扩散减速的幅度和持续时间。早期市场的创新扩散采纳者为创新者，主要市场的创新扩散采纳者称为多数人（Majority），多数人的数量是可以预测的，主要受早期市场的外部和内部系数影响。对于早期市场和主要市场间的关系研究，众多学者的观点并不一致。首先，Amini 等（2005）发现，当早期市场的创新系数或模仿系数较大时，双重市场会获得更多利益。Mahajan 等（1998）的两阶段博弈模型研究表明，当销售的产品范围较广、投资成本较高时，企业应关注主要市场的采纳者，即多数人。还有一些学者也进行了多市场的创新扩散宏观模型的研究，包括 CDE 模型、GPHR 模型和 B&C 算法模型。在此基础上，Carlos 等（2013）将宏观模型和微模型结合，采用 ABM 仿真，发现创新扩散的起飞时间受到采纳和不采纳间的效用差异、创新者引入率和潜在扩散的社会网络的平均度影响。与此同时，当今创新的复杂性和高技术性质加大了以技术为导向的早期市场和主要市场之间的差距。Peres 等

（2010）和 Karmeshu-Goswami（2008）的研究不仅验证了早期市场和主要市场的存在，还都提出双市场模型比标准混合影响模型、伽马/移动高斯模型和威布尔—伽马模型拟合得更好。

1.2.3 核心企业与配套企业的相关研究

从企业角度看，技术创新生态系统中的企业主要分为两种类型：核心企业和配套企业。其中，核心企业是创新生态系统中的主导企业，通过协调系统中企业间的关系，影响系统整体的运行和演化，并在创新生态系统中发挥着重要作用。研究核心企业和配套企业对于分析创新生态系统具有重要意义，也成为当前学者关注的重要问题。目前，国内外学者已经对核心企业的界定和评价以及生态系统中的配套企业进行了充分的研究。

1.2.3.1 核心企业界定研究

目前，学者已经从技术、知识和系统的视角界定了核心企业。在技术视角方面，核心企业的特征是掌握某种新技术，且要在创新生态系统中起到主导作用。这样核心企业既可以通过自己掌握的新技术开展有可能强化网络内部其他企业能力的经营和投资活动，也可以将自己掌握的新技术转化为吸引非创新网络企业的动力。与上述观点不同，Gay 和 Dousset（2005）认为，核心企业应具有不同的特征：核心企业需要具有其特有的核心技术，该核心技术是系统中其他企业难以复制和模仿的。如果该技术容易被其他企业所复制和模仿，则该企业会迅速失去核心地位。在知识视角方面，Pittaway（2004）等认为，核心企业是在技术创新生态系统中可以领导其他企业进行信息搜寻的企业，并且相较于其他企业，核心企业具有最高的知识吸收效率。Malipiero 等（2005）和 Escribano（2009）认为，核心企业是技术创新网络中的知识引进者，可以比其他企业更好地利用这些外部知识，并在自身发展的同时推动整个技术创新网络的创新和发展。在系统视角方面，Gay 和 Dousset（2005）认为，核心企业是可以进行自主创新、知识资本雄厚且在创新生态系统中提供重要新技术的企业。核心企业可以提高技术创新生态系统中其他企业的创新能力，同时刺激对新知识的需求并获取外部市场。

1.2.3.2 核心企业评价研究

当前对技术创新生态系统核心企业的评价研究主要集中于核心企业创新绩效

和核心企业创新能力两个方面。在核心企业创新绩效评价研究方面，Drongelen 和 Cooke（1997）提出，需要从金融业务、创新和学习三个维度综合评价核心企业的创新绩效。Drongelen 和 Bilderbeek（1999）进一步根据平衡计分卡理论，在金融、业务和学习三个维度基础上，扩充了客户维度来评价核心企业的创新绩效。Lin（2005）认为，核心企业的创新绩效应包括经济绩效和科技成果绩效，并针对经济绩效和科技成果绩效设置了相关指标。在这些研究基础上，之后的学者从供应链、联盟和创新生态系统三个角度研究了核心企业关于创新绩效的评价。多位学者从供应链角度研究了核心企业，包括核心企业和政府监管之间的博弈、核心企业的利润分配和竞争均衡、核心企业领导风格与信息共享的关系等。

有学者从集群和联盟角度研究了核心企业，包括核心企业会在集群中有目的地构建自己的主导网络和辅助网络，并将其转化为"技术优势"，核心企业如何在联盟中建立成功的激励机制等。

很多学者从创新生态系统视角研究核心企业：①环境因素对核心企业的影响。柳卸林等（2018）的研究表明核心企业的创新环境调节了客户异质性和稳定性与核心企业创新绩效之间的关系。林筠等（2019）的研究进一步证实了行业地位与政府支持对核心企业的影响。②关于核心企业和供应商企业的关系。郭本海等（2019）的研究突出了核心企业的主导地位，陈金龙等（2017）的研究则强调当供应商具有完全理性时，核心企业反而不支持与供应商的合作行为。③多位学者强调了生态系统管理者——核心企业的作用。除核心企业，生态系统还需要互补创新、产品或服务的提供者。同时，创新生态系统还包含核心企业与影响其活动或受其影响的行为者间的联系：考虑了同一行业中上游和下游相互关联的创新、贯穿子行业的联系、互补企业或二元或多方合作。④在对创新能力的评价研究方面，Hekkert 和 Suurs（2007）认为核心企业创新能力应包括创新投入、创新流程、创新产品和创新战略等创新生态系统创新因素，企业吸引力、收益分配能力、控制其他企业能力等创新生态系统控制因素，以及组织能力、合作伙伴选择能力、网络构建能力和决策能力等创新生态系统协调因素。此外，基于平台的生态系统的研究考虑了平台发起者及其补充者间的联系，标准和平台接口、平台技术复杂性对互补者创新能力的影响与平台生态系统之间的竞争等。

1.2.3.3 生态系统中的配套企业研究

生态系统的独特之处在于，每个角色间的相互依赖往往是标准化的，这需要一套新的设计生态系统的技能。而核心企业制定规则并塑造生态系统发展的过程，以形成互补配套技术，并使互补配套企业遵守这些规则。但 Teece（2018）指出，关于互补配套的研究既混乱又复杂。目前的研究多集中于互补配套企业和互补配套技术两方面。在互补配套企业研究领域，Vilos（2018）研究发现，市场准入是互补配套企业最重要的利益。Wareham 等（2014）研究表明，互补配套企业只有在对平台做出重大努力的情况下才能获得市场准入的利益。这与 Jaco-bides 等（2018）提出的平台领导者（核心企业）制定规则约束补充配套企业的发现一致。在互补配套技术研究方面，企业采纳互补配套新技术需要强调吸收能力的非冗余联系和冗余联系，且两者是可以测量的。直接联系对核心技术和非核心技术都有倒 U 型效应，但与企业开发核心技术相反，当企业开发互补配套技术时，间接联系在互补配套技术发展中发挥着积极作用。如果企业同时发展核心技术和互补配套技术时，核心企业可以通过观察和评估其互补配套企业的行为和相关互补配套技术来学习，以避免看似不成功的行为。

1.2.4 现有研究的评述

综上所述，本书认为现有的研究在以下三个方面取得了进展：

（1）越来越多的学者认识到从生态系统的视角研究技术创新问题的重要性，技术创新生态系统的相关问题得到学者们的日益关注。

（2）从核心企业视角出发对技术创新系统进行研究，是目前较前沿的研究视角之一。尤其近年来在网络关系基础上进行的核心企业研究逐渐增加，为核心企业相关问题的进一步探索提供了有力的理论支持。

（3）技术创新扩散的理论研究已经日臻成熟，已有的双重市场扩散模型能够较好地反映出技术创新扩散的过程，网络视角下创新扩散成为研究热点，得到了诸多学者的广泛关注。

已有的国内外研究成果为本书的研究开展作了有益的探索和铺垫，但是，现有的研究还存在以下不足：

（1）从竞争与合作关系视角对技术创新生态系统创新扩散机理的研究较少。

现有的技术创新扩散机理的研究多考虑网络结构和网络特点对创新扩散的影响，对创新扩散中创新采纳企业互动行为对创新扩散的影响研究较少。因此，从竞争与合作的关系视角，探索创新生态系统中企业间的技术创新扩散机理，对于完善和扩充技术创新的理论体系显得极为重要，值得学者们深入探究。

（2）从双重市场视角对技术创新生态系统创新扩散机理的研究较少。现有研究多是验证了双重市场的存在或只考虑单一市场的扩散研究，对早期市场和主要市场结合的技术创新扩散研究较少。所以，同时考虑早期市场和主要市场的双重市场技术创新扩散研究将成为技术扩散领域的研究重点。

（3）技术创新生态系统中核心企业与创新扩散研究相割离。在创新扩散所形成的创新网络中，总会有几个位于网络关键位置的核心企业，能够影响整个创新生态系统创新扩散的演化方向。这符合 Wasserman 和 Faust（1994）关于社会网络观点中所强调的确认"最重要"行动者的观点。但现有研究大多忽略了创新扩散中核心企业的重要作用，将二者割裂开来。因此，核心企业和创新扩散理论的结合是创新扩散研究的必然趋势。

（4）基于配套技术进行技术创新生态系统创新扩散领域研究尚处于起步阶段。目前的研究大都基于核心技术的角度。作为创新生态系统中数量最多的角色，配套企业对于技术创新生态系统创新扩散的作用非常重要，值得学者们对此进一步开展扩散研究。

因此，本书从竞争与合作视角出发，结合双重市场理论对核心企业和配套企业组成的制造业企业技术创新生态系统创新扩散进行研究。

1.3 研究思路与研究方法

1.3.1 研究思路

本书将按照"理论基础—机理分析—实例验证"的基本脉络展开研究，探索合作和竞争关系下制造业企业技术创新生态系统的创新扩散机理。主要内容如下：

1.3.1.1　理论基础

理论部分主要是本书的第 1 章和第 2 章。第 1 章首先阐述了本书的研究背景、目的和意义，然后从技术创新生态系统、创新扩散和核心企业与配套企业三个方面梳理了国内外文献，最后提出了本书整体研究思路。第 2 章在梳理全文理论观点的基础上对制造业企业技术创新生态系统和创新扩散进行界定，并基于制造业企业技术创新生态系统内各主体以及系统间的竞争合作关系构建研究框架。

1.3.1.2　机理分析

机理分析主要是本书的第 3 章、第 4 章和第 5 章。第 3 章以竞争为主要关系，分析竞争关系下制造业企业技术创新生态系统创新扩散机理。首先采用数理经济建模的方法，对生态系统中制造业企业技术采纳进行博弈分析，并探讨创新扩散的过程曲线；然后构建马尔科夫演化模型，划分技术扩散周期并分析竞争关系下制造业企业技术创新生态系统创新扩散机理。第 4 章以合作为主要关系，分析合作关系下制造业企业技术创新生态系统创新扩散机理。采用数理经济建模的方法，建立合作关系下制造业企业技术创新生态系统中创新扩散博弈模型，分别分析早期市场和主要市场中技术的扩散规律并划分其扩散周期，进而探讨合作关系下制造业企业技术创新生态系统创新扩散机理。第 5 章同时考虑竞争和合作关系，分析竞合关系下制造业企业技术创新生态系统创新扩散机理。构建多代技术创新扩散的数理经济模型，分析制造业技术创新生态系统中竞争与合作如何共同影响多代技术的创新扩散。最后，分别从竞争、合作和综合作用三个角度整体性分析制造业企业技术创新生态系统创新扩散机理。

1.3.1.3　实例验证

实例验证主要是本书的第 6 章。第 6 章选择新能源客车电池技术作为研究对象，爬取相关网络数据并进行数据处理，然后用 Gephi 软件绘制创新扩散不同阶段新能源客车创新扩散网络，通过分析电池技术在新能源客车企业创新生态系统的创新扩散和整个系统的竞争与合作关系演变，验证第 3 章、第 4 章和第 5 章的创新扩散机理，并为扩散机理提出发展建议。本书的研究框架如图 1-1 所示。

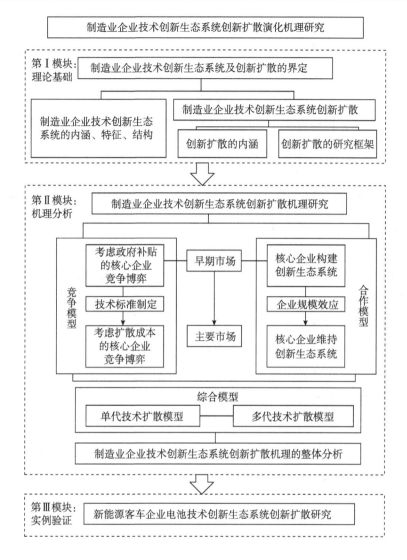

图 1-1 本书的研究框架

1.3.2 本书的研究方法

本书将文献研究、模型研究和仿真研究有机结合，分析和揭示制造业企业技术创新生态系统创新扩散及其演化机理。具体的研究方法如下：

1.3.2.1 文献综述方法

文献综述法指在系统、全面地收集国内外相关研究的基础上，对文献进行归纳整理和分析鉴别，提出某一时期内该研究领域的阶段性成果，并对这些研究成果进行系统、全面的述评方法。文献综述法可以有效地归纳出现有文献或理论的研究及应用现状，提炼出现有研究的欠缺和空白，为本书研究奠定文献和理论基础，更好地指导本书研究思路的展开，进而达到预期的研究目的。

1.3.2.2 模型研究方法

本书基于复杂网络、创新扩散和数理经济建模等理论和方法构建竞争关系下制造业企业技术创新生态系统创新扩散模型、合作关系下制造业企业技术创新生态系统创新扩散模型、竞争与合作关系下制造业企业多代技术创新生态系统创新扩散模型，实现对制造业企业技术创新生态系统创新扩散机理的模型分析。

1.3.2.3 仿真模拟方法

本书的仿真模拟将采用智能体（Agent）模型方法，构建竞争与合作关系下制造业企业单代技术创新生态系统创新扩散仿真模型，运用 NetLogo 应用分析软件对空间维和时间维视角下竞争、合作关系中的制造业企业技术创新生态系统的创新扩散模型进行模拟和综合分析。

1.3.2.4 网络分析方法

本书对演化机理模型的构建通过实例进行了验证。因此，本书选择新能源客车，获取相关网络数据，构建新能源客车企业创新生态系统创新扩散复杂网络，考察不同阶段和不同类型的创新生态系统的创新扩散机理。

1.4 本书的创新之处

（1）本书综合考虑双重市场、核心企业与配套企业、单代技术与多代技术的交互作用，构建了竞争与合作关系下的制造业企业技术创新生态系统创新扩散主体的博弈模型，揭示了竞争关系、合作关系与竞争合作关系共存三种情境下的制造业企业技术创新生态系统中的创新扩散基本原理和规律，为创新生态系统理论搭建了新的研究框架。

（2）本书基于 Cournot 数量竞争博弈构建了包含早期市场和主要市场的创新生态系统创新扩散模型，研究了包含早期市场和主要市场的双重市场的制造业企业技术创新生态系统创新扩散机理，指出了政策补贴、扩散成本、技术转换成本在双重市场中对技术创新扩散的重要作用。该研究弥补了已有技术创新扩散研究多集中于单一市场的不足。

（3）本书基于混合 Bayes-Markov 多阶段博弈构建了核心企业和配套企业的合作模型，分析了两者合作采纳新配套技术的制造业企业技术创新生态系统创新扩散机理，发现了影响新核心技术和新配套技术创新扩散的主要因素。该研究兼顾了创新扩散中核心企业和配套企业的重要作用，为创新生态系统中创新扩散研究开辟了新的研究视角。

（4）本书基于数理经济模型构建了多代技术创新扩散模型，探讨多代技术的创新扩散机理。同时，爬取了新能源客车企业电池技术的现实数据对创新生态系统技术创新扩散机理进行了实例验证。该研究既拓展了不同阶段多代技术创新扩散的研究，也实现了理论研究与创新实践的有效对接和科学验证。

第2章　基础理论及研究框架设计

　　竞争与合作关系下的创新扩散是以制造业企业创新生态系统为平台进行的，因此界定制造业企业创新生态系统是本书研究的基本前提。本章将对制造业企业创新生态系统及其创新扩散的内涵进行界定，描述技术创新生态系统中主体间的竞争与合作关系，讨论影响系统中创新扩散的因素，在此基础上提出本书的整体研究框架，为后文基于社会网络视角进行制造业企业创新生态系统创新扩散的过程刻画及机理描述做出理论铺垫。

2.1　制造业企业技术创新生态系统的定义与结构

2.1.1　制造业企业的界定与特征

　　制造业（Manufacturing industry）指机械工业时代利用某种资源（物料、能源、设备、工具、资金、技术、信息和人力等），按照市场要求，通过制造过程，转化为可供人们使用和利用的大型工具、工业品与生活消费产品的行业。根据国家标准的国民经济行业分类（GB/T 4754-2011），制造业下分为 31 个大类，包括农副食品加工业、体育和娱乐用品制造业、通用设备制造业、专用设备制造业、金属制品、机械和设备修理业等。在上述行业中，通过对原材料进行加工制造而转化成实物产品的企业即为制造业企业。

制造业企业作为制造业的主体，其任何决策都可能影响到企业的生存与发展。随着第四次工业革命的深入推进，中国制造业企业呈现出以下新的特征：

（1）硬件资源的可重构性。随着知识价值成为产品价值的重要成分，先进的制造工艺、可用的智能软件和自动化设备，构成当代制造业企业竞争的硬件资源。可重构性指通过对制造业企业硬件资源的结构及其组成单元进行快速重组或更新，及时调整制造业企业硬件资源的功能和生产能力。当制造业企业面对个性化定制和不确定的市场环境时，硬件资源沉淀造成企业成本升高的风险变大。可重构性能够帮助制造业企业快速地重组和更新硬件资源，降低成本升高的风险。

（2）本土化特征。受当前全球政治、人文、经济环境的影响，中国顾客消费偏好已经逐渐由从全球化转向本土化。当前的制造业企业在战略选择、市场定位、柔性特征差异和反应速度诸方面也表现出本土化特点。中国制造业企业技术创新能力的提高是制造业企业本土化的必要条件，物流业的高速发展为制造业企业本土化奠定了坚实基础，新型营销模式是制造业企业本土化的催化剂，三者共同促进了当前中国顾客的消费者偏好的转变，进而促使制造业企业呈现出本土化特征。

（3）资源配置信息化。在当今的信息化时代，任何企业的发展都离不开信息的传递与支撑。近年来，我国制造业企业的资源配置方式趋于信息化发展，大多数表现为通过信息技术手段对各类制造资源和制造能力进行统一的、集中的智能化经营管理，为用户提供更便捷、更高效、更低廉、更优质的全生命周期制造服务。当代制造业企业越发重视以科技创新为动力，以信息化带动企业发展，如海尔公司的 COSMOPlat 工业互联网平台，正因为有了信息化的支持，这种模式才能得以实现。可以说，信息技术支撑了制造业企业资源共享、知识共享、信息快速传递等活动。

2.1.2 制造业企业技术创新生态系统的概念界定

生态系统的概念被管理实践者广泛使用，如阿里巴巴在 2014 年的招股说明书中提到 160 个关于生态系统的词语。学者们通过与自然生态系统的类比，完善了产业生态系统和产业生态学的概念。2004 年，美国竞争力委员会在《创新美国》的研究报告中明确提出创新生态系统的观点。"创新生态系统"一词应理想地侧重用于创新活动（目标/宗旨）、涉及特定背景下行为者相互依存的逻辑

（空间维度）和解决行为者内在共同进化（时间维度）的系统。2006 年，Adner
在《哈佛商业评论》上撰文，明确指出创新生态系统作为一种协同整合机制，
是将系统中各个企业的创新成果整合成一套协调一致的、面向客户的解决方案。
基于此，众多学者针对创新生态系统的概念进行了研究，大致分为两种观点：第
一种观点认为，创新生态系统由核心企业、供应商、服务商、创新生境等多要素
互动合作形成的复杂系统，通常由一个或多个核心企业主导并建立；核心企业作
为系统中心节点，掌握系统内异质性技术资源，对相关配套组织具有一定的控制
权。创新生态系统中不同的主体如核心企业、政府、供应商及中下游合作伙伴会
对系统创新产生深刻的影响。第二种观点认为，创新生态系统本质上是一个网络
构念，是一种区别于科层和市场的独特组织形式，即创新生态系统是由供应商、分
销商和外包商、相关产品和服务的制造者、相关技术的提供者及其他对企业产品的
创造和传递产生影响或被其影响的组织所构成的松散网络。该网络通过一个核心企
业或一个平台相关联，包含供需两端的参与者共同参与创新网络的生产和使用。可
以看出，上述两种观点都认可了核心企业在创新生态系统中的重要作用。

基于上述两种观点，本书将制造业企业创新生态系统定义为在一定时间和空
间内，制造业企业担当核心技术企业单元，其他创新相关主体担当配套技术企业
单元，以协同创新为目的，以合作共生为基础，通过创新物质、能量和信息流动
的方式，实现在共生环境中的创新资源共享、优势互补、风险共担的相互依赖、
相互作用的动态平衡系统。

2.1.3 制造业企业技术创新生态系统的结构分析

结构是创新生态系统实现资源整合、利益共享的重要基础，目前学者们关于
创新生态系统的结构研究主要有三种代表性结论。

（1）"模块化"结构的创新生态系统，即创新生态系统的基本单位是各个技
术模块。在创新生态系统中，创新生态系统是基于技术构件/模块的创新体系，
系统内部的这些构件/模块属于相关性（配套）产品的构件/模块，技术的模块
整合和系统集成引导企业间的竞争不再局限于产品与市场的竞争，而存在于系统
与系统之间。

（2）"层次化"结构的创新生态系统。具体而言，创新生态系统由核心层、

开发应用层、创新平台层共同构成；创新生态系统存在两种企业：核心企业和辅助企业，企业技术创新生态系统由核心层、开发应用层和创新平台组成，其中核心层企业具有领导者特性，对技术创新生态系统的发展起着关键性作用，影响着创新生态系统中其他组织的创新、效率和鲁棒性。

（3）"网络化"结构的创新生态系统。创新生态系统中大量互补、相互联系的随机要素逐渐演变成一个更具结构性的松散网络组织，网络成员依赖于其他成员得以生存并实现有效性。网络结构使得生态系统在保持自身核心业务的同时，对活动、资产及能力进行灵活而持续的整合和重组，因而比传统的双边合作关系更具优势。

本书综合前文关于制造业企业技术创新生态系统的定义和上述关于创新生态系统结构的三种代表性结论的理论观点，将制造业企业技术创新生态系统的结构划分为核心技术企业单元、配套技术企业单元、共生环境三部分，其具体结构如图 2-1 所示。

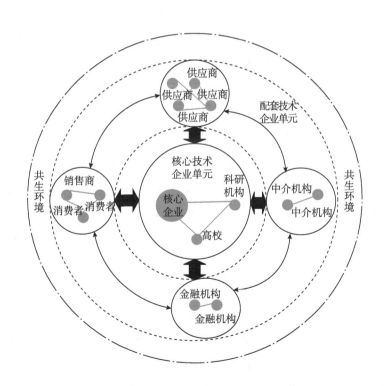

图 2-1　制造业企业技术创新生态系统

（1）核心技术企业单元指制造业企业技术创新生态系统中处于战略和资源的核心位置的系统主体，包括核心企业和专门进行技术研发的高校、科研院所等技术创新主体，在第3~6章的研究中简称为核心企业。一般而言，创新生态系统通常存在一个或多个核心企业。这些企业既拥有其他企业不具备或者难以模仿的核心技术能力，又具有选择、控制和领导合作伙伴的能力，从而搭建系统的创新平台、维持和管理系统的发展和技术创新活动，为自身和系统内其他创新主体提供能量。同时，核心企业通过控制系统的技术架构或品牌建设，集成核心资源或特殊渠道，定义标准化界面，提供其他参与者用以提高自身绩效的服务、工具、技术或进入某一平台的规制手段，从而成为管理和协调生态系统的核心力量。技术创新主体包括高校、科研院所等专门进行技术研发的机构，它们是直接参与技术创新的制造业企业生态系统主体。

（2）配套技术企业单元指除核心企业与技术创新主体外与创新成果产生直接关系的主体，包括居于制造业企业创新生态系统边缘位置的供应商、用户、中介机构、金融机构等系统主体，在第3~6章的研究中简称为配套企业。其中，供应商包括原材料供应商、零部件供应商，以及相关配套产品和配套设施的供应商。用户是制造业企业技术创新生态系统的消费者，他们对创新产品的强烈诉求是企业进行创新的原动力；同时，用户作为创新产品的使用者，其评价信息将为企业进行下一轮的创新研发指明方向（林婷婷，2012）。中介机构是主要的创新辅助主体，涉及咨询公司、高校科技园、技术交易机构、各种科技孵化机构等，其主要职能是催化、促进创新成果的转化。这些机构通过传播与创新相关的信息、资源、政策等方式实现创新在系统内的扩散，因而在促进创新主体之间、创新主体与市场之间创新成果的产生、转移、扩散和反馈过程中起着纽带与桥梁作用。金融机构作为制造业企业技术创新生态系统技术创新的另一类辅助主体，主要包括风险投资机构、商业银行及证券市场等，这些机构提供的资金规模会影响企业创新活动能否顺利开展，进而推动企业的技术创新进程。

（3）共生环境指进行技术创新所需的各种资源、保障系统正常运行的各项规则，主要包括进行技术创新的政策环境、市场环境、资源环境、文化环境等。这些环境要素的共同作用能够促进创新活动的顺利实施。同时，技术创新活动与共生环境具有良性互动关系，即共生环境在一定程度上制约了技术创新活动，而技术创新活动既对共生环境构成依赖关系，反过来又影响共生环境。

政策环境作用于技术创新的各个阶段，在整个创新扩散的过程中起着激励、引导、保护、协调等作用。政府主要通过创新专项资金政策、政府采购政策、财税政策、融资信用担保政策、科技服务体系建设等方面对创新活动予以支持。

市场环境主要通过市场竞争、市场需求、市场秩序等方面影响技术创新活动。市场是企业技术创新活动最重要的环境和实施条件，因此，制造业企业技术创新生态系统的发展与市场环境有着密不可分的关系。良好的市场环境可以促进技术创新的有序进行；反之，混乱的市场环境将严重阻碍技术创新活动的展开。

资源环境指使系统得以持续创新的一切资源的储备情况和获取渠道，包括物质资源、资金资源和人才资源等。其中，物质资源与资金资源是技术创新的基础资源，基础资源储备充足且获取渠道顺畅才能开展技术创新活动；人才资源是技术创新的核心资源，人才资源的质量、丰富性和多元化程度直接影响到技术创新各环节的运行效率与效果。可见，良好的资源环境是系统技术创新活动顺利进行的保障。

文化环境是技术创新生态系统内的创新主体在长期技术创新发展中形成的创新价值观和创新行为准则。良好的创新文化环境主要体现在创新主体价值取向和创新意愿、消费者的消费意愿和需求，以及良好的社会创新氛围。

2.1.4　制造业企业技术创新生态系统主体间的竞争与合作关系

2.1.4.1　制造业企业技术创新生态系统主体间的竞争关系

波特在《竞争优势》一书中指出，竞争是企业成败的关键。在此之后，众多学者都针对竞争关系下的新技术的创新扩散进行了研究。一些学者分析了竞争环境下创新扩散的影响因素。例如，Götz（1996）证实了竞争会推动创新扩散。Karshena（1990）和 Risa（1995）研究发现，学习效应、企业规模、新技术生产成本和新技术预期收益是竞争环境下数控技术扩散的主要影响因素。在此基础上，Adrian（2002）和 Bhha（2004）进一步指出，新技术的采纳成本也会影响到新技术的创新扩散。Gomez（2009）研究结果表明，制造业中的内部研发投资是推动企业采用新技术和创新扩散的重要影响因素。一些学者侧重于推动创新扩散的相关政策研究。例如，Arvanitis 等（2001）研究了瑞士制造业中创新扩散的决定因素，发现政策对于创新扩散具有重要作用。Baptista（2000）证实了地理和企业间网络在创新扩散过程中的重要性，提出了技术转让和技术政策的新办法。Saracho 和 Usategui（1994）认为，销售补贴会减缓创新扩散速率。一部分学者主要探讨竞争关系下创新扩散的路径以及扩散过程。Sinde – Cantorna 等（2013）发现，柴油技术在西班牙渔业的创新扩散过程呈 S 形曲线，是一个渐进的扩散过程；并且，采纳企业的规模、位置和组织结构以及其技术提供者等因素均会影响创新扩散曲线的形成。Bianchi（2017）等指出，新技术的创新扩散是一个互动和迭代的过程，核心企业与其他类型企业反复交互，尚未采纳新技术的企业被视为潜在采用者。

学者常常采用创新生态系统来阐述核心技术、参与企业及互补技术之间的联系。采用创新生态系统这一概念的优势在于，创新生态系统提供了一个结构，在这个结构中，生产/消费的互补性（所有类型）可以得到遏制和协调，而不需要纵向一体化。创新生态系统中创新扩散的本质是新技术代替旧技术，这同样是一种互补关系。同时，技术之争的结果往往不仅决定了技术的输赢及其赞助企业的命运，也决定了与技术相关的一系列互补商品和服务的命运。新技术替代旧技术是新技术和旧技术之间的竞争，即新技术生态系统和旧技术生态系统之间的竞争。从新技术的角度看，采用新技术就像是传播新技术；从旧技术的角度看，采用新技术就像是替代旧技术。企业从使用旧技术转换为使用新技术往往会产生转换成本，该因素通常会影响企业是否会采纳新技术。转换成本越高，企业越不容易采纳新技术。

以中国的重大新药技术创新生态系统为例解释技术创新生态系统中的主体竞争关系。2008~2020 年，中国初步形成了一个重大新药技术创新生态系统，目前中国重大新药技术创新生态系统的创新扩散仍处于早期市场阶段，为了更好地与美国和日本的医药技术开发企业竞争，中央财政共投入 233 亿元的投资补贴，对3000 多个课题提供了支持，其中 10 类重大疾病自主创新品种成果斐然。与此同时，中国政府将城镇职工与城乡居民医保筹资提高到 2019 年的 2.3 万亿元，将66 类药品从上市到纳入医保平均时间由 2017 年的 7.8 年降为 2020 年的 3.7 年，极大地提高了重大新药的扩散，将中国对全球研发管线产品数量的贡献从 2015年前的 4%提高到 2020 年的 14%。

2.1.4.2　制造业企业技术创新生态系统主体间的合作关系

核心企业是处在创新扩散网络中心位置的一个富有关联性、能发挥重要影响的组织。当核心企业想与分散的配套企业合作时，核心企业需要建立一个创新生态系统，而配套企业需要选择一个创新生态系统。多位学者的研究表明，创新生态系统内部的合作创新属于权力导向型，核心企业（Focal firms）处于主导地位，在新技术选择、合作伙伴选择、创新收益分配上对创新生态系统进化具有至关重要的引领作用；配套企业在创新生态系统中处于从属地位，通过互补技术、产品创新与增值服务等形式面向多个细分市场为核心企业提供产品与服务的价值增值，由此形成了"核心—外围"的企业种群生态圈。结合其他学者对于创新生态系统中核心企业的研究，本书进一步研究提出：核心企业位于创新生态系统的中心位置，有足够的配套技术能力构建以自身为核心的创新生态系统，对系统内部成员的准入及系统运行制度有极强的决定权，即合作成员的选择标准以及合作规则的建立。合作能否实现预期目标，在很大程度上取决于各个企业的理性程度、合作态度、期望收益以及所掌握的资源水平，这些因素同样会影响核心企业和配套企业合作过程的稳定性与风险性。Bengtsson 等（2010）研究表明，合作关系确实有助于核心企业的创新成果扩散。综上可知，核心企业选择与配套企业合作的目的主要是制定规则并塑造互补配套的创新生态系统，并使配套企业遵守这些规则，配套企业选择与核心企业合作的目的主要是获得自身发展优势，包括品牌、声誉、知识、资金等，两者通过合作关系共同促进新技术（创新成果）扩散。

本书以华能集团技术创新中心和西安热工研究院有限公司等 6 家机构组成的风能技术创新生态系统为例解释合作关系，该系统的核心企业为华能集团技术创新中心，配套企业为西安热工研究院有限公司等 5 家企业。2006 ~ 2020 年，这 6 家机构共同申请了多项风能技术专利，可见该技术创新生态系统以合作关系为主导。合作专利网络如图 2-2 所示。

2.1.4.3　制造业企业技术创新生态系统主体间的竞争与合作关系

当同时考虑创新生态系统内的竞争与合作关系时，两者之间的平衡比两者之间的不平衡或弱合作比弱竞争能够产生更大的创新绩效。Chiambaretto 等（2020）研究表明，小企业比大企业更不愿意采取合作与竞争的策略。因此结合前文的论

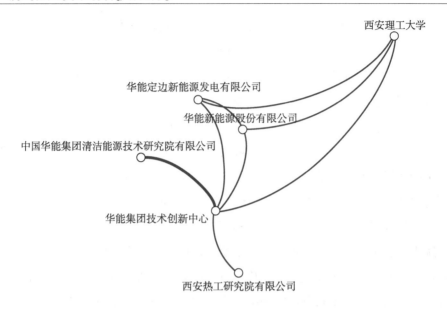

图2-2 以合作关系为主导的技术创新生态系统

述，本书认为，在制造业企业创新生态系统内部，核心技术企业单元与配套技术企业单元之间存在权力导向型关系，即核心技术企业单元处于主导地位，在合作伙伴选择、价值创造和价值分配过程中起到主导作用；配套技术企业单元处于从属地位，通过互补性技术、产品创新与增值服务等提供配套价值，使二者形成"核心—配套"的创新生态圈。核心技术企业单元通常依赖合作伙伴的异质性资源，共同完成价值创造过程。配套技术企业单元在制造业企业创新生态系统演化过程中依赖其异质性资源的增长，争取与核心技术企业单元共同创造价值、获取价值的平等地位，促进制造业企业创新生态系统的扩散演化。因此，两者间主要存在纵向的合作关系。当然，由于配套技术企业单元中某些企业规模的扩大、异质性资源的增加，该配套技术企业也有可能会取代核心技术企业单元中核心企业在制造业企业创新生态系统的核心位置，因此两者间在极少数情况下可能存在横向的竞争关系。2019年拉尔夫·戈莫里在最佳行业研究奖中的"How firms navigate cooperation and competition in nascent ecosystems"，通过对美国住宅太阳能产业中5家公司的案例深入研究进一步证实了在创新生态系统中平衡竞争与合作战略的重要性。

在制造业企业技术创新生态系统之间，各自的核心技术企业单元会因为抢占同一市场以及制定技术标准存在激烈竞争，配套技术企业单元之间为了加入更有优势的创新生态系统也存在竞争，因此，创新生态系统之间主要存在横向的竞争关系。又由于创新生态系统之间的边界不是封闭的，一个配套技术企业单元可能同时与多个核心技术企业单元存在合作，一个核心技术企业单元也可能同时与多个配套技术企业单元存在合作，因此创新生态系统之间也存在纵向的合作关系如图 2-3 所示。

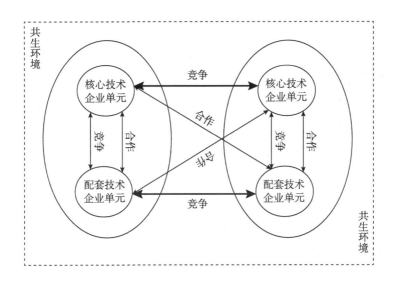

图 2-3   创新生态系统的竞合关系

2.2   制造业企业技术创新生态系统创新扩散的内涵

2.2.1   制造业企业技术创新生态系统创新扩散的界定

创新扩散指新技术融入经济以改变其结构的过程，其本质是一个技术创新与环境相互影响、相互作用的互动演化过程。

以 Rogers 为代表的传播论将技术创新扩散视为信息的传播过程，因而从传播学的视角对技术创新扩散赋予了具体的内涵。Rogers（2002）认为，创新扩散是一种创新通过某种渠道随着时间推移在社会系统成员中传播的过程，即新技术或新产品在一段时间内，经由市场或非市场渠道的传播，从创新源向外进行空间传播，被其他社会成员采纳使用的过程。Sahal（1985）认为，技术创新扩散过程实际是新技术替代老技术的过程，创新的扩散过程与技术发展过程（包括时间维和空间维）联系在一起。可见，创新扩散既是扩散活动随时间动态变化的时间展开过程，又是新技术或新产品通过某种渠道在潜在采用者之间传播的空间展开过程。因此，创新扩散是一项新技术或新产品在市场中的广泛应用和推广，是创新技术作用于社会经济的有效形式。广义的创新扩散始于对问题或需要的认识，通过研究开发、商业化以及大规模的扩散和采纳，从而完成创新成果扩散的全过程。

本书关注的是新技术如何在创新生态系统内普及并部分或者全部取代旧技术，即一个技术创新生态系统内连续几代技术的采纳随着时间的推移如何变化。因此，本书认为，制造业企业技术创新生态系统的创新扩散指核心技术企业单元和配套技术企业单元在不同时间、通过不同形式采纳新技术，并在共生环境中进行传播及扩散的空间过程，即新技术在制造业企业技术创新生态系统核心企业和配套企业间被推广的过程。

2.2.2　创新扩散与创新采纳的关系

创新扩散是由创新采纳产生的。创新生态系统内包含众多的创新采纳者与潜在采纳者，它们之间存在竞争与合作的交互作用关系，这些关系正是新技术在创新生态系统内传播的渠道，是潜在采纳者采纳决策相互作用、相互影响的宏观涌现现象。

理解创新采纳不仅需要对扩散机制进行详细分析，还需要考虑创新生态系统的技术进步因素。新技术采纳的速度受制于新技术创新生态系统中的涌现动态和旧技术创新生态系统中的扩展动态。为了促进新技术的扩散，研究技术采纳者的采纳动机是必要的，因此，Palm（2020）研究表明，早期采纳者主要受环境问题和技术爱好者等非财务因素影响，而晚期采纳者主要受经济收益的驱动。同时，技术采纳的 S 形曲线主要是为了解读指定技术的扩散轨迹，采纳模型通常都假设新旧技术是静态的。然而，现实中随着新技术的扩散，新旧技术之间的差距迅速缩小，但采纳不同新技术的时间不会有差异。实证研究提供了一些证据，证明 S 形曲线在各个行业层面的有效性。这些研究通常是跟踪一个行业在一段时间内对一项新技术的采纳情况，与旧技术相比，更多的时候是通过新技术的销售或用户数量衡量的。

2.2.3　制造业企业技术创新生态系统创新扩散的影响因素

Engel 等（1990）指出，制造业企业技术创新生态系统创新扩散速度的影响因素除包括早期采用者的数量外，还包括创新技术主要供应商的声誉、供应商资源承诺、创新标准的可用性、创新技术的互补产品和服务、创新技术与互补技术的协调与合作、市场竞争强度、竞争对手的行为以及创新技术的替代技术。同时，由创新生态系统中企业空间距离所产生的空间依赖性和企业的产业联系与创新扩散速度正相关，而技术差距与创新扩散速度负相关。此外，一个地区的政策法规以及市场规范程度等环境因素也会对创新扩散速度产生重要影响。而在以合作为主要关系的创新生态系统中，新技术的创新扩散主要受到伙伴相似性、企业互补性及交流通畅性等因素的影响。

因此，结合前文关于制造业企业技术创新生态系统主体间竞争合作关系的论述，本书认为，制造业企业技术创新生态系统创新扩散的主要影响因素包括新技术收益、技术标准化程度、技术差距、创新扩散成本及政策补贴。

2.3　竞争与合作关系下的制造业企业技术创新生态系统创新扩散的研究框架

2.3.1　制造业企业技术创新生态系统创新扩散研究框架的理论基础

（1）早期市场（Early market）和主要市场（Main market）（见表 2-1）。很多学者将新技术扩散的市场分为早期市场和主要市场。他们认为早期市场的新技术采纳者在采纳行为方面与主要市场的新技术采纳者不同。通常早期市场的采纳者被定义为远见者、创新者或被模仿者，而主要市场的采纳者被定义为实用主义者、多数人或模仿者。早期市场的采纳者更愿意接纳新技术的不确定性和不完美性，因此他们在引入价格很高的阶段就采纳新技术。主要市场的采用者，由于他们对价格的敏感度强于早期市场的采纳者，在价格下降到他们可以承受的程度时，才开始采纳新技术。后续的研究分别从理论和实证两个角度证实了创新扩散存在双重市场的观点。Christophe 和 Joshi（2007）通过社会理论和概念模型构建了双重市场创新扩散的理论框架。Peres 等（2010）基于巴斯模型构建的几个数理模型，实证检验了早期市场和主要市场之间采纳者行为的异同。虽然 Moore（2002）认为，由于两个市场之间存在被称为扩散鸿沟的不连续性，导致新技术无法在两个市场之间扩散，但上述数理模型的研究结果表明，双重市场模型支持跨市场的创新扩散。因此，大多数双重市场模型包含早期市场采纳者对主要市场采纳者的扩散效应，尽管该效应比任何一个市场内的扩散效应都小。双重市场模型通常以各种数理模型表示，当增加或放松相应的假设时，两个市场的模型是一致的。同时，扩散理论通常认为支持早期阶段的采纳者为扩散过程中的意见领袖。

表 2-1   早期市场和主要市场对比

项目	早期市场	主要市场
新技术采纳者	创新者和早期采纳者	早期大众和晚期大众
新技术采纳时间	较早	较晚
价格敏感度	低	高
新技术扩散速度	较慢	较快
新技术扩散是否连续	早期市场和主要市场之间存在鞍点（Saddle）	

（2）竞争关系与合作关系。Gnyawali 和 Park（2011）的研究为企业间的竞争关系与合作关系研究奠定了基础。其他学者的研究证实了竞争关系与合作关系同时存在时，联盟或社会网络内的企业和合作伙伴之间的不同组合会影响企业在市场上与其他企业的竞争。竞争与合作的交互关系不仅存在于企业内部和供应链之间，还存在于企业技术创新生态系统之间。核心技术企业单元、配套技术企业单元和共生环境都是技术创新生态系统中的要素，通过竞争与合作关系联系在一起。创新生态系统通过竞争、出现和中断、稳定的商业交流以及共同创造价值四

个方面使新行业的进入者不仅能采纳独特的核心技术，而且可以获得关键的配套技术。因此，理解和考虑生态系统行为者的微观和宏观行为间的联系以及它们之间的合作和竞争互动是至关重要的，合作和竞争共同影响了生态系统的平衡和动态。

（3）核心企业和配套企业。尽管对生态系统中的不同角色有各种不同的描述，但本质上，这种划分可以分为核心企业和配套企业。核心企业有多种命名方式：领导者、创新者等，创新态系统中的配套企业则被命名为非核心企业、互补者等。Selander 等（2018）将配套企业定义为"处于创新生态系统边缘的创新生态系统主体"，而将核心企业定义为系统领导者。

技术创新生态系统比传统的双边伙伴关系更好，为了让技术创新生态系统内的企业组成的"中心辐射"结构更为稳定，创新生态系统至少需要一家核心企业。单个核心企业确实可以通过构建技术创新生态系统以促进创新扩散，但这种方式针对核心技术和配套技术的采纳并不相同，合作的利益分配对配套技术更重要，而治理风险似乎对核心技术更重要。现有文献多集中于研究占主导地位的企业或生态系统的领导者，较少有学者对配套企业和配套技术的采纳展开进一步的研究。尽管一些学者已经将研究重点转移到了配套技术上，但这些研究主要集中在技术性能上，而不是配套企业的采纳策略，且多发生于软件生态系统中。因此，研究制造业企业技术创新生态系统配套技术的采纳是非常必要的。

（4）博弈方法的应用。竞争与合作研究最初借鉴了博弈论，学者们的研究进一步说明博弈方法适用于竞争关系的分析和合作关系的分析。博弈论和技术转换成本体现了竞争关系和合作关系的交互作用及其对创新生态系统中核心企业和配套企业采纳新技术所获利益的影响。许多特定行业和特定创新的新技术扩散研究表明，博弈适合双头垄断企业的市场扩散研究。扩散博弈的目标是用一个简单的数学函数表示一项创新在一组给定的潜在采纳者中的扩散水平，该函数是自该创新被采纳以来所经过的时间函数。在此基础上，Hoppe（2000）将技术的不确定性引入了新技术采纳的时间博弈，并建议使用政策干预创新扩散早期阶段的技术不确定性和技术进步导致的扩散速度变化。其他学者运用博弈分析了早期采纳者和跟随者的采纳策略变化。例如，Augusto（2016）探讨了纵向关联企业间的垂直关系对新技术采纳的影响，发现垂直关系的存在可以加速新技术的采纳。

2.3.2 制造业企业技术创新生态系统创新扩散机理的研究框架

创新生态系统是由相互联系、相互依存的核心企业和配套企业组成，两者在创新生态系统中面临着合作和竞争，创新生态系统有一个生命周期，它遵循一个共同进化的过程。成功的制造业企业技术创新生态系统需要其中的企业平衡竞争与合作。一方面，如果企业合作过多，它们可能无法获得足够的价值来生存。另一方面，如果企业竞争过度，制造业企业创新生态系统则可能无法形成。本书借鉴 Douglas（2018）对创新生态系统中竞争与合作关系的研究，将合作企业定义为创新生态系统中追求共同利益的企业，将竞争企业定义为以牺牲他人为代价追求自身利益的企业。创新生态系统遵循自组织演化，即随着系统内企业关系的不断发展，创新生态系统中会显现出类似于生物学"共生"的特征。在创新生态系统中，通过创新资源的流动和整合，核心企业与配套企业相互联系、相互影响和相互依赖，并最终影响创新生态系统的创新扩散。

新技术的创新扩散会表现出减速和鞍式效应（Saddle effects），但实际上并非如此，一些学者建议在大规模扩散开始前区分一个单独的阶段。大规模扩散之前的这一阶段有时会很长，平均跨越十年或更长时间。从管理的角度来看，这个在扩散研究中几乎被完全忽略的阶段有重要的含义：它意味着创新必须在成功的扩散开始前得到改进和重新定位。这个阶段的创新者可能有积极参与改进创新而不仅仅是采用和使用创新的主要用户的特征。Moore（1991）认为，创新市场最初仅仅由早期采纳者代表，主要市场在扩散的第二阶段发展。本书基于 Guseo（2011）和 Christophe 等（2007）的观点，结合产品生命周期理论，将制造业企业技术创新扩散研究分为早期市场（Early market）和主要市场（Main market）两阶段。

为了理解新技术在制造业企业技术创新生态系统的扩散机理，本书重点关注核心企业和配套企业，研究两者如何在竞争与合作关系下促进新技术在系统中的扩散。因此，结合 2.1.3 制造业企业技术创新生态系统结构分析、2.1.4 制造业企业技术创新生态系统主体间竞争与合作分析以及 2.3.1 相关理论梳理，本书认为竞争和合作分析框架适用于分析制造业企业技术创新生态系统的创新扩散问题，并能够为新技术和新产品的创新扩散机理提供更好的分析视角。因此，本书将基于 Rogers（2002）提出的广义创新扩散过程，结合 Douglas（2018）的竞争和合作分析视角对制造业企业技术创新生态系统创新扩散的机理展开研究，分析框架如图 2-4 所示。

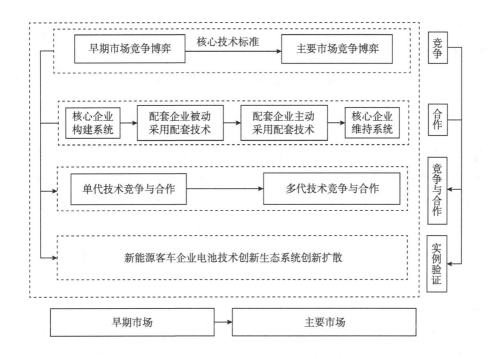

图 2-4　竞争与合作关系下制造业企业技术创新生态系统创新扩散机理的研究框架

首先，本书分析竞争关系下制造业企业技术创新生态系统创新扩散机理。在早期市场中，潜在市场规模小，技术不成熟，相应配套技术无法匹配，主要存在于以大企业为主的早期采纳企业，政府的技术补贴政策能够促进技术成熟并加速其在半封闭空间内的扩散。在主要市场中，存在晚期采纳企业，随着核心技术标准的确定，新技术差异化逐渐降低，潜在市场变大，规模效应提高，新技术的生产成本和转换成本降低，扩散成本成为影响扩散的最主要因素。由于核心技术标准都是大企业制定的，配套企业采纳核心技术就可以和大企业产生合作关系，产生的网络外部性效应在一定程度上加速了技术的扩散。

其次，本书分析合作关系下制造业企业技术创新生态系统创新扩散机理。在合作关系下，在早期市场中，核心企业构建创新生态系统并引领配套企业采纳配套技术。配套企业采纳配套技术收益的分配比例和核心企业采纳配套技术的总收益，共同促进核心企业和配套企业的合作稳定发展，从而使创新生态系统快速成长，技术更早更快扩散。当配套企业能够主动采纳配套技术时，说明技术扩散进入到主要市场阶段。在主要市场中，配套企业主动采纳配套技术，核心企业采纳新的核心技术并重建新的创新生态系统。配套技术得到充分扩散，配套企业得到足够利益，其采纳技术的收益比例已经不能影响配套企业的采纳决策。若核心企业有新核心技术，配套企业会选择继续跟随核心企业维持创新生态系统，让技术继续扩散。早期市场、主要市场中核心企业和配套企业不同的合作策略及收益分配机制，表明合作关系下创新生态系统的周期有两种：第一，不存在技术换代，创新生态系统的周期和单代技术生命周期一致，技术生命结束，创新生态系统解散；第二，技术更新换代，创新生态系统的周期曲线由每一代技术生命周期曲线的切点构成，单代技术生命结束，创新生态系统继续维持。竞争与合作并不会单独存在，因此需要探讨现实情况中竞争与合作共存时制造业企业技术创新生态系统创新扩散机理。

再次，本书分析合作与竞争共存情况下制造业企业技术创新生态系统创新扩散机理。结合前述机理研究，分别从单代技术和多代技术两个方面考察技术的竞争与合作。第一，考虑竞争收益、合作收益、合作成本和环境因素对单代技术的影响，并分析单代技术创新生态系统创新扩散机理。第二，考虑学习效应、合作收益、合作成本、政府补贴、二代技术推出时间以及竞争收益对多代技术的影响，并分析多代技术创新生态系统创新扩散机理。

最后，本书用实例验证前述模型研究结果。本书使用网络爬虫爬取新能源客车企业电池技术创新生态系统相关数据，使用网络分析工具对新能源客车企业创新生态系统电池技术的扩散进行网络分析，并给出相应的建议。

2.4 本章小结

首先，定义了制造业企业的概念和特征；其次，将制造业企业技术创新生态系统定义为核心技术企业、配套技术企业以及共生环境共同构成的制造业企业创新生态系统，并分析了其结构；最后，基于制造业企业技术创新生态系统中主体间的竞争与合作关系构建制造业企业技术创新生态系统创新扩散网络的研究框架。

第3章 竞争关系下制造业企业技术创新生态系统创新扩散机理分析

本章主要讨论以竞争为主要关系的早期市场中制造业企业技术创新生态系统创新扩散情况。博弈论经常用来分析企业的竞争行为。通过将市场参与者（公司、国家、机构、监管机构等）的关系和竞争特征形式化，博弈论可以有效分析市场参与者的竞争行为。在研究创新扩散方面，新古典学派采用了博弈论这个新方法对创新扩散进行建模。然而，新古典学派认为新技术的变革范式是渐进的，演化经济学家熊彼特则强调了技术变化过程的不连续性，认为"系统内部产生的变化取代了原有平衡点，新的平衡点不能通过渐进的变化达到"。因此，演化流派指出，需要更多地关注技术的不连续性和技术突变，其数学形式可以用突变理论完成。Reinganum（1981）结合新古典学派和演化流派对于创新扩散的研究观点，最先运用现代博弈论研究创新扩散这一主题，之后有相应的学者采用现代博弈论对创新扩散进行了分析。在这些模型中，新技术会随着时间的推移而扩散，因为随着技术供应商的效率不断提高，新技术的采纳成本会随着时间的推移而大幅下降。然后，一个企业的采用时间会用"等待时间内的成本降低和延迟获取技术带来的利润减少"进行权衡。而转换成本也已经被证明是新技术在制造业中创新扩散的最重要的障碍之一。Cournot 数量竞争的市场可能比差异化产品 Bertrand 价格竞争的市场具有更快的创新扩散。技术创新生态系统的企业通过接受相应的政策补贴、选择合适的技术成本和价格在潜在市场中采纳新技术并为消费者生产新技术产品销售，以促进新技术在包括政策环境、市场环境、资源环境和文化环境的共生环境中的扩散。因此，本章将技术的竞争博弈设计为基于政策补贴和相关成本的 Cournot 数量竞争博弈。

3.1　竞争关系下早期市场制造业企业技术创新生态系统创新扩散分析

目前，关于技术创新扩散的研究文献大多数集中于深入分析扩散过程如何随着时间推移而发生的，只有少数研究明确侧重于技术政策在加速扩散过程中的作用。Hahn 和 Yu（1999）认为，Dasgupta 和 Stoneman（1988）等的技术政策研究都是关于技术如何生成的，忽略了新技术的扩散层面的技术政策研究。技术政策可以定义为通过影响开发、商业化和/或采用新技术的决策而影响一个国家和/或特定行业的创新绩效而设计和/或实施的政策。技术政策既可以来自政府，也可以来自技术供应商。这些政策的主要目的是在整个产业结构中扩散新技术，从而促进对技术变革的持续。Ergas（1987）明确指出，制定技术政策的首要任务是缓解新技术创新扩散的限制和僵化。其中，主要的限制因素是采纳者的转换成本，因为转换成本可以阻止或塑造创新过程。因此，Chiang（1991）指出，扩散政策的研究旨在促进某一特定行业获得、扩散和吸收新技术。

一些学者认为，技术政策应该更倾向于确保有效的技术利用，而不是激发新的想法。政府补贴是刺激新技术发展和采用的有效政策工具，学者们已从不同角度对其进行了研究。例如，Aalbers 等（2009）进行了一项个人选择实验，以评估技术采用补贴对投资行为的影响。Park（2015）基于 2010~2015 年 6990 个政府资助项目的面板数据，分析了政府补贴获得者的效率和生产率变化。Grilli 和 Murtinu（2012）利用意大利 247 家新技术企业的样本研究了投资补贴对绩效的影响。Samaniego（2006）构建了一个动态一般均衡模型研究产业补贴的影响。随着环境问题越来越受到关注，一些学者最近将重点放在为各种电子产品的开发和推广提供补贴上，如再制造产品、电动汽车、太阳能、低碳推广和绿色创新。一些学者集中探讨了补贴战略的变化。例如，Hao 等（2014）指出了中国全行业

制造企业技术创新扩散研究

电动汽车补贴的两个阶段。其他学者研究了不同补贴计划的效果。在产出补贴领域，Mitra 和 Webster（2008）研究了产出补贴作为在竞争市场中促进再制造活动的一种手段的效果。Kesavayuth 和 Zikos（2013）分析了混合双头垄断中产出补贴的福利效应。Lee 和 Tomaru（2017）分析了数量补贴下寡头垄断市场的产出竞争。Zhao 等（2018）建立了考虑产出补贴的再制造决策模型。Li 等（2018）研究了双渠道供应链中产出补贴对出口融资平台的影响。与此同时，其他作者研究了投资补贴。House 和 Shapiro（2008）用红利折旧的证据研究了投资税收激励。Wang 等（2015）利用进化博弈论研究了政府投资补贴对新能源汽车制造商的影响。Hattori 和 Tanaka（2016）使用斯塔克尔伯格双寡头模型来分析投资补贴对企业采用新技术的影响。一些学者比较了不同的补贴方案，特别是投资和产出补贴。Aldy 等（2018）比较了投资和产出补贴在促进社会理想生产方面的效果。Huergo 和 Moren（2017）评估了补贴和贷款对 R&D 支持的项目的影响。

针对技术政策对新技术的促进作用，本书研究投资补贴和产出补贴两种不同的补贴政策对早期市场中的制造业企业技术创新扩散的影响。具体的研究思路是：首先，研究企业对各种产品的产出决策；其次，得出政府推动一家或两家公司生产新技术产品的补贴策略；最后，比较投资补贴与产出补贴，以评估哪种补贴的成本更低、更应被采用。

3.1.1　竞争关系下早期市场中的博弈假设

制造业企业技术创新生态系统创新扩散涉及诸多参与方，如核心企业、中介机构、政府和非核心企业等。每个参与者如同博弈分析中的局中人，他们的每项决策都会对其他参与者的决策产生影响。他们在做决策时，不仅要考虑其他参与者的决策，而且要考虑其他人对自己决策的反应。如何决策才能使大家的利益达到均衡，这正是博弈方法研究的问题。Arvanitis 等（2002）认为，新技术的生产成本、预期收益、企业规模是企业采纳新技术行为的正向采纳因素，新技术的引进和改造的相关成本是企业采纳新技术行为的负向影响因素。Arvanitis 和 Ley（2013）的后续研究表明，技术采纳与企业特征相关，而不与特定类型的技术相关。鉴于此，本书假设如下：

·40·

3.1.1.1　关于企业

假设市场中存在两家企业（企业 1 和企业 2），各个企业的产品互为对方产品的完全替代品。根据古诺竞争模型，企业 i（$i=1$，2）通过设定其产品产量 q_i 来竞争，产品价格为产品总产量的线性逆需求函数，具体表达式为 $p_i=a-b$（q_1+q_2），其中，b 是产量系数，a 是潜在市场规模。线性逆需求函数（或线性需求函数）在 Yue 等（2006）、Chen 等（2019）的研究中得到了广泛的应用。

3.1.1.2　关于技术

企业可以生产两类产品：采用旧技术生产的旧产品和采用新技术生产的新产品。采用新技术生产的新产品是产品未来的发展趋势，但在早期市场，新技术的生产技术不够成熟，生产成本较高。传统技术虽然生产成本更低，但其对于整个创新生态系统的影响力在减弱；与之相反，新技术产品虽然生产成本较高，但由于其生产技术处于持续发展中，导致创新生态系统中权力架构的改变，因此它对于整个群体的影响力持续提高。

由于企业技术能力的不同，两家企业对旧技术的熟悉程度不同。为了不失一般性，本书假设企业 1 有一个更低的旧技术生产成本，即 $c_{t1}<c_{t2}$，其中，c_{t1} 为企业 1 使用旧技术的单位产品生产成本，c_{t2} 为企业 2 使用旧技术的单位产品生产成本。对于新技术产品而言，企业 1 和企业 2 均首次使用新技术生产新产品，因此企业 1 和企业 2 具有相同的新技术单位产品生产成本 c_n。由于在早期市场中新技术产品的生产技术不够成熟，企业使用新技术的生产成本高于使用旧技术的生产成本，即 $c_{t1}<c_{t2}<c_n$。原因如下：首先，本节重点研究技术政策，尤其是补贴政策在新技术创新扩散方面的重要性，假设 $c_{ti}<c_n$ 可以凸显该重要性。其次，$c_{ti}<c_n$ 在现实中也较为常见。最后，相同的新技术生产成本会增加新技术对旧技术生产成本较高企业的吸引力。当两个企业同时采纳技术时，原本旧技术劣势企业可以有效避免成本劣势。此外，为了确保市场对两家企业都是有利可图的，假设潜在市场规模满足条件 $a>4c_n$，a 为潜在市场规模。

企业从生产传统产品转变为生产新技术产品还需要承担转换成本 L，主要包括前期投资、学习成本、开发成本（如果企业自行研发新技术产品的生产技术）或购买成本（如果企业从研发机构购买新技术产品的生产技术）。

3.1.1.3 关于政府补贴

政府在两种补贴方案中进行选择：投资补贴和产出补贴。如果提供投资补贴，政府向生产新技术产品的企业提供一次性补贴（s）。如果提供产出补贴，政府为每个新技术产品提供价值为 k 的补贴。为确保产出补贴的吸引力，假设 $k \geq c_n - c_{t1}$。

变量定义如表 3-1 所示。

表 3-1　模型变量的定义

变量	定义
b	产量系数
a	潜在市场规模
q_i	企业 i 的产品产量
p_i	企业 i 的产品价格
c_{ti}	企业 i 使用旧技术的单位生产成本
c_n	企业使用新技术的单位生产成本
L	企业从生产传统产品转换到生产新技术产品的转换成本
s	企业生产新技术产品可以获得的一次性补贴
k	企业生产新技术产品每单位产品获得的产出补贴
π_i	企业 i 的利润

3.1.1.4 关于决策顺序

政府与企业的决策顺序如下：

（1）政府公布补贴类型及补贴金额；

（2）企业决定生产哪种产品，并决定产量；

（3）消费者购买产品。

3.1.2 竞争关系下早期市场中无政府补贴的博弈分析

为了比较政府补贴前后的效果，本节先研究政府不提供补贴时新技术的扩散情况。首先分析企业 1 和企业 2 选择新旧不同技术的子博弈均衡，然后根据企业在子博弈均衡中的利润，分析企业 1 和企业 2 对新技术的选择和没有政府补贴时新技术的扩散情况。

3.1.2.1 子博弈均衡

情况 1：两家企业均使用传统技术。

在此情况下，企业 1 的利润为：

$$\pi_1 = \max_{q_1}\left(a - b(q_1 + q_2) - c_{t1}\right)q_1 \tag{3-1}$$

企业 2 的利润为：

$$\pi_2 = \max_{q_2}\left(a - b(q_1 + q_2) - c_{t2}\right)q_2 \tag{3-2}$$

求解方程（3-1）和方程（3-2），可得企业 1 和企业 2 的均衡产量和均衡利润。

当两个企业都使用传统技术产品时，其均衡产量分别为 $q_1^* = \dfrac{a - 2c_{t1} + c_{t2}}{3b}$ 和 $q_2^* = \dfrac{a + c_{t1} - 2c_{t2}}{3b}$。两家企业的均衡利润分别为 $\pi_1^* = \dfrac{(a - 2c_{t1} + c_{t2})^2}{9b}$ 和 $\pi_2^* = \dfrac{(a + c_{t1} - 2c_{t2})^2}{9b}$。

证明：求 $\dfrac{\partial \pi_1}{\partial q_1} = 0$ 和 $\dfrac{\partial \pi_2}{\partial q_2} = 0$ 即可得到 q_1^* 和 q_2^*，将 q_1^* 和 q_2^* 代入 π_1 和 π_2 可得 π_1^* 和 π_2^*，证毕。

情况 2：只有企业 1 使用新技术产品，企业 2 继续使用旧技术。

企业 1 和企业 2 的利润如下所示：

$$\pi_1 = \max_{q_1}\left(a - b(q_1 + q_2) - c_n\right)q_1 - L \tag{3-3}$$

$$\pi_2 = \max_{q_2}\left(a - b(q_1 + q_2) - c_{t2}\right)q_2 \tag{3-4}$$

求解方程（3-3）和方程（3-4）得出企业 1 和企业 2 的均衡产量和均衡利润。

当企业 1 使用新技术而企业 2 使用传统技术时，均衡产量分别为 $q_1^* = \dfrac{a - 2c_n + c_{t2}}{3b}$ 和 $q_2^* = \dfrac{a + c_n - 2c_{t2}}{3b}$，均衡利润分别为 $\pi_1^* = \dfrac{(a - 2c_n + c_{t2})^2}{9b} - L$ 和 $\pi_2^* = \dfrac{(a + c_n - 2c_{t2})^2}{9b}$。

证明：同情况 1。

情况 3：只有企业 2 采用新技术，企业 1 采用旧技术。

两个企业利润如下：

$$\pi_1 = \max_{q_1}(a-b(q_1+q_2)-c_{t1})q_1 \tag{3-5}$$

$$\pi_2 = \max_{q_2}(a-b(q_1+q_2)-c_n)q_2-L \tag{3-6}$$

求解方程（3-5）和方程（3-6）可得企业 1 和企业 2 的均衡产量和均衡利润。

当企业 1 使用旧技术产品而企业 2 采用新技术产品时，均衡产量分别为 $q_1^* = \dfrac{a+c_n-2c_{t1}}{3b}$ 和 $q_2^* = \dfrac{a-2c_n+c_{t1}}{3b}$，均衡利润分别为 $\pi_1^* = \dfrac{(a+c_n-2c_{t1})^2}{9b}$ 和 $\pi_2^* = \dfrac{(a-2c_n+c_{t1})^2}{9b}-L$。

证明：同情况 1。

情况 4：两个企业都采用新技术产品。

企业 1 和企业 2 的利润如下所示：

$$\pi_1 = \max_{q_1}(a-b(q_1+q_2)-c_n)q_1-L \tag{3-7}$$

$$\pi_2 = \max_{q_2}(a-b(q_1+q_2)-c_n)q_2-L \tag{3-8}$$

求解方程（3-7）和方程（3-8）可得出均衡产量和均衡利润。

当两个企业都生产新技术产品时，其均衡利润分别为 $q_1^* = \dfrac{a-c_n}{3b}$ 和 $q_2^* = \dfrac{a-c_n}{3b}$，均衡产量分别 $\pi_1^* = \dfrac{(a-c_n)^2}{9b}-L$ 和 $\pi_2^* = \dfrac{(a-c_n)^2}{9b}-L$。

证明：同情况 1。

3.1.2.2　企业生产产品选择策略

在明确情况 1~4 四种情况的子博弈均衡后，进一步研究无补贴条件下新技术的创新扩散情况，得到命题 3-1。

命题 3-1：在无补贴情况下，新技术无法在企业 1 和企业 2 之间扩散。

证明：当政府不提供补贴时，企业 1 和企业 2 不同技术的博弈矩阵如表 3-2 所示。

表 3-2　无政府补贴时企业收益矩阵

		企业 2	
		旧技术	新技术
企业 1	旧技术	$\dfrac{(a-2c_{t1}+c_{t2})^2}{9b}$，$\dfrac{(a+c_{t1}-2c_{t2})^2}{9b}$	$\dfrac{(a+c_n-2c_{t1})^2}{9b}$，$\dfrac{(a-2c_n+c_{t1})^2}{9b}-L$
	新技术	$\dfrac{(a-2c_n+c_{t2})^2}{9b}-L$，$\dfrac{(a+c_n-2c_{t2})^2}{9b}$	$\dfrac{(a-c_n)^2}{9b}-L$，$\dfrac{(a-c_n)^2}{9b}-L$

由 $c_{t1}<c_{t2}<c_n$ 可知，企业 1 和企业 2 均选择旧技术为该博弈的纳什均衡，由此可知，企业 1 和企业 2 均会生产旧技术产品，新技术产品无法在企业间扩散，命题 3-1 得证。

命题 3-1 表明，在早期市场中，政府补贴对新技术的扩散有至关重要的作用。这是因为，早期市场新技术的生产成本高于旧技术的生产成本，同时考虑企业使用新技术还需要承担转移成本，因此需要政府补贴弥补企业使用新技术的利润损失。

3.1.3　竞争关系下早期市场中只考虑投资补贴的博弈分析

本节分析投资补贴对企业均衡产出、均衡利润和创新扩散的影响。首先，研究投资补贴的子博弈均衡。其次，根据子博弈均衡，分析投资补贴对创新扩散的影响，以及对应的政府补贴策略。

3.1.3.1　子博弈均衡

首先，分析投资补贴模式下企业的最佳产出和利润。

情况 1：两家企业均使用旧技术。

在此情况下，企业 1 的利润为：

$$\pi_1=\max_{q_1}(a-b(q_1+q_2)-c_{t1})q_1 \tag{3-9}$$

企业 2 的利润为：

$$\pi_2=\max_{q_2}(a-b(q_1+q_2)-c_{t2})q_2 \tag{3-10}$$

求解方程（3-9）和方程（3-10），可得企业 1 的均衡产量为 $q_1^*=\dfrac{a-2c_{t1}+c_{t2}}{3b}$，

均衡利润为 $\pi_1^* = \dfrac{(a-2c_{t1}+c_{t2})^2}{9b}$；企业 2 的均衡产量为 $q_2^* = \dfrac{a+c_{t1}-2c_{t2}}{3b}$，均衡利润为

$\pi_2^* = \dfrac{(a+c_{t1}-2c_{t2})^2}{9b}$。

证明：同上文 3.1.2.1 的情况 1。

情况 2： 只有企业 1 采纳新技术，企业 2 使用旧技术。

在此情况下，企业 1 和企业 2 的利润如下所示：

$$\pi_1 = \max_{q_1} (a-b(q_1+q_2)-c_n)q_1 - L + s \tag{3-11}$$

$$\pi_2 = \max_{q_2} (a-b(q_1+q_2)-c_{t2})q_2 \tag{3-12}$$

求解方程（3-11）和方程（3-12），可以得出企业 1 的均衡产量为 $q_1^* = \dfrac{a-2c_n+c_{t2}}{3b}$，均衡利润为 $\pi_1^* = \dfrac{(a-2c_n+c_{t2})^2}{9b} - L + s$；企业 2 的均衡产量为 $q_2^* = \dfrac{a+c_n-2c_{t2}}{3b}$，均衡利润为 $\pi_2^* = \dfrac{(a+c_n-2c_{t2})^2}{9b}$。

证明：同上文 3.1.2.1 的情况 1。

情况 3： 只有企业 2 采纳新技术，企业 1 使用旧技术。

在此情况下，两个企业利润如下：

$$\pi_1 = \max_{q_1} (a-b(q_1+q_2)-c_{t1})q_1 \tag{3-13}$$

$$\pi_2 = \max_{q_2} (a-b(q_1+q_2)-c_n)q_2 - L + s \tag{3-14}$$

求解方程（3-13）和方程（3-14），可得企业 1 的均衡产量为 $q_1^* = \dfrac{a+c_n-2c_{t1}}{3b}$，

均衡利润为 $\pi_1^* = \dfrac{(a+c_n-2c_{t1})^2}{9b}$；企业 2 的均衡产量为 $q_2^* = \dfrac{a-2c_n+c_{t1}}{3b}$，均衡利润为

$\pi_2^* = \dfrac{(a-2c_n+c_{t1})^2}{9b} - L + s$。

证明：同上文 3.1.2.1 的情况 1。

情况 4： 两家企业均采纳新技术。

在此情况下，两家企业的利润如下所示：

$$\pi_1 = \max_{q_1} (a-b(q_1+q_2)-c_n)q_1 - L + s \tag{3-15}$$

$$\pi_2 = \max_{q_2}(a-b(q_1+q_2)-c_n)q_2-L+s \tag{3-16}$$

求解方程（3-15）和方程（3-16），可得企业 1 的均衡产量为 $q_1^* = \dfrac{a-c_n}{3b}$，均衡利润为 $\pi_1^* = \dfrac{(a-c_n)^2}{9b}-L+s$；企业 2 的均衡产量为 $q_2^* = \dfrac{a-c_n}{3b}$，均衡利润为 $\pi_2^* = \dfrac{(a-c_n)^2}{9b}-L+s$。

证明：同上文 3.1.2.1 的情况 1。

3.1.3.2　投资补贴对创新扩散的影响

在明确投资补贴下企业不同技术产品产量的子博弈均衡后，进一步研究投资补贴对新技术创新扩散的影响，通过比较 3.1.3.1 中四种情况下企业使用不同技术的收益，得到命题 3-2。

命题 3-2：投资补贴对创新扩散的影响为：

（1）当投资补贴较低时 $\left(s < \dfrac{4(c_n-c_{t2})(a-c_n+c_{t1}-c_{t2})}{9b}+L\right)$：两家企业均使用旧技术；

（2）当投资补贴适中时 $\left(\dfrac{4(c_n-c_{t2})(a-c_n+c_{t1}-c_{t2})}{9b}+L \leqslant s < \dfrac{4(a-c_{t1})(c_n-c_{t1})}{9b}+L\right)$：企业 1 使用旧技术，企业 2 率先采用新技术；

（3）当投资补贴较高时 $\left(\dfrac{4(a-c_{t1})(c_n-c_{t1})}{9b}+L \leqslant s\right)$，两家企业均会采用新技术。

证明：通过比较子博弈均衡中的企业利润，可知：

（1）企业 2 继续使用旧技术情况下，当 $s-L < \dfrac{4(c_n-c_{t1})(a-c_n-c_{t1}+c_{t2})}{9b}$ 时，企业 1 继续使用旧技术；当 $s-L \geqslant \dfrac{4(c_n-c_{t1})(a-c_n-c_{t1}+c_{t2})}{9b}$ 时，企业 1 采纳新技术。

（2）企业 2 采纳新技术情况下，当 $s-L < \dfrac{4(a-c_{t1})(c_n-c_{t1})}{9b}$ 时，企业 1 继续使

用旧技术；当 $s-L \geq \dfrac{4(a-c_{t1})(c_n-c_{t1})}{9b}$ 时，企业 1 采纳新技术。

（3）企业 1 继续使用旧技术情况下，当 $s-L < \dfrac{4(c_n-c_{t2})(a-c_n+c_{t1}-c_{t2})}{9b}$ 时，企业 2 继续使用旧技术；当 $s-L \geq \dfrac{4(c_n-c_{t1})(a-c_n-c_{t1}+c_{t2})}{9b}$ 时，企业 2 采纳新技术。

（4）企业 1 采纳新技术情况下，当 $s-L < \dfrac{4(a-c_{t2})(c_n-c_{t2})}{9b}$ 时，企业 2 继续使用旧技术；当 $s-L \geq \dfrac{4(a-c_{t2})(c_n-c_{t2})}{9b}$ 时，企业 2 采纳新技术。

通过比较 $\dfrac{4(c_n-c_{t1})(a-c_n-c_{t1}+c_{t2})}{9b}$，$\dfrac{4(a-c_{t1})(c_n-c_{t1})}{9b}$，$\dfrac{4(c_n-c_{t2})(a-c_n+c_{t1}-c_{t2})}{9b}$ 和 $\dfrac{4(a-c_{t2})(c_n-c_{t2})}{9b}$ 四个值的大小，可以得到命题 3-2。证毕。

命题 3-2 表明，当投资补贴比较低时，企业采用新技术获得的收益无法弥补转换产品的转换成本。因此，两家企业均拒绝采用新技术。相反，当补贴较高时，高昂的补贴可以弥补企业采用新技术的损失，企业采用新技术是有利可图的，所以两家企业都愿意转换生产方式，采用新技术生产新产品。

当投资补贴适中时，企业 2 会率先采用新技术。这是因为企业 2 使用旧技术的成本高于企业 1 使用旧技术的成本，这个劣势使得企业 2 更愿意采用新技术并生产新技术产品。同时，对于企业 1 而言，采用新技术的收益无法弥补其使用新技术的损失。因此，企业 2 更愿意使用新技术，而企业 1 仍然选择旧技术。

3.1.3.3 政府投资补贴策略

基于得到的投资补贴对新技术创新扩散的影响，本书进一步分析政府的投资补贴策略。政府的目的是推动新技术的扩散。根据企业的生产产品策略，有两个可能的策略情况，即只有企业 2 采纳新技术，或者两家企业均采纳新技术。政府补贴原则为：政府以最低的补贴支出实现新技术产品的扩散。通过对政府最低支出的分析，得到如命题 3-3 所示的政府投资补贴策略。

命题 3-3：如果政府提供投资补贴以推动新技术产品的扩散：

（1）如果政府只鼓励一家企业采用新技术，那么每家企业投资补贴应该为

$s=\dfrac{4(c_n-c_{t2})(a-c_n+c_{t1}-c_{t2})}{9b}+L$，且总体资补贴也为 $S=\dfrac{4(c_n-c_{t2})(a-c_n+c_{t1}-c_{t2})}{9b}+L$。

（2）如果政府鼓励两家企业均采用新技术，那么每个企业可以得到的投资补贴为 $s=\dfrac{4(a-c_{t1})(c_n-c_{t1})}{9b}+L$，且总投资补贴额度为 $S=2\left(\dfrac{4(a-c_{t1})(c_n-c_{t1})}{9b}+L\right)$。

证明：由命题 3-2 可知，当只有企业 2 采纳新技术时，政府投资补贴需要满足条件 $\dfrac{4(c_n-c_{t2})(a-c_n+c_{t1}-c_{t2})}{9b}+L\leqslant s<\dfrac{4(a-c_{t1})(c_n-c_{t1})}{9b}+L$，满足该条件的 s 的最小值为 $s=\dfrac{4(c_n-c_{t2})(a-c_n+c_{t1}-c_{t2})}{9b}+L$，投资补贴总额为 $S=s$。当企业 1 和企业 2 均采纳新技术时，政府投资补贴需要满足条件 $\dfrac{4(a-c_{t1})(c_n-c_{t1})}{9b}+L\leqslant s$，满足条件的 s 的最小值为 $s=\dfrac{4(a-c_{t1})(c_n-c_{t1})}{9b}+L$，投资补贴总额为 $S=2s$。证毕。

命题 3-3 表明，政府投资补贴策略与潜在市场规模和转换成本相关。企业可以通过在较大的市场上或在转换成本较低的情况下使用旧产品获得更多的利润。因此，当潜在市场和转换成本都增加时，需要更多的投资补贴来推动企业放弃熟悉的技术。

命题 3-3 同时还表明，企业 2 旧技术生产成本只在政府鼓励一个企业采纳新技术时对投资补贴策略产生影响。这是因为，由于在旧技术方面存在劣势，企业 2 会早于企业 1 采纳新技术。因此，当政府希望推动新技术在整个行业中扩散时，创新扩散的核心是企业 1 采纳新技术，因此，企业 2 的旧技术生产成本对政府推动全行业创新扩散的政策影响较低。

3.1.4　竞争关系下早期市场中只考虑产出补贴的博弈分析

本节研究产出补贴情况下的企业均衡产出、均衡利润以及政府的产出补贴。首先，研究产出补贴的子博弈均衡。其次，根据子博弈均衡，分析产出补贴对新技术的创新扩散的影响，以及政府的产出补贴策略。

3.1.4.1　子博弈均衡

分析产出补贴条件下企业选择不同技术的子博弈均衡，即企业在产出补贴下

制造企业技术创新扩散研究

使用不同技术的最佳产出和利润。

情况 1：两家公司均使用旧技术生产。

在此情况下，企业 1 的利润为：

$$\pi_1 = \max_{q_1}(a-b(q_1+q_2)-c_{t1})q_1 \tag{3-17}$$

企业 2 的利润为：

$$\pi_2 = \max_{q_2}(a-b(q_1+q_2)-c_{t2})q_2 \tag{3-18}$$

求解方程（3-17）和方程（3-18），得到企业 1 的均衡产量为 $q_1^* = \dfrac{a-2c_{t1}+c_{t2}}{3b}$，均衡利润为 $\pi_1^* = \dfrac{(a-2c_{t1}+c_{t2})^2}{9b}$；企业 2 的均衡产量为 $q_2^* = \dfrac{a+c_{t1}-2c_{t2}}{3b}$，均衡利润为 $\pi_2^* = \dfrac{(a+c_{t1}-2c_{t2})^2}{9b}$。

证明：同 3.1.2.1 的情况 1。

情况 2：只有企业 1 采纳新技术，企业 2 使用旧技术。

在此情况下，企业 1 和企业 2 的利润如下：

$$\pi_1 = \max_{q_1}(a-b(q_1+q_2)-c_n+k)q_1-L \tag{3-19}$$

$$\pi_2 = \max_{q_2}(a-b(q_1+q_2)-c_{t2})q_2 \tag{3-20}$$

求解方程（3-19）和方程（3-20），可以得到企业 1 的均衡产量为 $q_1^* = \dfrac{a+2k-2c_n+c_{t2}}{3b}$，均衡利润为 $\pi_1^* = \dfrac{(a+2k-2c_n+c_{t2})^2}{9b}-L$；企业 2 的均衡产量为 $q_2^* = \dfrac{a-k+c_n-2c_{t2}}{3b}$，均衡利润为 $\pi_2^* = \dfrac{(a-k+c_n-2c_{t2})^2}{9b}$。

证明：同 3.1.2.1 的情况 1。

情况 3：只有企业 2 采纳新技术，企业 1 继续使用旧技术。

在此情况下，两家企业的利润如下：

$$\pi_1 = \max_{q_1}(a-b(q_1+q_2)-c_{t1})q_1 \tag{3-21}$$

$$\pi_2 = \max_{q_2}(a-b(q_1+q_2)-c_n+k)q_2-L \tag{3-22}$$

求解方程（3-21）和方程（3-22），可得到企业 1 的均衡产量为 $q_1^* =$

· 50 ·

$\dfrac{a-k+c_n-2c_{t1}}{3b}$，均衡利润为 $\pi_1^* = \dfrac{(a-k+c_n-2c_{t1})^2}{9b}$；企业 2 的均衡产量为 $q_2^* =$

$\dfrac{a+2k-2c_n+c_{t1}}{3b}$，均衡利润为 $\pi_2^* = \dfrac{(a+2k-2c_n+c_{t1})^2}{9b}-L$。

证明：同 3.1.2.1 的情况 1。

情况 4：两个企业都采纳新技术。

在此情况下，两家企业面临如下利润：

$$\pi_1 = \max_{q_1}\left(a-b(q_1+q_2)-c_n+k\right)q_1-L \tag{3-23}$$

$$\pi_2 = \max_{q_2}\left(a-b(q_1+q_2)-c_n+k\right)q_2-L \tag{3-24}$$

求解方程（3-23）和方程（3-24），可以得到企业 1 的均衡产量为 $q_1^* =$

$\dfrac{a+k-c_n}{3b}$，均衡利润为 $\pi_1^* = \dfrac{(a+k-c_n)^2}{9b}-L$；企业 2 的均衡产量为 $q_2^* = \dfrac{a+k-c_n}{3b}$，均衡利

润为 $\pi_2^* = \dfrac{(a+k-c_n)^2}{9b}-L$。

证明：同 3.1.2.1 的情况 1。

3.1.4.2　企业产品选择决策的均衡

在明确产出补贴下企业不同技术的产品产量的子博弈均衡后，进一步研究产出补贴对新技术创新扩散的影响。通过比较企业使用不同技术的利润，分析产出补贴对新技术的创新扩散的影响如命题 3-4 所示。

命题 3-4：企业产品类型决策的均衡如下：

（1）当转换成本较低时 $\left(L \geqslant \dfrac{4(a+k-c_n+c_{t1}-c_{t2})(k-c_n+c_{t2})}{9b}\right)$，两家企业均使用旧技术；

（2）当转换成本适中时 $\left(\dfrac{4(a-c_{t1})(k-c_n+c_{t1})}{9b} \leqslant L < \dfrac{4(a+k-c_n+c_{t1}-c_{t2})(k-c_n+c_{t2})}{9b}\right)$，企业 1 继续使用旧技术，企业 2 使用新技术；

（3）当转换成本较高时 $\left(L < \dfrac{4(a-c_{t1})(k-c_n+c_{t1})}{9b}\right)$，两家企业均使用新技术。

证明：同命题 3-2。

由命题 3-4 可知，当转换成本较高时 $\left(L\geqslant\dfrac{4(a+k-c_n+c_{t1}-c_{t2})(k-c_n+c_{t2})}{9b}\right)$，使用新技术的利润不能弥补采用新技术的转换成本。因此，两家企业都拒绝采纳新技术，只使用旧技术。当转换成本较低时 $\left(L<\dfrac{4(a-c_{t1})(k-c_n+c_{t1})}{9b}\right)$，这两家公司均会采纳新技术生产新产品，因为生产新技术产品更有利可图。当转换成本处于中间阶段的时候 $\left(\dfrac{4(a-c_{t1})(k-c_n+c_{t1})}{9b}\leqslant L<\dfrac{4(a+k-c_n+c_{t1}-c_{t2})(k-c_n+c_{t2})}{9b}\right)$，只有企业 2 愿意采纳新技术。

3.1.4.3 政府产出补贴策略

本节基于产出补贴对新技术的创新扩散的影响，进一步分析政府的投资补贴策略。政府的目的是推动新技术的扩散。根据企业的生产产品策略，有两个可能的策略情况，即只有企业 2 采用新技术，或者两家企业均采用新技术。政府补贴原则为：政府以最低的补贴支出实现新技术产品的扩散。通过对政府最低支出的分析，得到如命题 3-5 所示的政府投资补贴策略。

命题 3-5：如果政府想提供产出补贴以促进新技术的扩散：

（1）如果政府只鼓励一家企业采用新技术，那么产出补贴策略如下所示：

1）转换成本较低时 $\left(L<\dfrac{4(a-c_{t2})(c_{t2}-c_{t1})}{9b}\right)$，每单位产出的补贴为 $k^*=c_n-c_{t1}$，总补贴额度为 $K=\dfrac{(c_n-c_{t1})(a-c_{t1})}{3b}$；

2）转换成本适中时 $\left(\dfrac{4(a-c_{t2})(c_{t2}-c_{t1})}{9b}\leqslant L<\dfrac{4(2a+c_{t1}-3c_{t2})(a-c_{t2})}{9b}\right)$，每单位的产出补贴为 $k^*=\dfrac{\sqrt{a^2+9bL+2ac_{t1}+c_{t1}^2-4ac_{t2}-4c_{t1}c_{t2}+4c_{t2}^2}-a+2c_n-c_{t1}}{2}$，总补贴额度为 $K=\dfrac{\sqrt{a^2+9bL+c_{t1}^2+2c_{t1}(a-2c_{t2})-4ac_{t2}+4c_{t2}^2}\left(-a+2c_n-c_{t1}+\sqrt{a^2+9bL+c_{t1}^2+2c_{t1}(a-2c_{t2})-4ac_{t2}+4c_{t2}^2}\right)}{6b}$；

3）转换成本较高时 $\left(\dfrac{4(2a+c_{t1}-3c_{t2})(a-c_{t2})}{9b}\leqslant L\right)$，产出补贴策略不可行。

（2）如果政府鼓励两家企业均采用新技术，那么每单位产出的补贴为 $k^* = \dfrac{9bL+4c_n(a-c_{t1})-4ac_{t1}+4c_{t1}^2}{4(a-c_{t1})}$，总产出的补贴额度为 $K = \dfrac{(4a^2+9bL-8ac_{t1}+4c_{t1}^2)(9bL+4c_n(a-c_{t1})-4ac_{t1}+4c_{t1}^2)}{24b(a-c_{t1})^2}$。

证明：同命题 3-2。

由此可见，与投资补贴不同，当政府鼓励两家企业采用新技术时，产出补贴策略与两家企业的传统技术产品的生产成本有关。这是因为企业能够获得的补贴总额基于其均衡产出，并与两家企业传统技术的生产成本有关。因此，政府在提供产出补贴时，需要考虑两家企业传统技术的生产成本。

相较于投资补贴，产出补贴策略更为复杂。在只有企业 2 采用新技术产品的情况下，当转换成本很高时 $\left(\dfrac{4(2a+c_{t1}-3c_{t2})(a-c_{t2})}{9b} \leqslant L\right)$，产出补贴不可行。这是因为更高的转换成本迫使政府提供更多的补贴额度以鼓励企业 2 采用新技术。同样，面对较高的产出补贴，企业 2 会不断增加产量，以获得更高的市场份额。当补贴足够高时，产出补贴将使企业 1 失去全部市场份额，从而逼迫企业 1 采用新技术以获得政府补贴。所以当转换成本较高时，只鼓励企业 2 采用新技术不可行。

3.1.5　竞争关系下早期市场中同时考虑两种补贴政策的博弈分析

本书将比较两种补贴政策，以分析政府的补贴策略。换言之，本书的目的是探寻哪种补贴政策能够以最少的成本促进新技术在企业间的扩散。

3.1.5.1　新技术在部分企业间扩散

本书首先分析只有企业 2 生产新技术产品时的政府补贴策略，根据命题 3-2 和命题 3-4，进一步得到命题 3-6。

命题 3-6：如果政府只鼓励部分企业生产新技术产品：

（1）当转换成本较低时 $\left(L<\dfrac{3(c_n-c_{t1})(a-c_{t1})-4(c_n-c_{t2})(a-c_n+c_{t1}-c_{t2})}{9b}\right)$，政府将采用投资补贴促进新技术的创新扩散；

（2）当转换成本适中时（$\dfrac{3(c_n-c_{t1})(a-c_{t1})-4(c_n-c_{t2})(a-c_n+c_{t1}-c_{t2})}{9b} \leqslant L <$

$\dfrac{(3(a+c_{t1})-4c_n-2c_{t2})(a-4c_n+c_{t1}+2c_{t2})}{9b}$），政府将采用产出补贴促进新技术的创新

扩散；

（3）当转换成本较高时（$\dfrac{(3(a+c_{t1})-4c_n-2c_{t2})(a-4c_n+c_{t1}+2c_{t2})}{9b} \leqslant L$），政府将

采用投资补贴促进新技术的创新扩散。

证明：当 $L < \dfrac{4(a-c_{t2})(c_{t2}-c_{t1})}{9b}$ 时，投资补贴为 $S=\dfrac{4(c_n-c_{t2})(a-c_n+c_{t1}-c_{t2})}{9b}+L$，产出补

贴为 $K=\dfrac{(c_n-c_{t1})(a-c_{t1})}{3b}$。通过比较 S 和 K，可知当 $L < \dfrac{3(c_n-c_{t1})(a-c_{t1})-4(c_n-c_{t2})(a-c_n+c_{t1}-c_{t2})}{9b}$

时，$S < K$；当 $\dfrac{3(c_n-c_{t1})(a-c_{t1})-4(c_n-c_{t2})(a-c_n+c_{t1}-c_{t2})}{9b} \leqslant L < \dfrac{4(a-c_{t2})(c_{t2}-c_{t1})}{9b}$ 时，

$S \geqslant K$。

当 $\dfrac{4(a-c_{t2})(c_{t2}-c_{t1})}{9b} \leqslant L < \dfrac{(3a+2c_{t1}-2c_{t2})(a+2c_{t2})}{9b}$ 时，投资补贴总投入为 $S=\dfrac{4(c_n-c_{t2})(a-c_n+c_{t1}-c_{t2})}{9b}+L$，产出

补贴总投入为 $K=\dfrac{\sqrt{a^2+9bL+c_{t1}^2+2c_{t1}(a-2c_{t2})-4ac_{t2}+4c_{t2}^2}\left(-a+2c_n-c_{t1}+\sqrt{a^2+9bL+c_{t1}^2+2c_{t1}(a-2c_{t2})-4ac_{t2}+4c_{t2}^2}\right)}{6b}$。

通过比较 S 和 K，可知当 $\dfrac{4(a-c_{t2})(c_{t2}-c_{t1})}{9b} < L < \dfrac{(3(a+c_{t1})-4c_n-2c_{t2})(a-4c_n+c_{t1}+2c_{t2})}{9b}$ 时，

$S > K$；当 $\dfrac{(3(a+c_{t1})-4c_n-2c_{t2})(a-4c_n+c_{t1}+2c_{t2})}{9b} \leqslant L < \dfrac{4(a-c_{t2})(c_{t2}-c_{t1})}{9b}$ 时，$S \leqslant K$。

综合上述分析，可得命题 3-6。证毕。

命题 3-6 表明，当转换成本处于适中水平时，政府使用投资补贴以促进部分企业生产新技术产品所需的资金相对较少。原因如下：产出补贴随着转换成本的增加而增加。当转换成本较高时，更高的产出补贴使得公司 2 倾向于生产更多的产品。补贴和产出的增加使得产出补贴的成本高于投资补贴。而当转换成本较低时，企业竞争造成的产量增加会导致产品补贴成本高于投资补贴成本，此时，投资补贴比产出补贴更能节省成本。

进一步探讨潜在市场规模对创新扩散的影响。

推论 3-1：在潜在市场规模较大和新技术产品生产成本较低的情况下，政府更有可能提供产出补贴，以推动新技术产品在部分企业之间扩散。

证明：令 $L^* = \dfrac{(-4c_n+3(a+c_{t1})-2c_{t2})(a-4c_n+c_{t1}+2c_{t2})}{9b} -$

$\dfrac{3(c_n-c_{t1})(a-c_{t1})-4(c_n-c_{t2})(a-c_n+c_{t1}-c_{t2})}{9b}$，可知 $\dfrac{\partial L^*}{\partial a} = \dfrac{2a-5c_n+3c_{t1}}{3b} > 0$，$\dfrac{\partial L^*}{\partial c_n} =$

$-\dfrac{5a-8c_n+3c_{t1}}{3b} < 0$，证毕。

推论 3-1 表明，更大的潜在市场或更低的新技术生产成本可以导致政府提供产出补贴时节约更多的资金。更大的潜在市场规模意味着企业可以生产更多的产品，并能提高产出补贴的优势。同时，较低的新技术生产成本可以减少企业采纳新技术后生产产品的损失，使得这种损失更容易通过产出补贴来弥补。

3.1.5.2　新技术在所有企业间扩散

本书比较了促进两家企业采用新技术时的补贴类型。在两家企业均生产新技术产品的情况下，通过比较两家企业均采用新技术时的产出补贴支出和投资补贴支出，得到新技术在创新生态系统所有企业中扩散时的政府补贴策略如命题 3-7。

命题 3-7：如果政府要鼓励新技术在创新生态系统所有企业之间扩散：

（1）当转换成本较低时 $\left(L < \dfrac{4(a-c_{t1})^2}{27b}\right)$，政府倾向于提供产出补贴以促进新技术在所有企业间的扩散；

（2）当转换成本较高时 $\left(L \geqslant \dfrac{4(a-c_{t1})^2}{27b}\right)$，政府倾向于提供投资补贴以促进新技术在所有企业间的扩散。

证明：同命题 3-6。

命题 3-7 表明，当转换成本较低时，政府可以用较少的支出，通过产出补贴吸引两家企业都采用新技术。相反，当转换成本较高时，政府应提供投资补贴以促进新技术在所有企业间的扩散。这是因为当面临高转换成本时，两家企业都需要更多的产出补贴，最终导致市场上的产出增加，进而造成产出补贴的总额高于投资补贴的总额。当转换成本较低时，两家公司不需要进行激烈的竞争以弥补产品转换损失。在这种情况下，政府提供产出补贴更能节约成本。

进一步探讨潜在市场规模对政府补贴策略的影响，得到推论3-2。

推论3-2：随着潜在市场规模的增加，为推动新技术在创新生态系统中所有企业之间的扩散，政府提供产出补贴的可能性也在提高。

证明：同推论3-1。

推论3-2表明，在较大的潜在市场中，产出补贴的成本可能更低。同时，新技术的生产成本对政府补贴方案选择无影响。较大的潜在市场规模确保了企业能够生产更多的产品，这反过来加强了政府提供产出补贴促进新技术创新扩散的优势，并节省了更多的成本。

3.1.6 竞争关系下早期市场中的稳健性分析

前文研究了寡头垄断市场中新技术的扩散情况和政府补贴政策，本节对前文的博弈模型进行拓展，分别研究多家企业的创新扩散情况和政府补贴政策；以及当部分企业属于新入企业的新技术创新扩散情况和政府补贴政策。

3.1.6.1 市场中存在多家企业时政府补贴对新技术创新扩散的影响

3.1.2~3.1.5节讨论了政府在双寡头垄断市场中的补贴策略。本节将研究扩展到一个有两家以上企业的市场，以检验本书结论的稳健性。为了简单起见又不失一般性，本书假设有 n 家公司，其中 $\frac{n}{2}$ 家企业使用旧技术的成本为 c_{t1}，而其他企业使用旧技术的成本为 c_{t2}，其中 $c_{t1}<c_{t2}<c_n$。

在投资补贴下，生产成本为 c_{t1} 的企业（记为企业 i）使用传统技术的利润函数和使用新技术的利润函数分别为：

$$\pi_i = \max_{q_i} \left(a - b \left(q_i + \sum_{j \neq i}^{n} q_j \right) - c_{t1} \right) q_i \tag{3-25}$$

$$\pi_i = \max_{q_i} \left(a - b \left(q_i + \sum_{j \neq i}^{n} q_j \right) - c_n \right) q_i - L + s \tag{3-26}$$

生产成本为 c_{t2} 的企业（记为企业 z）使用传统技术的利润函数和使用新技术的利润函数分别为：

$$\pi_z = \max_{q_z} \left(a - b \left(q_z + \sum_{j \neq z}^{n} q_j \right) - c_{t2} \right) q_z \tag{3-27}$$

$$\pi_z = \max_{q_z} \left(a - b \left(q_z + \sum_{j \neq z}^{n} q_j \right) - c_n \right) q_z - L + s \tag{3-28}$$

在产出补贴下，生产成本为 c_{t1} 的企业（记为企业 i）使用传统技术的利润函数和使用新技术的利润函数分别为：

$$\pi_i = \max_{q_i} \left(a - b \left(q_i + \sum_{j \neq i}^{n} q_j \right) - c_{t1} \right) q_i \tag{3-29}$$

$$\pi_i = \max_{q_i} \left(a - b \left(q_i + \sum_{j \neq i}^{n} q_j \right) - c_n + k \right) q_i - L \tag{3-30}$$

生产成本为 c_{t2} 的企业（记为企业 z）使用传统技术的利润函数和使用新技术的利润函数分别为：

$$\pi_z = \max_{q_z} \left(a - b \left(q_z + \sum_{j \neq z}^{n} q_j \right) - c_{t2} \right) q_z \tag{3-31}$$

$$\pi_z = \max_{q_z} \left(a - b \left(q_z + \sum_{j \neq z}^{n} q_j \right) - c_n + k \right) q_z - L \tag{3-32}$$

由于政府的补贴策略较为复杂，本节在上文得到的利润函数基础上，采用数值模拟的方法研究政府的补贴策略。由于 $c_{t1} < c_{t2} < c_n$，假设 $c_n = 3$，$c_{t1} = 1$，$c_{t2} = 2$，$b = 0.5$，又由于 $a > 4c_n$，假设 $a = 20$。得到只有传统技术生产成本为 c_{t2} 的企业采用新技术时，即新技术在部分企业间扩散时，政府的投资补贴（Investment subsidies）和产出补贴（Output subsidies）的支出比较如图 3-1 所示。

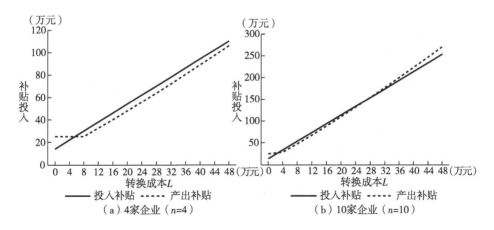

图3-1　只有部分企业采用新技术时的补贴支出比较

图 3-1 显示，在多个企业组成的市场中，当政府希望让传统技术生产成本较高的企业采用新技术，即促进新技术在部分企业之间的扩散时，当转换成本处于中间区间时，产出补贴的支出曲线位于投资补贴支出曲线的下方，此时政府可以采用产出补贴。其他情况下当转换成本较高或较低时，投资补贴支出曲线位于产出补贴支出曲线的下方，此时政府应采用投资补贴策略。这与双寡头垄断市场的研究结果一致。此外，哪种补贴方案成本更低的问题也与企业的数量有关。如果市场上只有少数几家公司时［公司数量为 4 时，如图 3-1（a）所示］，当转换成本较高时，政府提供产出补贴可以节约更多成本。相反，如果市场上有较多参与者［公司数量为 10 时，如图 3-1（b）所示］，只有在转换成本处于中间区间时，政府采用产出补贴成本才会更为划算。

所有企业均采用新技术，即新技术在创新生态系统中的所有企业间扩散时，政府的投资补贴和产出补贴的支出比较如图 3-2 所示。

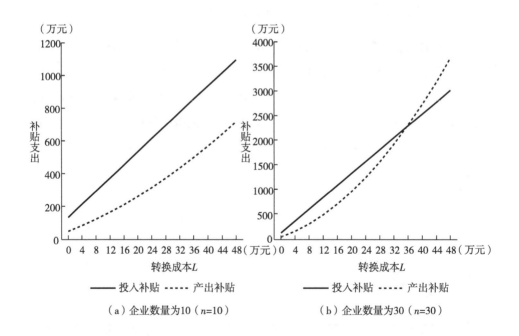

（a）企业数量为 10（n=10）　　　（b）企业数量为 30（n=30）

图 3-2　所有企业采纳新技术产品的补贴支出比较

图 3-2（a）和图 3-2（b）显示，如果政府鼓励所有企业生产新技术产品，

即促进新技术在所有企业之间的扩散，当转换成本（L）较低时，投资补贴支出曲线位于产出补贴支出曲线上方，此时投资补贴的支出高于产出补贴的支出，企业应提供产出补贴。由图 3-3（b）可知，当转换成本较高时，产出补贴支出曲线在投资补贴支出曲线之上，此时产出补贴高于投资补贴，企业应提供投资补贴。此外，根据图 3-3（a）中企业数量为 10（$n=10$）和图 3-3（b）中企业数量为 30（$n=30$）可知，企业数量会影响补贴策略的选择。当企业数量少的时候，产出补贴的成本较低，而当企业数量多的时候，只有在转换成本低的情况下，产出补贴才会带来更多的成本节约。

转换成本和企业数量对补贴策略的联合影响如图 3-3 所示。

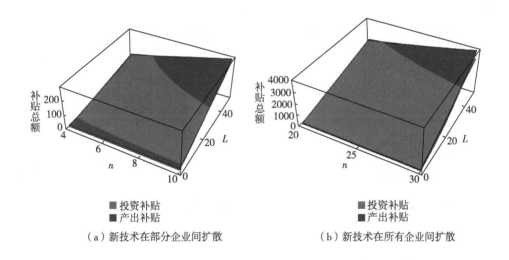

（a）新技术在部分企业间扩散　　　　（b）新技术在所有企业间扩散

图 3-3　转换成本和企业数量对补贴策略的影响

如图 3-3 所示补贴的变化与如图 3-1 和图 3-2 所示的观察结果是一致的。此外，当市场上有更多的企业时，投资补贴的成本可能会更低。补贴政策是否影响新技术产品的扩散过程取决于转换成本和企业数量。当转换成本在区间 $4 \leqslant L \leqslant 28$ 时，小市场（$4 \leqslant n \leqslant 10$）以使投资补贴优于产出补贴。当转换成本在区间（$0 \leqslant L \leqslant 36$）时，一个大的市场（$10 \leqslant n \leqslant 30$）也可以导致投资补贴优于产出补贴。通过对图 3-2、图 3-3 和图 3-4 的总结，本书可以得出推论 3-3。

推论 3-3：对双寡头垄断市场的研究结果同样适用于多家企业组成的市场，

此外，当市场上企业较多时，投资补贴成本可能更低，也更容易被采用。

3.1.6.2 部分企业只采纳新技术时政府补贴对新技术创新扩散的影响

至此，本章已经分析了企业均可以使用旧技术和新技术情况下的政府补贴策略。两家企业在采纳新技术产品时都需要承担转换成本。在现实生活中，存在部分企业只能采用新技术的情况。由于旧技术需要技术积累，本节研究市场中存在部分企业只采纳新技术产品的情况。假设一家企业是新创企业，该企业缺少前期的技术积累，不能有效使用旧技术，但可以使用新技术，并提供新产品。由于没有旧技术的干扰，该企业不需要承担转换成本。为不失一般性，假设企业 1 可以在旧技术和新技术之间选择，而企业 2 只能采纳新技术。其他假设延续上文的假设。

在投资补贴下，企业 1 使用旧技术的利润函数为：

$$\pi_1 = \max_{q_1}(a-b(q_1+q_2)-c_{t1})q_1 \tag{3-33}$$

企业 2 采纳新技术的利润函数为：

$$\pi_1 = \max_{q_1}(a-b(q_1+q_2)-c_n)q_1-L+s \tag{3-34}$$

企业 2 的利润函数为：

$$\pi_2 = \max_{q_2}(a-b(q_1+q_2)-c_n)q_2+s \tag{3-35}$$

在产出补贴下，企业 1 使用旧技术的利润函数为：

$$\pi_1 = \max_{q_1}(a-b(q_1+q_2)-c_{t1})q_1 \tag{3-36}$$

采纳新技术的利润函数为：

$$\pi_1 = \max_{q_1}(a-b(q_1+q_2)-c_n+k)q_1-L \tag{3-37}$$

与此同时，企业 2 的利润函数：

$$\pi_2 = \max_{q_2}(a-b(q_1+q_2)-c_n+k)q_2 \tag{3-38}$$

求解最优产出和政府最优补贴策略，得到命题 3-8。

命题 3-8：如果只有一家企业生产新技术产品，那么：

(1) 当 $L < \dfrac{4(a-c_{t1})^2}{27b}$ 时，政府可以通过采用产出补贴、以更少的支出来促

使这两家企业采纳新技术；

（2）当 $L \geqslant \dfrac{4\,(a-c_{t1})^2}{27b}$ 时，政府可以通过采用投资补贴、以更少的支出来促使这两家企业采纳新技术。

证明：同命题 3-5。

由命题 3-8 可知，在某些企业只采纳新技术情况下，当转换成本较低时，政府可以用较少的支出通过补贴两家企业的产出来吸引它们采纳新技术。相反，当转换成本较高时，政府应采用投资补贴来吸引企业采纳新技术。

3.1.7　竞争关系下制造业企业技术创新生态系统创新扩散的数值分析

在上文中，为了比较企业的投资补贴支出和产出补贴支出，本书假设 $a=20$，$c_n=30$，$c_{t1}=1$，$c_{t2}=2$，$b=0.5$。为了验证本书的普适性，本节将用现实的电动汽车数据验证本章发现的补贴策略。

2018 年，中国生产一辆电动客车的成本约为 8.7 万美元，而生产一辆燃料客车的成本约为 5.4 万美元。根据 10 多家公司提供的相关数据，这些企业在中国的一年客车总销量平均为 48.5 万辆。在此情况下，部分或全部企业生产电动客车时的投资补贴支出和产出补贴支出如图 3-4 所示。

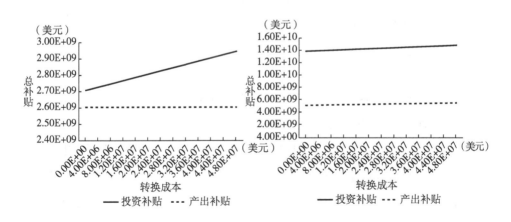

图 3-4　使用行业数据的仿真图

图 3-4 是 2018 年中国政府为了鼓励制造商生产电动客车所支出的两种补贴

额度，其中政府支出的产出补贴较低。这一结果也与实际补贴策略一致。例如，2018 年，中国政府对电动客车行业提供了产出补贴，生产一辆电动客车的企业可以获得至少 3200 美元的补贴。

3.1.8 竞争关系下制造业企业技术创新生态系统创新扩散的仿真结果验证

经过博弈分析和仿真分析，本书发现，当政府希望鼓励新技术在部分或全部企业间扩散时，其补贴方式会受到转换成本、潜在市场以及新技术生产成本等因素的影响。本部分通过案例验证上述发现的有效性，关键发现及其对应案例如表 3-3 所示。

表 3-3　关键结果和对应案例

情况	条件	结果	对应案例
政府希望鼓励企业生产新技术产品	转换成本高	投资补贴的支出较低，政府投资补贴	2009～2016 年，比亚迪总共获得了 3449931 美元的"汽车及相关产品研发活动补贴"
	转换成本在中间区域	政府可以通过产出补贴以更少的支出来促使企业生产新技术产品	自 2004 年以来，中国为粮食主产区提供了 570 万美元的农业机械产出补贴
	更大的潜在市场和更低的新技术产品生产成本	政府更有可能提供产出补贴来吸引企业生产新技术产品	为推动电加热设备的扩散，2018 年滨州政府对电加热设备的补贴至少为每套 285 美元

首先，当转换成本较高时，投资补贴的支出较低，在这种情况下政府应采用投资补贴。2008 年，中国政府开始鼓励汽车企业转向生产新能源汽车。为了弥补汽车企业面临的高转换成本，政府提供了投资补贴，提高了制造商的生产积极性。例如，在新能源汽车发展初期，传统汽车厂商转型生产新能源汽车的成本较高，此时政府主要采用投资补贴。例如，比亚迪在 2009～2016 年获得了价值 3449931 美元的投资补贴（称为"汽车和产品研发与活动补贴"），进而推动了我国新能源汽车产业的快速发展。新能源汽车产销连续 10 年保持增长，截至 2018 年，新能源汽车产销分别达到 127 万辆和 125.6 万辆。

其次，当转换成本适中时，政府会选择产出补贴促进新技术的扩散。以中国农机产业为例，2004 年政府对 16 个粮食主产区的农机新技术实施产值补贴 570 万美元。这些补贴从 2006 年开始增加，2012 年达到顶峰，目前仍在提供。2020 年，宁夏资助农业机械 29 种。例如，每台绿色饲料收割机的补贴高达 5850 美元，每台饲料（草）粉碎机的补贴为 64 美元。通过补贴，我国农机新技术得以快速扩散，2004~2013 年成为中国农机行业的黄金时代。目前，产出补贴仍很重要。2014 年前 10 年的任务主要是解决农业环节机械化的关键问题。今后的任务是解决农业和其他非饲料作物行业的机械化问题。未来几年，中国农机新技术的创新扩散的主导力量仍然是政府的补贴政策。

最后，当企业面对更大的潜在市场和更低的新技术生产成本时，政府更有可能提供产出补贴来吸引企业生产新技术产品。2018 年以来，山东 9 个城市出台了电力供热设备产出补贴政策，以推动农村地区清洁能源供热设备的扩散。碳板设备补贴为 42.80 美元/台，空气源热泵、家用电锅炉或电热电缆设备补贴为 28.50 美元/台。在这种情况下，产出补贴优于投资补贴，原因有三个：第一，产出补贴的成本较低；第二，补贴可以被消费者感知；第三，政府招标可以选择企业来规范市场。

3.2　竞争关系下制造业企业技术创新生态系统创新扩散的技术标准分析

傅家骥在《技术经济学前沿问题》一书中认为，技术创新对于经济增长的贡献相当程度上依赖于技术标准。在一定程度上，技术标准决定着产业技术创新和扩散的进程。参与竞争或计划进入替代技术竞争的制造行业的企业需要了解技术标准与竞争之间的关系，以及一旦建立了标准，这种关系可能会如何变化。技术标准与技术创新间存在复杂与动态的关系。Allen（2000）指出，总体上，标准化与创新之间有着一种共生与互利的关系（当然，在个别情况下，标准也可能妨碍技术创新与进步）。一方面，创新是推动技术发展或进步的主要因素，技术创新提出了标准化的需要。随着技术的发展和进步，会要求制定技术标准以确保新的产品和过程的实施、一致和安全，目的是提高经济活动的效率。另一方面，技术标准化体现并促进技术创新。其直接的表现是将累积的技术经验编码化，并构成新技术产生的基准；间接的表现在于，技术标准增加了全球竞争，从而促进创新。潘海波等（2003）在分析技术创新与技术标准相互促进的关系时从创新的速度、技术的网络化和系统化三个方面提出了技术的发展对技术标准产生作用。

现有对技术标准的研究主要分为两个流派：企业技术标准战略和技术标准制定流程。由于企业以技术标准形式建立自己的产品战略并影响着技术标准制定过程，因此两个研究流派并非互斥，而是密切相关。对企业技术标准战略的研究主要来自战略管理文献（Suarez，2004）。将产品（或服务）的一个或多个属性确立为技术标准，可以将直接竞争优势传达给采用具有这些属性的技术的企业（Tassey，2000）。因此，企业往往寻求制定技术标准的战略。同时，由于收益增加和链接效应（如网络外部性、积极反馈、锁定和路径依赖性）的强大功能，技术标准对于企业间的竞争非常重要。高技术产业的竞争往往围绕着技术标准的建立而展开（模型、技术规格、工艺/程序或设计），技术标准所属企业一般是系统中的核心企业。同时，不相容的技术所属企业间的市场支配地位的竞争非常激烈，通常被称为"标准战争"（Shapiro 和 Varian，1999）。而核心企业将成为确定和建立联盟的解决方案协调者（Ahuja 等，2012；Rosenkopf 等，2001）。因此本节沿袭企业技术标准战略中 Saloner（1990）和 Farrell（2012）等的研究，构建制造业企业创新生态系统中核心企业创新扩散技术标准博弈模型，并分析其形成机制。

3.2.1 制造业企业技术创新生态系统创新扩散中技术标准的初级分析

延续 3.1.1 的假设，本节在技术标准形成机制研究中假设：

（1）市场上存在两家企业，企业 1 和企业 2；

（2）市场上存在针对同一技术的两种技术标准，技术标准 A 和技术标准 B；

（3）两家企业必须选择一种技术标准进行生产；

（4）由于技术标准制定通常发生在主要市场阶段，因此制定技术标准时新技术产品的生产成本低于传统产品。

简化后两家企业的支付矩阵如表 3-4 所示。

表 3-4　收益矩阵

	A	B
A	π_1^{AA} , π_2^{AA}	π_1^{AB} , π_2^{AB}
B	π_1^{BA} , π_2^{BA}	π_1^{BB} , π_2^{BB}

在这个存在两家企业的简单标准博弈下，共有三种策略组合：

（1）两家企业统一选择一种技术标准进行生产产品，称之为直接标准化。比如，当（A，A）是唯一纳什均衡时（即 $\pi_1^{AA}>\pi_1^{BA}$，$\pi_2^{AA}>\pi_2^{AB}$，或 $\pi_1^{AB}>\pi_1^{BB}$，$\pi_2^{BA}>\pi_2^{BB}$），存在对标准 A 的直接标准化。

（2）两家企业的最佳选择仍然是统一标准化，但在制定哪个标准上存在分歧。这时，（A，A）和（B，B）都是纳什均衡（即 $\pi_1^{AA}>\pi_1^{BA}>$，$\pi_2^{AA}>\pi_2^{AB}$，$\pi_1^{BB}>\pi_1^{AB}$，$\pi_2^{BB}>\pi_2^{BA}$），但是两个企业对于两个均衡的排序不同（即 $\pi_1^{AA}>\pi_1^{BB}$，$\pi_2^{BB}>\pi_2^{AA}$）。

（3）存在明显争夺市场的竞争：两个企业都偏向于成为标准制定者，从而产生标准化之战。例如企业 1 想要推行技术标准 A 但企业 2 想要推行技术标准 B，则（A，B）是该博弈的唯一纳什均衡（$\pi_1^{AB}>\pi_1^{BB}$，$\pi_2^{AB}>\pi_2^{AA}$ 或 $\pi_1^{AA}>\pi_1^{BA}$，$\pi_2^{BB}>\pi_2^{BA}$）。

3.2.2　制造业企业技术创新生态系统创新扩散中技术标准的进阶分析

本节结合 3.2.1 中的模型推导上述矩阵的内生支付，以更精确地分析上述四种策略。假设如下：

（1）两家企业只能在技术标准 A 和技术标准 B 中选择且消费者对两种商品无差别；

（2）需求等于供给；

（3）企业 1 偏好技术标准 A，企业 2 偏好技术标准 B，当企业选择了其偏好的技术标准时，单位产品的采纳成本 $c_\gamma=0$，否则 $c_\gamma>0$；

（4）两种技术标准的产品生产成本不同，技术标准 A 的生产成本为 c_{n1}，技术标准 B 的生产成本为 c_{n2}，且 $c_{n1}\neq c_{n2}$。

情况 1： 企业 1 和企业 2 都选择技术标准 A，此时选择其偏好技术标准的企业 1 生产产品的单位成本 c_{n1}，采纳成本 $c_\gamma=0$。企业 2 生产产品的单位成本为

c_{n2}，采纳成本为 c_γ，则企业 1 的利润方程为：

$$\pi_1 = (a-b(q_1+q_2)-c_{n1})q_1-L \tag{3-39}$$

企业 2 的利润方程为：

$$\pi_2 = (a-b(q_1+q_2)-c_{n1})q_2-L-c_\gamma q_2 \tag{3-40}$$

求解方程（3-39）和方程（3-40），可得企业 1 的均衡利润为 $\pi_1^* = \dfrac{(a-c_{n1}+c_\gamma)^2}{9b}-$

$L = \pi_1^{AA}$，企业 2 的均衡利润为 $\pi_2^* = \dfrac{(-a+c_{n1}+2c_\gamma)^2}{9b}-L = \pi_2^{AA}$。

情况 2：两企业都选择技术标准 B，则企业 1 的利润方程为：

$$\pi_1 = (a-b(q_1+q_2)-c_{n2})q_1-L-c_\gamma q_1 \tag{3-41}$$

企业 2 的利润方程为：

$$\pi_2 = (a-b(q_1+q_2)-c_{n2})q_2-L \tag{3-42}$$

求解方程（3-41）和方程（3-42），可得企业 1 的均衡利润为 $\pi_1^* = \dfrac{(-a+c_{n2}+2c_\gamma)^2}{9b}-L = \pi_1^{BB}$，企业 2 的均衡利润为 $\pi_2^* = \dfrac{(a-c_{n2}+c_\gamma)^2}{9b}-L = \pi_2^{BB}$。

情况 3：产品差异化很大，两企业都选择不偏好的技术标准，即企业 1 选择技术标准 B，企业 2 选择技术标准 A，此时两企业的采纳成本相同，均为 c_γ，则企业 1 的利润方程为：

$$\pi_1 = (a-b(q_1+q_2)-c_{n2})q_1-L-c_\gamma q_1 \tag{3-43}$$

企业 2 的利润方程为：

$$\pi_2 = (a-b(q_1+q_2)-c_{n1})q_2-L-c_\gamma q_2 \tag{3-44}$$

求解方程（3-43）和方程（3-44），可得企业 1 的均衡利润 $\pi_1^* = \dfrac{(a+c_{n1}-2c_{n2}-c_\gamma)^2}{9b}-L = \pi_1^{BA}$ 和企业 2 的均衡利润 $\pi_2^* = \dfrac{(a-2c_{n1}+c_{n2}-c_\gamma)^2}{9b}-L = \pi_2^{BA}$。

情况 4：两企业都选择其偏好标准，即企业 1 选择技术标准 A，企业 2 选择技术标准 B，此时两企业的采纳成本均为 0，则企业 1 的利润方程为：

$$\pi_1 = (a-b(q_1+q_2)-c_{n1})q_1-L \tag{3-45}$$

企业 2 的利润方程为：

$$\pi_2 = (a-b(q_1+q_2)-c_{n2})q_2-L \tag{3-46}$$

求解方程（3-45）和方程（3-46），得出企业 1 的均衡利润 $\pi_1^* = \dfrac{(a-2c_{n1}+c_{n2})^2}{9b} - L = \pi_1^{AB}$ 和企业 2 的均衡利润 $\pi_2^* = \dfrac{(a+c_{n1}-2c_{n2})^2}{9b} - L = \pi_2^{AB}$。

由于假设两家企业采纳新技术的成本不一样，所以本节首先分析 $c_{n1} > c_{n2}$ 的情况，此时，两企业同时选择技术标准 A 的纳什均衡出现的条件为同时满足不等式（3-47）和不等式（3-48）。

$$\pi_1^{AA} \geqslant \pi_1^{BA} \Leftrightarrow c_{n1}-c_{n2} \leqslant c_\gamma < c_{n1} \tag{3-47}$$

$$\pi_2^{AA} \geqslant \pi_2^{AB} \Leftrightarrow 0 \leqslant c_\gamma < c_{n1} \tag{3-48}$$

两企业同时选择技术标准 B 的纳什均衡出现的条件为同时满足不等式（3-49）和不等式（3-50）。

$$\pi_1^{BB} \geqslant \pi_1^{AB} \Leftrightarrow 0 \leqslant c_\gamma < c_{n1}-c_{n2} \tag{3-49}$$

$$\pi_2^{BB} \geqslant \pi_2^{BA} \Leftrightarrow 0 \leqslant c_\gamma < c_{n1} \tag{3-50}$$

结合 3.2.1 的标准博弈初级分析，比较分析上述四个不等式能否两两满足或者四者同时满足，发现（B，A）和（A，B）作为均衡时，条件均不满足。（A，A）均衡出现的条件为：$c_{n1}-c_{n2} \leqslant c_\gamma < c_{n1}$。（B，B）均衡出现的条件为 $0 \leqslant c_\gamma < c_{n1}-c_{n2}$，因此得出命题 3-9。

命题 3-9：当企业 1 采纳新技术的成本小于企业 2 采纳新技术的成本时，在 $c_{n1}-c_{n2} \leqslant c_\gamma < c_{n1}$ 范围内，两家企业最终会选择标准 A。在 $0 \leqslant c_\gamma < c_{n1}-c_{n2}$ 范围内，两家企业最终会选择标准 B。

命题 3-9 如图 3-5 所示。

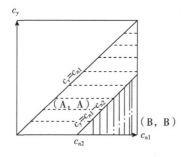

图 3-5　$c_{n1} > c_{n2}$ 时企业的技术标准策略

由图 3-5 可以看出，当企业 1 新技术的采纳成本大于企业 2 新技术的采纳成本时，两家企业的技术标准竞争出现了性别之争。企业 2 采纳新技术的成本最终能够决定两家企业最终选择哪种技术标准。又由于本书在 3.2.1 的假设中设定企业 1 生产传统产品的成本低于企业 2，即企业 1 是规模更大的企业。所以，当企业 2 即小企业新技术的采纳成本低于大企业的采纳成本时，企业 2 拥有较高的竞争优势，技术标准 B 更容易扩散，从而可能迫使大企业也采纳技术标准 B。因此，标准竞争中出现了两个标准。对于大企业而言，它更喜欢自己偏好的标准成为市场中的唯一标准，为此大企业需要不断降低其采纳新技术的成本。当大企业新技术采纳成本无限接近小企业时，技术标准的竞争终会因为大企业具有其他优势导致大企业主导的技术标准 A 成为技术标准的主导者。同样，在竞争扩散中，小企业会不断降低采纳新技术的成本，以此将自身偏好的技术标准 B 扩散到整个市场中，挤占大企业的市场空间，并最终成为技术标准的主导者。无论是大企业还是小企业，只要该企业成为技术标准的主导者，它所在的制造业企业技术创新生态系统的创新扩散就跨过了早期市场的扩散鸿沟，进入主要市场扩散阶段。

分析 $c_{n1} \leq c_{n2}$ 的情况。此时，两企业同时选择标准 A 的纳什均衡出现的条件需同时满足不等式（3-51）和不等式（3-52）。

$$\pi_1^{AA} \geq \pi_1^{BA} \Leftrightarrow 0 \leq c_\gamma < c_{n1} \tag{3-51}$$

$$\pi_2^{AA} \geq \pi_2^{AB} \Leftrightarrow c_{n2} - c_{n1} \leq c_\gamma < c_{n1}, \quad c_{n1} < c_{n2} < 2c_{n1} \tag{3-52}$$

两企业同时选择技术标准 B 的纳什均衡出现的条件需同时满足不等式（3-53）和不等式（3-54）。

$$\pi_1^{BB} \geq \pi_1^{AB} \Leftrightarrow c_{n1} = c_{n2}, \quad c_\gamma = 0 \tag{3-53}$$

$$\pi_2^{BB} \geq \pi_2^{BA} \Leftrightarrow c_{n2} - c_{n1} \leq c_\gamma < c_{n1}, \quad c_{n1} < c_{n2} < 2c_{n1} \tag{3-54}$$

结合 3.2.1 的标准博弈初级分析，比较分析上述四个不等式能否两两满足或者四者同时满足，发现（B，A）、（A，B）和（B，B）作为均衡时，条件均不满足，而在相应条件下（A，A）均衡能够得到满足，因此得出命题 3-10。

命题 3-10：在 $c_{n2} - c_{n1} \leq c_\gamma < c_{n1}$，$c_{n1} < c_{n2} < 2c_{n1}$ 范围内，满足（A，A）纳什均衡条件，两家企业最终会选择标准 A。

命题 3-10 的结果如图 3-6 所示。

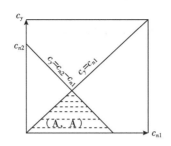

图 3-6　$c_{n1} \leqslant c_{n2}$ 时企业的技术标准策略

由图 3-6 可以看出，当企业 1 采纳新技术的成本小于企业 2 采纳新技术的成本时，两家企业最终会选择企业 1 偏好的技术标准 A，也就是大企业主导的技术成为技术标准。原因在于，大企业的规模效应更大，有绝对的竞争优势。在这样的竞争扩散中，小企业无法同大企业对抗，因此只能追随大企业，并选择大企业偏好的技术标准 A 作为技术标准。

在形成行业的技术标准后，制造业企业技术创新扩散进程加快，技术的产品化生产过程进入了规模化阶段，加剧主要市场的竞争程度，此阶段政府补贴政策对于技术扩散的效果已经非常微弱，取而代之的是企业自身技术创新在市场中推广的影响。本书将在第 4 章分析这种推广所发生的创新扩散成本对于技术扩散的影响。

3.3　竞争关系下主要市场中制造业企业技术创新生态系统创新扩散模型

本节在 3.1 研究得到早期市场制造业企业技术创新生态系统创新扩散机理的基础上，进一步分析以竞争为主要形式的主要市场中制造业企业技术创新生态系统创新扩散的机理。

3.3.1　竞争关系下主要市场中的博弈假设

运输成本、营销成本等经济因素组成的扩散成本是新技术在主要市场扩散的重要影响因素。因此，基于第 3 章关于早期市场中技术政策的研究和技术标准的研究，本书对主要市场中制造业企业技术创新扩散作出如下假设。

3.3.1.1　关于企业

本书假设有两家企业（即企业 1 和企业 2）在主要市场上采纳新技术并生产新产品。根据 Cournot 模型，企业 $i(i=\{1,2\})$ 通过设定产量 q_i 来竞争，设置线性逆需求函数 $p_i=a-b(q_1+q_2)$，其中，b 是产量系数，a 是潜在市场规模。由于主要市场规模经济的作用，此阶段的产量和潜在市场规模均大于早期市场。

3.3.1.2　关于技术

企业可以选择两种技术生产产品：采纳旧技术生产旧技术产品或采纳新技术生产新技术产品。旧技术较为成熟，企业能够有效地控制生产成本；经过早期市场中的新技术扩散和新技术标准的确定，在主要市场中新技术已经成熟且新技术产品生产成本降低。因此，本书假设企业生产新技术产品的生产成本 c_n 低于旧技术产品生产成本 c_{ti}。原因如下：首先，规模效应导致新技术产品的生产成本降低；其次，技术标准导致技术差异化减小，新技术已经成熟，因此新技术产品的生产成本更低（$c_n<c_{ti}$）；最后，综上所述，进入产品生命周期的成长期，$c_n<c_{ti}$ 在现实中更常见。

其他假设同第 3 章的一致，本阶段仍然假设：

（1）两家企业对旧技术产品生产成本的控制能力不同。其中，企业 1 有一个更低的旧技术产品生产成本，即 $c_{t1}<c_{t2}$。

（2）企业 1 和企业 2 具有相同的新技术产品生产成本，存在 $c_n<c_{t1}<c_{t2}$。

（3）企业从生产旧技术产品转变为生产新技术产品存在转换成本 L。

（4）新技术扩散跨过扩散鸿沟后，进入主要市场进行扩散。此时为了尽快推广新技术，使规模效应达到最大，企业会使用相应的推广手段，因此会产生扩散成本。扩散成本为一次性成本 d。

表 3-5　模型变量的定义

变量	定义
b	产量系数
a	潜在市场规模
q_i	企业 i 的产量
p_i	企业 i 的产品价格
c_{ti}	企业 i 生产一单位传统产品（传统产品）的生产成本
c_n	企业生产一单位新技术产品（新技术产品）的生产成本
L	企业从生产传统产品转换到生产新技术产品的转换成本
d	企业推广新技术产品的一次性扩散成本
π_i	企业 i 的利润
l	企业 i 的连接数
n	市场上的所有企业数量
m	市场上的部分企业数量

（5）决策顺序。

企业的决策顺序如下：

1）企业决定采纳哪种技术并且生产相应产品；

2）顾客购买产品。

3.3.2　竞争关系下主要市场中的博弈分析

3.3.2.1　每个子博弈的均衡

情况 1：两个企业均拒绝采纳新技术。

两个企业都不采纳新技术的博弈分析和 3.2.2.2 中两企业都采纳旧技术结果一致，因此为了节省篇幅，本节直接采用第 3 章的研究结果，不再阐述博弈计算过程。当两个企业均拒绝采纳新技术时，企业 1 的均衡产出为 $q_1^* = \dfrac{a - 2c_{t1} + c_{t2}}{3b}$，均衡利润为 $\pi_1^* = \dfrac{(a - 2c_{t1} + c_{t2})^2}{9b}$，企业 2 的均衡产出为 $q_2^* = \dfrac{a + c_{t1} - 2c_{t2}}{3b}$，均衡利润为 $\pi_2^* = \dfrac{(a + c_{t1} - 2c_{t2})^2}{9b}$。

情况2：只有企业1采纳新技术。

首先分析每个子博弈的均衡，即企业在考虑扩散成本下采纳新旧技术时的最佳产出和利润。当只有企业1采纳新技术时，企业1和企业2的利润如下所示：

$$\pi_1 = (a-b(q_1+q_2)-c_n)q_1-L-d \tag{3-55}$$

$$\pi_2 = (a-b(q_1+q_2)-c_{t2})q_2 \tag{3-56}$$

求解方程（3-55）和方程（3-56）得到企业1的均衡产出为 $q_1^* = \dfrac{a-2c_n+c_{t2}}{3b}$，

均衡利润为 $\pi_1^* = \dfrac{a^2-9bL+4c_n^2+2ac_{t2}+c_{t2}^2-4c_n(a+c_{t2})-9bd}{9b}$，企业2的均衡产出为

$q_2^* = -\dfrac{-a-c_n+2c_{t2}}{3b}$，均衡利润为 $\pi_2^* = \dfrac{(a+c_n-2c_{t2})^2}{9b}$。

情况3：只有企业2采纳新技术。

当只有企业2采纳新技术且生产新技术产品时，企业1和企业2的利润如下所示：

$$\pi_1 = (a-b(q_1+q_2)-c_{t1})q_1 \tag{3-57}$$

$$\pi_2 = (a-b(q_1+q_2)-c_n)q_2-L-d \tag{3-58}$$

求解方程（3-57）和方程（3-58）得到企业1的均衡产量为 $q_1^* = -\dfrac{-a-c_n+2c_{t1}}{3b}$，

均衡利润为 $\pi_1^* = \dfrac{(a+c_n-2c_{t1})^2}{9b}$，企业2的均衡产量为 $q_2^* = -\dfrac{-a+2c_n-c_{t1}}{3b}$，均衡利润为

$$\pi_2^* = \dfrac{a^2-9bL+4c_n^2+2ac_{t1}+c_{t1}^2-4c_n(a+c_{t1})-9bd}{9b}。$$

情况4：两家企业均采纳新技术。

当两家企业均采纳新技术且生产新技术产品时，企业1和企业2的利润如下所示：

$$\pi_1 = (a-b(q_1+q_2)-c_n)q_1-L-d \tag{3-59}$$

$$\pi_2 = (a-b(q_1+q_2)-c_n)q_2-L-d \tag{3-60}$$

求解方程（3-59）和方程（3-60），得到企业1的均衡产量为 $q_1^* = \dfrac{a-c_n}{3b}$，均

衡利润为 $\pi_1^* = \dfrac{a^2-9bL-2ac_n+c_n^2-9bd}{9b}$，企业 2 的均衡产量为 $q_2^* = \dfrac{a-c_n}{3b}$，均衡利润

为 $\pi_2^* = \dfrac{a^2-9bL-2ac_n+c_n^2-9bd}{9b}$。

3.3.2.2　企业技术选择决策分析

在推导出每个子博弈的均衡后，进一步研究扩散成本对新技术创新扩散的影响，结果如命题 3-11 所示。

命题 3-11：企业技术选择决策的如下：

（1）当扩散成本较高时 $\left(d > -\dfrac{4(c_n-c_{t2})(a-c_n+c_{t1}-c_{t2})}{9b}-L\right)$ 时，两家企业都拒绝采纳新技术；

（2）当扩散成本适中 $\left(-\dfrac{(4(a-c_{t1})(c_n-c_{t1}))}{9b}-L < d < \dfrac{(4(c_n-c_{t2})(a-c_n+c_{t1}-c_{t2}))}{9b}-L\right)$ 时，企业 1 使用旧技术，企业 2 采纳新技术；

（3）当扩散成本较低 $\left(d < \dfrac{(4(c_n-c_{t2})(a-c_n+c_{t1}-c_{t2}))}{9b}-L\right)$ 时，两家企业均采纳新技术。

可见，当扩散成本较高时，意味着企业采纳新技术的利润无法弥补其扩散成本。由于旧技术不需要扩散成本，从而更有利可图，因此两家企业都拒绝生产新技术产品。相反，当扩散成本较低时，两家企业同时意识到较低的扩散成本能够帮助新技术产品快速扩散。同时，销量增加、规模增大也使得生产新技术产品有利可图，所以两家企业均会采纳新技术，即新技术会扩散到两家企业。

当扩散成本处于中间区域时，只有企业 2 会生产新技术产品。这是因为企业 2 生产旧技术产品的生产成本比企业 1 高。这个劣势促使企业 2 更主动采纳新技术并生产新技术产品。同时，对企业 1 而言，生产新技术产品获得的利润无法弥补其转换成本和扩散成本，加之其他学者的研究表明，在新技术涌现时，大企业更容易采取保守策略。因此，此时在传统技术方面存在劣势的企业（企业 2）更愿意采用新技术并生产新技术产品，而在旧技术方面存在优势的企业（企业 1）则继续使用旧技术，保持旧技术产品的生产。

3.3.3 竞争关系下主要市场中的稳健性分析

3.3.3.1 每个子博弈的均衡

前文分析了扩散成本在双寡头垄断市场中的扩散。为了检验上述模型的稳健性，在本节中，笔者将研究扩展到有两家以上企业的市场，假设市场中共有 n 家企业，其中 m 家企业使用旧技术的成本为 c_{t1}，$n-m$ 家企业使用旧技术的成本为 c_{t2}。m 家企业产量相同，$n-m$ 家的产量相同。l 为创新生态系统扩散网络中企业与其他企业合作的边数目，简称企业连接数。其他变量假设与 3.3.1 中的变量假设一致。

情况 1：m 家企业采纳新技术，$n-m$ 家企业使用旧技术。

两类企业的利润分别为：

$$\pi_m = (a - b(mq_m + (n-m)q_n) - c_n)q_m - L - \frac{dn(n-1)}{l} \tag{3-61}$$

$$\pi_{n-m} = (a - b(mq_m + (n-m)q_n) - c_{t2})q_n \tag{3-62}$$

求解方程（3-61）和方程（3-62）得到 m 家企业均衡产量分别为 $q_m^* = \frac{a - 2c_n + c_{t2}}{3bm}$，均衡利润分别为 $\pi_m^* = \frac{(a - 2c_n + c_{t2})^2}{9bm} - L - \frac{(n-1)nd}{l}$；$n-m$ 家企业均衡产量分别为 $q_{n-m}^* = \frac{a + c_n - 2c_{t2}}{3b(n-m)}$，均衡利润分别为 $\pi_{n-m}^* = \frac{(a + c_n - 2c_{t2})^2}{9b(n-m)}$。

情况 2：n 家公司均使用旧技术。

两类公司的利润分别为：

$$\pi_m = (a - b(mq_m + (n-m)q_n) - c_{t1})q_m \tag{3-63}$$

$$\pi_{n-m} = (a - b(mq_m + (n-m)q_n) - c_{t2})q_n \tag{3-64}$$

求解方程（3-63）和方程（3-64），可得 m 家企业均衡产量分别为 $q_m^* = \frac{a - 2c_{t1} + c_{t2}}{3bm}$，均衡利润分别为 $\pi_m^* = \frac{(a - 2c_{t1} + c_{t2})^2}{9bm}$；$n-m$ 家企业均衡产量分别为 $q_{n-m}^* = \frac{a + c_{t1} - 2c_{t2}}{3b(n-m)}$，均衡利润分别为 $\pi_{n-m}^* = \frac{(a + c_{t1} - 2c_{t2})^2}{9b(n-m)}$。

情况 3：所有企业都采纳新技术。

两类企业的利润分别为：

$$\pi_m = \left(a - b \left(m q_m + (n-m) q_n \right) - c_n \right) q_m - L - \frac{dn(n-1)}{l} \tag{3-65}$$

$$\pi_{n-m} = \left(a - b \left(m q_m + (n-m) q_n \right) - c_n \right) q_n - L - \frac{dn(n-1)}{l} \tag{3-66}$$

求解方程（3-65）和方程（3-66），可得 m 家企业均衡产量分别为 $q_m^* = \frac{a-c_n}{3bm}$，

均衡利润分别为 $\pi_m^* = \frac{(a-c_n)^2}{9bm} - \frac{(n-1)nd}{l} - L$；$n-m$ 家企业均衡产量分别为 $q_{n-m}^* =$

$\frac{a-c_n}{3b(n-m)}$，均衡利润分别为 $\pi_{n-m}^* = \frac{(a-c_n)^2}{9b(n-m)} - \frac{(n-1)nd}{l} - L$。

情况 4：m 家企业使用旧技术，$n-m$ 家企业采纳新技术。

两类企业的利润分别为：

$$\pi_m = \left(a - b \left(m q_m + (n-m) q_n \right) - c_{t1} \right) q_m \tag{3-67}$$

$$\pi_{n-m} = \left(a - b \left(m q_m + (n-m) q_n \right) - c_n \right) q_n - L - \frac{dn(n-1)}{l} \tag{3-68}$$

求解方程（3-67）和方程（3-68），可得 m 家企业均衡产量分别为 $q_m^* =$

$\frac{a+c_n-2c_{t1}}{3bm}$，均衡利润分别为 $\pi_m^* = \frac{(a+c_n-2c_{t1})^2}{9bm}$；$n-m$ 家企业均衡产量分别为

$q_{n-m}^* = \frac{a-2c_n+c_{t1}}{3b(n-m)}$，均衡利润分别为 $\pi_{n-m}^* = \frac{(a-2c_n+c_{t1})^2}{9b(n-m)} - \frac{(-1+n)nd}{l} - L$。

3.3.3.2　企业产品选择决策分析

在推导出每个子博弈的均衡后，进一步研究扩散成本对新技术创新扩散的影响，得到命题 3-12。

命题 3-12：企业技术选择决策的均衡性如下：

（1）当扩散成本较高时 $\left(\frac{dn(n-1)}{l} > \frac{(4(c_{t2}-c_n)(a-c_n+c_{t1}-c_{t2}))}{9b(n-m)} - L \right)$：所有企

业都使用旧技术；

（2）当扩散成本适中时 $\left(\frac{(4(a-c_{t1})(c_{t1}-c_n))}{9bm} - L < \frac{dn(n-1)}{l} < \right.$

$$\frac{(4(c_{t2}-c_n)(a-c_n+c_{t1}-c_{t2}))}{9b(n-m)}-L)：m$$ 家企业使用旧技术，$n-m$ 家企业采纳新技术；

（3）当扩散成本较低时 $\left(\dfrac{dn(n-1)}{l}<\dfrac{(4(a-c_{t1})(c_{t1}-c_n))}{9bm}-L\right)$：所有企业都采纳新技术。

由于这个命题与命题 3-11 相似，在此不再赘述。本书在此基础上构建竞争关系下制造业企业技术创新扩散仿真模型。

3.4　竞争关系下制造业企业技术创新生态系统创新扩散的仿真分析

3.4.1　竞争关系下仿真模型的假设和构建

本书在 3.3 中探究了不同条件下企业对新技术的采纳情况。本节进一步考虑当所有企业均采纳新技术时，企业新技术采纳时刻对新技术扩散的影响。为此，假设如下：

（1）市场中存在两类企业，其中 m 家企业为大企业，它们使用旧技术的单位生产成本为 c_{n1}；$n-m$ 家企业为小企业，这些企业使用旧技术，生产旧产品的单位生产成本为 c_{n2}。c_{n1} 和 c_{n2} 满足条件 $c_{n1}<c_{n2}$。

（2）企业采纳新技术的时间有先后，大企业通常更有能力采纳新技术，也更能承担失败的风险，因此 m 家企业会在 T_1 时刻采纳新技术，$n-m$ 家企业会在 T_2 时刻采纳新技术，且 $T_1 \leqslant T_2$；企业采纳新技术的利润函数分别为 $G_1(T_1, T_2)$ 和 $G_2(T_1, T_2)$。

（3）两类企业扩散新技术的成本存在差异，m 家大企业的单位扩散成本为 d_1，$n-m$ 家小企业的单位扩散成本为 d_2。同时大企业的单位扩散成本小于小企业的单位扩散成本，即 $d_1 \leqslant d_2$。

（4）市场中的折现率为 r。

（5）企业采纳新技术时会产生转换成本 $L(T)$，该转换成本与企业技术的采纳时刻相关，且满足 $\dfrac{\partial L(T)}{\partial T}<0$，$\dfrac{\partial^2 L(T)}{\partial T^2}>0$。

首先对采纳时间进行分析，两类企业的利润分别为：

$$G_1(T_1,\ T_2)=\int_0^{T_1}e^{-t}\pi_{41}dt+\int_{T_1}^{T_2}e^{-t}\pi_{21}dt+\int_{T_2}^{\infty}e^{-t}\pi_{11}dt-L_1e^{-T_1} \tag{3-69}$$

$$G_2(T_1,\ T_2)=\int_0^{T_1}e^{-t}\pi_{42}dt+\int_{T_1}^{T_2}e^{-t}\pi_{22}dt+\int_{T_2}^{\infty}e^{-t}\pi_{12}dt-L_2e^{-T_2} \tag{3-70}$$

式中，$\pi_{41}=\dfrac{(a-2c_{t1}+c_{t2})^2}{9bm}$ 和 $\pi_{42}=\dfrac{(a+c_{t1}-2c_{t2})^2}{9b(n-m)}$ 分别为大企业使用旧技术和小企业使用旧技术的均衡利润，$\pi_{21}=\dfrac{(a-c_n)^2}{9bm}-\dfrac{(n-1)nd}{l}-L$ 和 $\pi_{22}=\dfrac{(a-c_n)^2}{9b(n-m)}-\dfrac{(n-1)nd}{l}-L$ 分别为大企业采纳新技术和小企业使用旧技术的均衡利润。$\pi_{11}=\dfrac{(a-c_n)^2}{9bm}-\dfrac{(n-1)nd}{l}-L$ 和 $\pi_{12}=\dfrac{(a-c_n)^2}{9b(n-m)}-\dfrac{(n-1)nd}{l}-L$ 分别为大企业采纳新技术和小企业采纳新技术的均衡利润。$L_1e^{-T_1}$ 是在 T_1 时刻的转换成本。

对利润函数（3-61）和利润函数（3-62）求导，得到反应函数为：

$$\frac{\partial G_1(T_1,\ T_2)}{\partial T_1}=e^{-T_1}\left[L_1-(\pi_{21}+\pi_{11})\right] \tag{3-71}$$

$$\frac{\partial G_2(T_1,\ T_2)}{\partial T_2}=e^{-T_2}\left[L_2-(\pi_{22}+\pi_{12})\right] \tag{3-72}$$

根据假设，在 T_1 时刻，大企业先采纳新技术，此时 $\dfrac{\partial G_1(T_1,\ T_2)}{\partial T_1}=0$。在 T_2 时刻，小企业后采纳新技术，此时 $\dfrac{\partial G_2(T_1,\ T_2)}{\partial T_2}=0$。由此可得命题 3-13。

命题 3-13：企业采用新技术的时间不同时，其转换成本需要满足如下条件：

（1）大企业在早期（T_1）采纳新技术，其转换成本满足 $L_1(T_1)=\dfrac{2a^2-6ac_n+5c_n^2+2ac_{t2}-4c_nc_{t2}+c_{t2}^2}{9bm}$。

（2）小企业在晚期（T_2）采纳新技术，其转换成本满足为 $L_2(T_2) =$

$$\frac{2a^2+2c_n^2-4ac_{t2}-4c_nc_{t2}+4c_{t2}^2}{9b(n-m)}$$。

3.4.2 竞争关系下扩散成本的仿真分析

对命题 3-12 作进一步数学分析，求得两个与转换成本 L 和企业连接数 l 相关的扩散成本函数。其中，当所有企业都采纳新技术时，m 家早期采纳新技术的企业和 $n-m$ 家晚期采纳新技术的企业扩散成本函数分别为：

$$d_1 = \frac{[4l(a-c_{t1})(c_{t1}-c_n)]}{9bmn(n-1)} - \frac{Ll}{n(n-1)} \tag{3-73}$$

$$d_2 = \frac{[4l(c_{t2}-c_n)(a-c_n+c_{t1}-c_{t2})]}{9bn(n-m)(n-1)} - \frac{Ll}{n(n-1)} \tag{3-74}$$

根据式（3-73）和式（3-74），由于 $c_n<c_{t1}<c_{t2}$，本书假设 $c_n=1$，$c_{t1}=2$，$c_{t2}=3$，$b=0.5$，考虑潜在市场规模需要满足条件 $a>4c_n$ 且远大于早期市场的潜在市场规模，此处假设 $a=60$，得到相应的两个关于转换成本 L、企业连接数 l 和采纳新技术的总企业数量 n 的扩散成本函数 $d_1 = \left(\frac{464}{9m}-L\right)\frac{(n-1)n}{l}$ 和 $d_2 = \left(\frac{464}{9(n-m)}-L\right)\frac{(n-1)n}{l}$。

基于此，本书模拟了企业总数量不同时转换成本 L 和企业连接数 l 对扩散成本 d_i 的影响。仿真结果如图 3-7 所示。考虑到 3.4.1 的假设 3，本节只模拟早期采纳新技术的企业数量小于等于总企业数量一半的情况，即 $m \leqslant \frac{n}{2}$。首先，分析 $m=\frac{n}{3}$ 时两类企业采纳新技术的扩散成本，即早期采纳新技术的企业数量小于晚期采纳新技术的企业数量时，令 $n=6$，所得仿真结果如图 3-7（a）所示。在图 3-7（a）的基础上，仅增大 n 的范围取值范围至 30，所得仿真结果如图 3-7（b）所示。接着，分析 $m=\frac{n}{2}$ 时两类企业采纳新技术的扩散成本，即早期采纳新技术的企业数量等于晚期采纳新技术的企业数量时，令 $n=6$，所得仿真结果如图

3-7（c）所示。在图 3-7（c）的基础上，仅增大 n 的范围取值范围至 30，所得仿真结果如图 3-7（d）所示。

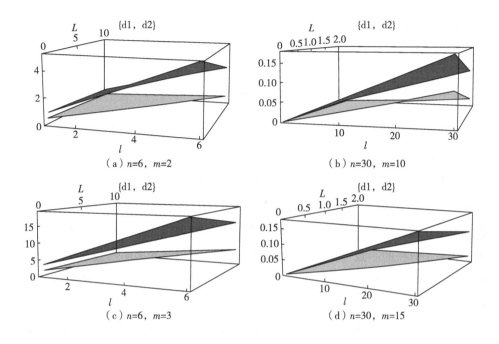

图 3-7　转换成本、企业连接数与扩散成本的关系

图 3-7 中，x 轴是企业连接数 l，y 轴是转换成本 L，z 轴是企业采纳新技术的扩散成本。由图 3-7 可以看出先采用新技术的企业扩散成本 d_1 和后采用新技术的企业扩散成本 d_2 都会随着转换成本 L 和企业连接数 l 的增大而增大。比较图 3-7（a）和图 3-7（b）发现，当采纳新技术的总企业数量增多时，企业采纳新技术的扩散成本在降低。比较图 3-7（a）和图 3-7（c）发现，当采纳新技术的总企业数量较小时，早期采纳新技术的企业数量越大，企业的扩散成本越大。图 3-7（b）和图 3-7（d）的比较结果显示，当采纳新技术的总企业数量足够多时，先采纳新技术的企业数量对企业的扩散成本无影响。

制造业企业的扩散成本和生产成本一样重要。当产品需要快速在市场上扩散时，扩散成本能够影响该企业的总成本。随着转换成本的降低，企业生产新产品的成本会降低，产量会增加，规模效应会增大，企业销量会增加，从而其扩散成本就会降低。当企业处在网络中，它和周围企业的连接数越多时，网络外部效应越大，促进新产品快速扩散，企业自身也就不需要那么多的扩散成本，因此扩散成本会降低。由此，得出命题3-14。

命题3-14：转换成本和企业的连接数越大时，企业扩散成本越低，企业技术创新扩散越快。

3.4.3 竞争关系下转换成本的仿真分析

转换成本代表了企业的内部状态，扩散成本和学习曲线则共同影响了企业新技术生产成本曲线的形状。

首先，本节将对命题3-13中的两类企业的转换成本进行仿真分析。由于转换成本分析的复杂性，进一步采用仿真分析来研究市场上有两家企业以上的转换成本策略。通过仿真，得到当早期采用新技术的企业数量不同时两类企业的转换成本。为了分析的一致性，本节中的各参数仍然采用3.4.2的参数赋值，即 $c_n =1$，$c_{t1}=2$，$c_{t2}=3$，$b=0.5$，$a=60$。结合图3-7的分析，为了只验证转换成本对企业采纳新技术的影响，本节令 $n=30$，分别模拟了早期采纳新技术的企业数量占采纳新技术的企业总量的1/3、1/2和2/3时企业采纳新技术的转换成本变化，所得仿真结果如图3-8所示。

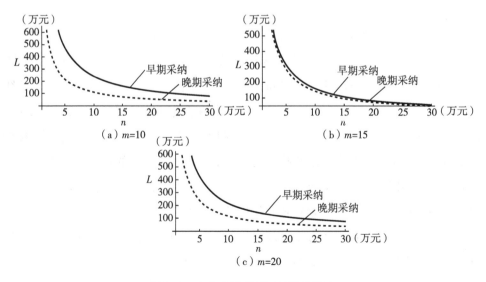

图3-8 企业采用时刻对扩散的影响

通过对图 3-8 的观察发现：第一，采用新技术的企业数量越多，企业的转换成本越低。当企业数量趋向饱和时，企业采用新技术的转换成本最终趋向于零。第二，早期采纳新技术的企业数量会影响转换成本，当早期采纳新技术的企业数量小于等于晚期采纳新技术的企业数量时，早期采用企业的转换成本更高；当早期采纳新技术的企业数量大于晚期采纳新技术的企业数量时，早期采用企业的转换成本更低。

其次，本书模拟了新技术生产成本和企业收益对技术创新扩散的影响。根据 3.3 的情况（1）和情况（3）的计算结果，将 $c_n = 1$，$c_{t1} = 2$，$c_{t2} = 3$，$b = 0.5$，$a = 60$ 赋值到相应参数后得到相应的两个关于早期采纳新技术的企业数量 m、企业生产新技术产品生产成本 c 和采纳新技术的总企业数量 n 的收益成本函数 $PQ_1 = \dfrac{(60-c)^2}{9bm}$ 和 $PQ_1 = \dfrac{(60-c)^2}{9b(n-m)}$。令 $n = 30$，本书分别模拟了早期采纳新技术的企业数量占采纳新技术的企业总量的 1/3、1/2 和 2/3 时企业采纳新技术的生产成本对企业采纳新技术收益的影响，所得仿真结果如图 3-9 所示。

比较图 3-9（a）、图 3-9（a）和图 3-9（a）可知，第一，新技术的生产成本 c 越大，企业的收益 PQ 越小。第二，早期采用新技术的企业数量 m 越大，企业的收益 PQ 越大。

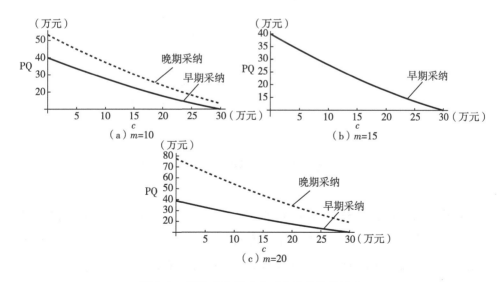

图 3-9　新技术生产成本对企业收益的影响

最后，基于图3-8和图3-9的分析，本书对新技术生产成本和转换成本对技术创新扩散的共同影响进行进一步的仿真分析。为了分析的一致性，本书继续采用图3-8和图3-9的参数赋值，得到两个相应的关于早期采纳新技术的企业数量 m、企业生产新技术产品生产成本 c 和采纳新技术的总企业数量 n 的学习函数 $L-C = \dfrac{7569-741c+14c^2}{9m}$ 和 $L-C = \dfrac{4(1629-93c_3+2c_3^2)}{9(n-m)}$。令 $n=30$，本书分别模拟了早期采纳新技术的企业数量占采纳新技术的企业总量的 1/3、1/2 和 2/3 时企业采纳新技术的生产成本对企业采纳新技术收益的影响，所得仿真结果如图3-10所示。

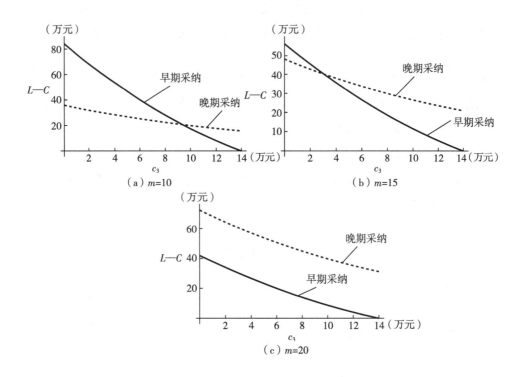

图3-10　新技术生产转换和转换成本对创新扩散影响

由图3-10可知，第一，转换成本会随着新技术生产成本的提高而降低。第二，当早期采纳新技术的企业数量小于晚期采用的企业数量时，早期采纳企业转换成本最高，晚期采纳的企业转换成本最低，且当新技术生产成本足够大时，早期采纳新技术的企业转换成本会低于晚期采纳新技术的企业。第三，当早期采纳新技术的企业数量等于晚期采纳新技术的企业数量时，早期采纳新技术的企业转换成本依然高于晚期采纳新技术的企业，但是在新技术生产成本较低时晚期采纳新技术的企业学习成本就会高于早期采纳新技术的企业。第四，当早期采纳新技术的企业数量大于晚期采纳新技术的企业数量时，早期采纳新技术的企业转换成本在三者之间最低，且低于同一情况下的晚期采纳新技术的企业。上述分析共同得出命题3-15。

命题3-15：采纳新技术的企业数量会正向影响企业技术创新扩散。早期采纳新技术的企业数量越大，企业技术创新扩散越快。

由命题3-15可知，当企业开始采用新技术时，技术创新扩散中的转换过程（学习过程）便开始了。由此可以得到学习曲线（转换曲线），它表明随着总成本的上升，新技术单位生产成本在下降。早期采用者较晚期采用者更有优势。晚期采用者的成本能够随早期采用者的学习曲线的下降而下降。综合上述结果，图3-11给出了三种不同形式的学习曲线。图中，水平轴代表自新产品的累计产量。学习曲线可能有既短又陡的形状（曲线A），也有可能有既长又平的形状（曲线B），还可能是既长又陡的形状（曲线C）。与曲线A相比，曲线C对于早期采用企业有更大的优势。

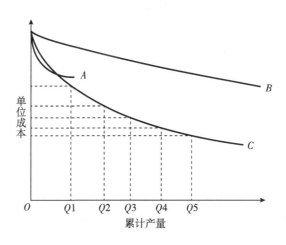

图3-11 企业采用新技术的学习曲线

3.5　竞争关系下制造业企业技术创新生态系统创新扩散机理描述

3.5.1　竞争关系下的制造业企业技术创新生态系统创新扩散周期划分

Rogers 根据个体第一次采用新技术的时间，将创新受众分为五个分类：创新者（Innovator）、早期采用者（Early adopters）、早期大众（Early majority）、晚期大众（Late majority）和落后者（Laggards）。技术采用率形成创新扩散曲线，成功的创新扩散曲线是 S 形曲线且趋于正态分布（见图 3-12）。但上述分类方法没有考虑不采纳创新的企业，是有缺陷且不符合现实情况的曲线。因为本书研究的是企业层面新技术的创新扩散，企业作为一个经济组织和消费者个体必然有一些区别，因此本章以企业在创新扩散是否跨过鸿沟（Chasm）为标准，将采纳企业划分为两类，早期采用企业指还未跨过鸿沟的企业（包括创新者和早期采用者），晚期采用企业指已成功跨过鸿沟的企业（包括早期大众、晚期大众和落后者）。因此，本节将基于 3.4.3 中关于早期采纳企业和晚期采纳企业的分析结果，重新分析制造业企业技术创新生态系统创新扩散周期。

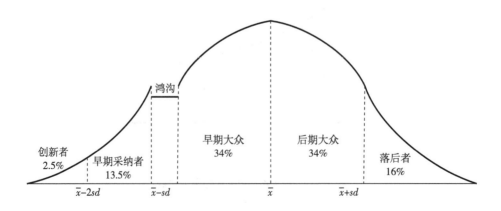

图 3-12　成功的创新扩散受众图

根据前文研究，在早期市场中，扩散的速度取决于政策补贴等非经济因素；在主要市场，扩散的速度取决于新技术转换成本、新技术生产成本、扩散成本、采纳时间和采纳数量等经济要素。技术创新标准的成立是新技术由早期市场扩散转向主要市场扩散的关键节点。进入主要市场后，新技术快速扩散，此时整个市场体系的技术扩散条件应该是最佳的。因此，本节将分别从早期市场和主要市场两个阶段分析制造业技术创新扩散周期。

首先，分析早期市场中制造业企业技术创新扩散。早期市场中技术创新扩散主要依靠政府补贴吸纳企业采纳新技术。政府补贴的不断调整帮助吸纳更多的企业采用新技术。早期市场中，新技术所处的技术培育（Technological nurturing）环境并不良好。例如，新技术的支撑性基础设施不成熟，旧技术成熟的基础设施以及旧技术的同质化都在极大程度影响新技术的扩散。此时，新技术需要得到一个半封闭的空间，以使其技术不断成熟并最终形成技术标准，解决由于新技术涌现导致的技术异质化对技术扩散的阻碍。政府充当了早期市场中提供半封闭成长空间的有力支持者，政府制定相应的技术补贴政策，促进技术成熟并加速其在半封闭空间内的扩散。因此本书认为，在早期市场中，由于潜在市场规模小、技术不成熟、相应配套无法匹配，主要存在早期采纳企业，相当于图 3-12 中的创新者，这类企业能够获得相应的非专业消息渠道，获得政府补贴，所以数量很少，且采纳周期非常长。

其次，分析主要市场中制造业企业技术创新扩散。在主要市场，驱动企业采纳新技术的最主要因素是利润。前述研究表明，早期采纳企业有更为"精明"的决策行为，即更早采纳新技术。早期采纳企业数量越多，技术创新扩散越快。由于早期采纳企业通常为大企业，所以制定新技术标准的企业往往是大企业且在制定新技术标准后迅速成为市场领导者。于是，在整个产品扩散周期内，随着新技术标准的确定，新技术差异化逐渐降低，潜在市场变大，规模效应提高，新技术的生产成本和转换成本降低。同时，小企业采纳新技术可以和大企业产生合作关系，产生的网络外部性效应在一定程度上加速了新技术的扩散。因此，这一因素同样支配了晚期采纳企业做出采纳新技术的决策。根据上述分析，本书认为主要市场的早期采纳企业主要是图 3-12 中早期采纳者和早期大众，晚期采纳者主要为晚期大众和落后者。

但是，从3.4.2的仿真模拟结果（见图3-9）发现，早期采纳企业和晚期采纳企业的占比和图3-12并不一样。因此，结合3.4.2和3.4.3的模拟结果，本书模拟了竞争关系下制造业企业创新扩散受众图和企业创新扩散曲线。

　　由图3-13和图3-14发现，第一，早期采纳企业数量较大时，企业采用新技术时最快达到扩散数的最高点，且扩散曲线是最优的。第二，早期采纳企业数量较小时，较罗杰斯的扩散曲线，企业技术扩散曲线前期较为平缓，但后期的扩散速度增加较快。上述结果表明，早期采纳企业数量较少或者较多时，其扩散曲线都优于罗杰斯的扩散曲线。制造业企业创新生态系统中的核心技术与配套技术的技术难度不同，早期采纳企业数量也不同，因此本书认为，图3-14的曲线A可表示制造业企业创新生态系统中的配套技术创新扩散周期。配套技术的技术难度低，新配套技术替代旧配套技术更为容易，产品附加值低，早期采纳新配套技术的企业数量大，因此新配套技术可以快速扩散。而图3-14的曲线B表示制造业企业创新生态系统中的核心技术创新扩散周期。由于核心技术的技术难度高，产品附加值高，早期采纳新核心技术的企业数量小，政府需要提供较高的补贴才能在早期保护新核心技术的发展，所以，核心技术的前期扩散曲线较为平缓。一旦核心企业为了促进新核心技术扩散公开部分新核心技术标准，核心技术差异变小，规模化效应会导致新核心技术产品的生产成本大幅下降，则后期核心技术的扩散速度会快速上升。

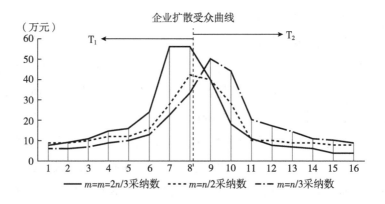

图3-13　制造业企业创新扩散受众图

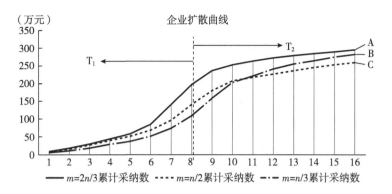

图 3-14　制造业企业创新扩散曲线

结合上述分析，本书认为企业在早期市场的表现为：需要依靠政府补贴保护创新成果，避免被竞争者复制，同时考虑形成相应的新技术标准，属于开拓阶段和早期扩展阶段。企业在主要市场的表现为：完全确定新技术标准，扩大市场规模，获得市场领导地位，保持强劲的获利能力，保持系统的进入壁垒，分别属于晚期扩展阶段、领导阶段和更替阶段。因此，本书认为，制造业企业技术创新生态系统创新扩散周期为四个阶段：开拓阶段、扩展阶段、领导阶段、更替阶段。每个阶段企业的核心任务会因为行业分类不同有区分。对此本书将在 3.5.2 中进行详细分析。

3.5.2　制造业企业技术创新生态系统创新扩散各阶段的关键要素分析

企业在创新生态系统不同阶段的主旨任务略有不同，本节将分析制造业企业技术创新生态系统创新扩散各阶段的关键要素如何影响创新扩散。

制造业企业技术创新生态系统创新扩散开拓阶段的关键要素是政府补贴。具体分析如下：①核心企业的主要任务是尽量给新核心技术开拓一个保护空间，利用政府提供的投资补贴尽可能地延长制造业企业技术创新生态系统创新扩散的开拓阶段，让新核心技术得到充分发展。②由于配套技术的技术难度低，转换成本低，更易被模仿，因此配套企业的核心任务是促使政府在开拓阶段前期主要提供产出补贴，扩大配套技术的市场潜力，在开拓阶段后期，当配套技术的采纳企业数量变多时，促使政府主要提供投资补贴。

制造业企业技术创新生态系统创新扩散扩展阶段的关键要素是新技术标准的确定。具体分析如下：①核心企业的主要任务保证自身在核心技术标准制定委员会和对应的政府部门有相应的话语权，同核心技术标准制定委员会保持良好沟通，待核心企业所持有的新核心技术成熟后迅速确定它成为新的核心技术标准。②由于新配套技术转换成本低，早期采纳企业数量多，新旧配套技术之间的成本差距较小，小企业生产新配套技术产品的成本有可能低于大企业，所以，大小企业的标准都有可能成为行业标准，此阶段配套企业的核心任务是确保自身所拥有的新配套技术标准最终成为唯一或者占据市场份额更大的新配套技术标准。

制造业企业技术创新生态系统创新扩散领导阶段的关键要素是新技术利润。具体分析如下：①由于高昂的技术转换成本，核心企业具有绝对的核心技术竞争优势，因此核心企业的主要任务是保持强大的核心技术获利能力，吸引更多的配套企业加入到其所在的制造业企业创新生态系统，扩大制造业企业创新生态系统的边界，进一步促进核心技术的扩散。②经过前一阶段新配套技术标准的竞争，配套企业在此阶段的任务是加强与核心企业的联系，确定其在制造业企业创新生态系统中配套行业的领先地位，拥有新配套技术带来的高获利能力，让新配套技术产品扩散更快。

制造业企业技术创新生态系统创新扩散更替阶段的关键要素是更新的技术。具体分析如下：①制造业企业技术创新生态系统创新扩散进入更替阶段，核心企业在保持壁垒森严，防止竞争者建立替代的生态系统的同时，还需要保持对顾客的高投入，赢得时间，在产品和服务中注入新观念，尽快采纳新一代的核心技术，以保证制造业企业创新生态系统平稳进入下一个创新扩散周期。②如果配套企业所在的制造业企业创新生态系统中的核心企业拥有更新的核心技术，那么由于配套技术难度低的性质，配套企业需要尽快采纳与"更新的核心技术"相匹配的配套技术，以此在接下来的制造业企业创新生态系统内的竞争中获得先发优势。

3.5.3 制造业企业在创新生态系统创新扩散周期中的角色变化

新技术标准的确定能确保拥有新技术标准的企业获得市场领导地位，并成为绝对的核心企业。根据前述分析，本书认为，不同规模的制造业企业由于技术难

度不同、行业增长率不同、政府政策变化等特征，它在创新生态系统的位置可能
会变动。因此，本节主要分析制造业企业在创新生态系统创新扩散周期中如何
变化。

不同规模的企业在制造业企业创新生态系统创新扩散过程中产生变化表现
为：①大企业规模继续增大，确定其在制造业企业创新生态系统的核心地位。
②小企业取代大企业的地位，逐步成为制造业企业创新生态系统内的核心企业。
发生这两种变化的原因是新技术难度大，行业增长率低，政府一般只在创新扩散
的开拓阶段提供补贴等。首先，大企业有更强的资本优势，能够为其带来绝对的
规模效应，从而促使大企业在创新扩散的扩展阶段早期就确定新技术标准，保证
大企业能够持续保持其在制造业企业创新生态系统的核心地位不变。其次，一些
行业的低增长率对该类行业中企业施加了一个向下的压力，使得大企业整体经济
实力下降，反而小企业因为规模小更容易在这种情况下存活下来，并最终取代大
企业。最后，政府政策的变化，政府为了促进新技术扩散会在创新扩散的开拓阶
段提供相应的补贴。当创新扩散进入扩展阶段后，新技术得到充分扩散，政府会
削减其提供的补贴。如果大企业能够在创新扩散的开拓阶段获得政府提供的补
贴，改善企业的财务状况，加快新技术的发展，那么大企业的规模会继续增大。
同样如果小企业抓住了补贴机遇，在创新扩散的开拓阶段提高新技术难度，在创
新扩散的扩展阶段增大市场份额，确定行业新技术标准，最终会取代大企业。以
新能源行业为例，宁德时代就是抓住了政府对新能源行业大力补贴的机遇，大力
发展电池技术，并最终成为新能源电池行业领头人。

3.5.4 新技术标准形成后的制造业企业竞争策略分析

一个企业将其技术确立为行业技术标准的能力是其长期竞争地位和成功的关
键决定因素。Shapiro 和 Varian（1999）研究指出，标准竞争是企业为了争取市
场领导地位而进行的竞争。企业采用的新技术成为行业新技术标准后，企业就能
够从新技术标准的所有权获得高额利润。Andreozzi（2004）认为，先进的技术标
准有着较小的临界规模，因此更容易取代那些次优（低劣）的技术。企业的主
要盈利取决于新技术标准竞争后的企业间竞争。新技术标准一旦确立，其核心内
容无法更改，领导阶段企业主要围绕获取竞争优势的其他手段以及标准的改进与

扩展等方面展开竞争。不同类型的企业能力不同，制定技术标准后采取的措施也不一样。配套企业主要争取成为制造业企业创新生态系统中配套技术的新技术领导企业，核心企业的主要任务是扩大制造业企业创新生态系统，促进创新扩散。第3章已经分析了制造业企业如何确定新技术标准，因此本节将基于此，重点分析新技术标准确定后制造业企业应采取的竞争策略。

一旦新技术标准确定，企业间的竞争更多地依赖质量、服务、价格等基本的产品性能。新技术标准形成后企业的战略目标是维持或争取市场份额，并参与新市场的竞争，促进新技术的扩散。在制造业企业技术创新生态系统创新扩散的扩展阶段，技术标准扩大了市场空间，导致较大的同质产品市场出现，为新技术的扩散提供了更好的市场条件。在制造业企业技术创新生态系统创新扩散的领导阶段，配套企业主要通过对现存新核心技术的配套技术进行改进，改变配套技术标准控制态势，成为制造业企业创新生态系统中配套技术的新技术领导企业。核心企业主要围绕核心技术和配套技术的扩散来扩大制造业企业创新生态系统的边界。在制造业企业技术创新生态系统创新扩散的更替阶段，所有制造业企业都寻求进行技术突破，希望在未来的创新生态系统竞争中取得先机。后文将分析企业在新技术标准确定后会采取的四个具体策略。

（1）技术领先策略。核心企业因为新核心技术难度高，该类企业在新技术标准确定后会直接取得核心技术领先地位。但核心企业如果不进行新核心技术的技术更新换代，很容易会被拥有更新核心技术标准的核心企业所取代。因此，如果核心企业的规模较大，该企业就会自主进行新核心技术的更新换代，以保证其在核心技术领域的绝对领先地位。如果核心企业的规模较小，则该企业会通过与其他企业合作共同开发新一代核心技术来加深自身的行业技术领先地位。技术标准的确定限制了技术创新的横向范围，但确定了技术创新的纵向方向。因此配套企业在新核心技术标准确定后，要争得制造业企业创新生态系统内该核心技术的相应配套技术的企业领先地位。同时，如果配套企业的规模较大，则该企业会成为新配套技术领导者最有力的争夺者。但如果规模较小的配套企业能够将相应的配套技术确定新配套技术标准，那么该小企业也是实实在在的创新者，并会取代其他配套企业对相应的新配套技术的领先地位。

（2）扩散成本优势策略。新技术标准成熟稳定后，新技术也就变成了所谓的"旧技术",因此企业间的竞争转向为"旧技术"之间的竞争。结合 3.3 的研究结果,本书认为,此时企业间的竞争主要为基于不同扩散成本的"旧技术"的价格、质量竞争。同类产品市场上企业众多,产品差异化低,以扩散成本为代表的营销因素成为企业争夺市场份额的关键策略因素。当扩散成本比较低时,会促进所有企业快速扩散新技术,当扩散成本处于中间水平时,更有利于小企业扩散新技术。

(3)产品延伸策略。新技术标准成熟后,企业可以在新技术的基础上开发二代技术,即在新技术的基础上开发延伸技术。此策略具有两大优势:第一,一代技术非常成熟;第二,一代技术的用户基数可以帮助二代技术快速扩散。此策略对于核心企业更有利,很多核心企业都会推出二代甚至三代核心技术。以苹果公司为例,其生产的 iPhone 每一代发布时,其原有的用户基数为新一代产品的扩散带来了绝对的竞争优势。配套企业采纳新配技术的主要目的是配合同一制造业企业创新生态系统中的核心企业进行创新扩散。因此,相较于核心企业,配套企业更愿意针对新一代核心技术采纳新的配套技术而不是进行配套技术的更新换代。

(4)垂直一体化策略。核心企业可以通过垂直一体化策略,从核心产品制造行业切入配套产品行业。此策略有利于核心企业有效地协调核心产品与配套产品的生产。不过,由于两个行业的企业管理和市场结构有差异,成功切入配套产品行业的核心企业并不多,目前还是以核心企业和配套企业合作为主,本书的第 5 章将对此进行详细分析。

3.5.5 竞争关系下制造业企业技术创新生态系统创新扩散机理总结

本书通过整合核心企业、配套企业、政府补贴和扩散成本等理论要素,探讨了竞争关系下政府补贴和扩散成本对制造业企业技术创新生态系统创新扩散的影响,并运用仿真研究方法验证了政府补贴和扩散成本对核心企业和配套企业对新核心技术和新配套技术扩散的影响。上述研究表明,竞争关系下的制造业企业技术创新生态系统创新扩散,是包括以数额不同程度的政府补贴、新技术转换成本和扩散成本、数量不同的采用新技术的企业和早期采纳新技术的企业等因素促进新核心技术和新配套技术在制造业企业技术创新生态系统创新扩散的不同阶段扩散。鉴于此，本书对竞争关系下制造业企业技术创新生态系统创新扩散机理阐释如下：

第一，政府补贴对创新扩散起到积极的推动作用。博弈分析结果表明，在政府补贴的两个维度中，较高和适中的投资补贴会促进创新扩散，而较低和适中的产出补贴会促进创新扩散。政府提供不同数额的相应政策补贴是新技术能够被企业采纳并应用，从而实现创新扩散的必要条件。而更大的潜在市场或更低的新技术生产成本可以导致政府提供产出补贴时节约更多的资金。为此，在制造业企业技术创新生态系统创新扩散过程中，居于中心位置的核心企业利用政府提供的投资补贴尽可能地延长制造业企业技术创新生态系统创新扩散的开拓阶段，让新核心技术得到充分发展。居于非中心位置的配套企业促使政府在开拓阶段前期主要提供产出补贴，在开拓阶段后期主要提供投资补贴，进而共同促进制造业企业技术创新生态系统的发展，推动新技术扩散。可见，在竞争关系下，相应数额的投资补贴和产出补贴积极推动了创新扩散。

第二，扩散成本和转换成本共同促进创新扩散。研究结果表明，扩散成本越低，核心企业对核心技术创新扩散的作用越显著；转换成本越低，配套企业对配套技术创新扩散的作用越明显。扩散成本低，意味着企业采纳新技术的利润能够弥补其扩散成本。此时，由于高昂的技术转换成本，核心企业具有绝对的核心技术竞争优势，该优势使得核心企业规模增大，吸引配套企业加入到其所在的制造业企业创新生态系统的能力增强，并根据已有资源制定打造技术领先策略和扩散成本优势策略。转换成本低，意味着企业采纳新技术的难度非常低，会促进所有企业快速扩散新技术。此时，新旧配套技术间的成本差距较小，小企业生产新配套技术产品的成本有可能低于大企业，配套企业根据已有优势制定扩散成本优势策略，更有利于配套企业采纳新配套技术。同时，核心企业扩大制造业企业创新生态系统的边界，进一步促进核心技术的扩散；配套企业加强其扩散成本优势策略的应用，并在未来取得相应新配套技术的领先地位。由此可见，扩散成本和转换成本共同推动了企业制定技术领先策略和扩散成本优势策略，因而促进了制造业企业技术创新生态系统的创新扩散。

第三，采纳新技术的企业数量和采纳时间影响新技术的创新扩散速度。仿真结果表明，采纳新技术的企业数量较小，企业采纳新技术的时间较晚时，核心企业对核心技术创新扩散的作用越显著；采纳新技术的企业数量较大，企业采纳新技术的时间较早时，配套企业对配套技术创新扩散的作用越明显。采纳新技术的企业数量小和企业采纳新技术的时间晚，意味着新技术的技术难度高。此时，较高的技术难度会帮核心企业构建坚固的技术壁垒，防止潜在竞争者进入核心技术领域开展竞争活动，还需要保持对顾客的高投入，赢得时间，在产品和服务中注入新观念，并根据已有资源制定、打造产品延伸策略，尽快采纳新一代的核心技术。采纳新技术的企业数量大和企业采纳新技术的时间早，意味着企业采纳新技术的难度非常低，会促进所有企业快速扩散新技术。此时，新旧配套技术间的成本差距较小，配套企业主要通过对现存新核心技术的配套技术进行改进，改变配套技术标准控制态势，获得相应的配套技术竞争优势。由此可见，采纳新技术的企业数量和采纳时间共同推动了企业制定产品延伸策略，因而促进了制造业企业技术创新生态系统的创新扩散。

3.6　竞争关系下制造业企业技术创新生态系统创新扩散管理启示及建议

本章的研究发现，可以为竞争关系下的制造业企业技术创新生态系统创新扩散提供理论指导，具体的管理启示及建议为：

（1）应在创新生态系统创新扩散早期增加政府补贴。3.1 的相关结论说明，在创新生态系统创新扩散早期，市场提高政府补贴能促进创新扩散。从政府角度而言，政府应该多为中小企业的技术创新扩散提供投资补贴和产出补贴。同时，政府也可以将财政贴息资金直接拨付相关金融机构，由金融机构以低于市场利率的政策性优惠利率向企业提供贷款。从企业角度而言，在创新生态系统创新扩散早期获得的政府补贴越多，企业越愿意采纳新技术并推广新技术。因此，企业的首要任务是了解政府相关政策，从新技术采纳成本、研发团队、产品产量和企业规模等方面考察企业的情况，查看企业是否有符合领取政府补贴的资格。如果没有资格，那么企业应该从上述方面入手，力争获得相应的政府补贴、改善企业的状况。具体表现为：①如果企业采纳其他方的新技术，应该与新技术的提供方进行谈判，争取将新技术的采纳成本降到可以领取补贴的范围内，这样不仅可以获得政府补贴，也可以帮企业节省成本。②如果企业是自己创新新技术，那么企业应该加强对研发团队的管理，提高研发团队成员的技术创新能力，为研发团队成员提供良好的创新环境，这样有利于研发团队的新技术研发能力。③企业应该根据政府的补贴和市场的情况合理地安排新产品生产，保证产量既不短缺也不过剩。④应扩大企业规模，使企业达到规模效应，从而最终促进新技术的扩散。

（2）应降低新技术的采纳成本和推广成本。3.1和3.3的研究结果表明，新技术的采纳成本和推广成本决定了其扩散程度。当制造业企业采纳新技术的成本和推广新技术的成本越低，创新生态系统创新扩散越快。因此，企业应该降低企业的采纳成本和推广成本以促进新技术的扩散。首先，企业应该加强新技术的培训，使得新技术的使用效率最高，减少因此产生的相关费用。具体措施包括：①请各类专家专门针对新技术、新产品的使用对员工进行培训，提升员工使用新技术和新产品的能力和效率。②增加使用新旧技术的员工之间的交流，进一步减少员工由于不能熟练使用新技术而造成的损失。其次，企业应该扩大其融资渠道，降低企业在新技术采纳时期因为筹措资金产生的相关费用。具体措施包括：①与地方银行保持良好关系，用持续的业务往来和可靠的金融信誉为未来融资打下基础。②积极了解国内外的天使投资等风投组织，采纳新技术时，若资金无法通过银行渠道筹措，风投组织是非常好的备选渠道。最后，除常规推广渠道，企业应该与时俱进，采取论坛、直播等特色营销方式，降低销售成本。具体措施为：①与专业论坛进行合作，增加新产品和新技术的曝光率，提高领域内的关注热度，从而扩大新产品或新技术的知名度。②在多个平台同时进行直播宣传，提高新技术或新产品的口碑。这种方式只需要支付相应的直播费用，不会产生线下营销产生的固定成本，因此，在一定程度上节约了企业新技术和新产品的推广成本。

（3）需加快新技术的采纳。3.4的相关结论说明，企业采纳新技术的时间会影响新技术的扩散。制造业企业采纳新技术的时间越早，创新生态系统中创新扩散越快。因此，企业应该尽快在市场上找到相关的专业人才将新兴技术与现有技术快速进行整合，这样才能在第一时间采纳新技术。具体措施为：①在采纳新技术时要保持新技术与旧技术的使用设备兼容、技术之间的接口通用等技术转换问题，这样企业在采纳新技术后可以快速进入生产阶段。②采纳新一代技术后应时刻留意技术的更新换代，及时更新技术。企业应该对相关技术和科技进行充分调研，同时应该对新技术进行测试来获取经验，并将新技术放到连续的业务场景中，全面而连贯性地评估。具体措施为：①企业应该持续关注竞争对手的新技术采纳情况，全面了解竞争对手采纳的新技术性能，并和企业自身采纳的新技术做全面对比，以确保企业自身采纳的新技术能够在未来的市场竞争中获胜。②企业应该选择早期被更多企业采纳的新技术，这样的技术通常成本更低，通用性更强，技术的扩散能力也更强。

3.7　本章小结

首先，介绍了技术创新生态系统创新扩散的竞争关系和研究方法，分析了竞争关系下早期市场中的制造业企业技术创新扩散；其次，对技术创新扩散过程中的技术标准形成做了博弈分析；再次，分析了竞争关系下主要市场中的制造业企业技术创新扩散；最后，刻画了竞争关系下制造业企业技术创新生态系统的扩散机理。

研究表明：对双寡头垄断市场的研究结果同样适用于多家企业组成的市场。大企业主导的技术总会成为标准技术。转换成本和企业的连接数越大时，企业扩散成本越低，企业技术创新扩散越快。采用新技术的企业数量会正向影响企业技术创新扩散。早期采纳新技术的企业数量越大，企业技术创新扩散越快。

第4章　合作关系下制造业企业技术创新生态系统创新扩散机理分析

　　本章研究合作关系下技术创新生态系统的创新扩散机理。基于第2章对于创新生态系统的定义和创新生态系统创新扩散的分析，本书认为，创新生态系统中的合作关系主要集中于核心企业和配套企业之间，核心企业通过转变技术创新理念、加强与供应商等配套企业的合作并共同采纳配套技术、鼓励金融机构等其他配套企业参与到合作中以及与政府共同制定相应的行业标准等方式改善新技术的创新生态系统共生环境，达到促进新技术扩散的最终目的。

　　信任博弈（Trust game 或 Investment game）最早由 Berg 等（1995）设计，此后 Fahr 和 Irlenbusch（2000）等进行了重复试验，是研究信任、互惠偏好、利他偏好的一种博弈范式，主要用于研究个体间的合作。而通常情况下个体间的合作都不是一次选择，所以信任博弈会通过构建马尔科夫过程以诠释个体间多次的合作行为。马尔科夫过程（Markov process）始于俄国数学家安德雷·马尔可夫（АндрейАндреевичМарков）提出的马尔可夫链，被用于扩散研究的数学建模。马尔可夫过程中随机变量的状态随时间步的变化被称为演变（Evolution）或转移（Transition）。演变状态所对应的两个计算指标为转移概率（Transition probability）和转移矩阵（Transition matrix）。其中转移概率指在事件演变过程中，从某一种状态出发，下一时刻转移到其他状态的可能性。转移矩阵指在事件演变过程中，转移概率的矩阵。转移概率（Transition probability）和转移矩阵能够诠释创新生态系统中的核心企业和配套企业之间的合作关系演变，因此，本章将技术的合作博弈设计为马尔可夫信任博弈。

因此，针对核心企业选择与配套企业选择合作的目的不同，本书研究合作关系下制造业企业技术创新生态系统创新扩散。具体研究思路是：首先，构建合作关系下制造业企业技术创新生态系统的创新扩散博弈并分析；其次，对相应的合作关系下技术创新生态系统创新扩散博弈结果进行仿真；最后，分析合作关系下技术创新生态系统创新扩散的机理。

4.1　合作关系下制造业企业技术创新生态系统创新扩散博弈分析

4.1.1　合作关系下制造业企业技术创新生态系统创新扩散中的决策问题描述

本书假设创新生态系统中存在一个核心企业和一个配套企业，在博弈过程中，博弈双方信息不对称。在有限理性条件下，企业的技术创新会存在短视行为，因此企业间的策略是一个不断调整的动态过程。基于 Guseo（2011）的观点，结合产品生命周期理论，将制造业企业技术创新生态系统创新扩散研究分为早期市场（Early market）和主要市场（Main market）的两阶段研究。参考 Ahmed 等（2000）的相关研究，本书针对制造业企业创新生态系统创新扩散的不同发展阶段的研究设计如下：

在制造业企业创新生态系统技术创新扩散的早期市场，有两个主要问题需要研究：第一，创新合作博弈主要研究配套企业是否加入由核心企业构建的创新生态系统的决策问题。考虑到核心企业构建创新生态系统的成本不同，因此使用有 Bayes 先验概率的不完全信息博弈。第二，由于核心企业新核心技术标准已经确定，主要分析核心企业采纳新配套技术时，系统内的配套企业是否跟随核心企业采纳新配套技术，两个企业之间的博弈是动态、多次的，且呈现后效性，所以本问题采纳 Markov 信任博弈分析。相应地，在制造业企业创新生态系统技术创新扩散的主要市场，也有两个主要问题需要研究：第一，新核心技术已经成熟，主要分析配套企业是否愿意主动采纳新配套技术，两个企业间的博弈是动态、多次、呈现后效性的，所以此问题使用 Markov 信任博弈分析。第二，由于新的创新生态系统的冲击，核心企业有两种选择，构建新的创新生态系统还是维持原有创新生态系统，因此，此问题使用有 Bayes 先验概率的不完全信息博弈进行研究。至此，本书结合 Bayes 博弈和 Markov 信任博弈构建了混合 Bayes-Markov 博弈（以下简称 B-M 博弈）模型，主要用于诠释合作关系下制造业企业技术创新生态系统的构建与制造业企业技术创新生态系统的创新扩散。具体的研究框架如图 4-1 所示。

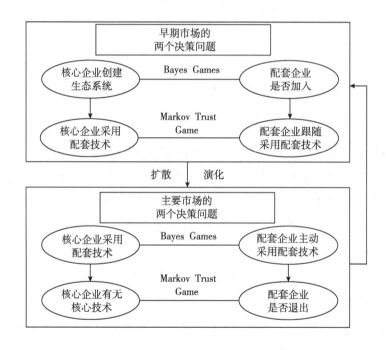

图 4-1　混合 B-M 博弈模型研究框架图

4.1.2　合作关系下早期市场中核心企业构建技术创新生态系统的创新扩散模型

4.1.2.1　模型假设

在制造业企业技术创新生态系统创新扩散的早期市场中，核心企业通过进行技术创新（本书中指采纳新技术）形成了难以被竞争对手所模仿的异质性资产，核心企业的创新活动为其进行市场竞争提供了源源不断的动力。但已有研究显示，企业在突破原有技术的情况下，只有寻求配套企业对新技术的支持，形成一个以合作为基础的稳定的创新生态系统，才能够在市场竞争中立住脚跟。因此，选择相应的合作伙伴并建立创新生态系统是核心企业在该阶段的第一任务。由此，本书做出如下假设：

（1）市场上只存在两家企业，企业1和企业2。

（2）企业1能独立地进行产品的全部技术创新活动，并拥有相应的核心技术专利，为核心企业；企业2不具备核心技术的创新能力，仅具备对配套技术进行创新的能力，为配套企业。

（3）核心企业有两种策略选择：构建（B）和不构建（U）创新生态系统；配套企业也有两种策略选择：加入（I）和不加入（O）创新生态系统。

（4）对于核心企业而言，是否构建创新生态系统取决于现实情况的不同而产生不同的成本选择；相应地，成本的不同也会对配套企业是否加入该创新生态系统的决策产生影响，所以，核心企业构建系统的成本分为高成本和低成本。

（5）双方的决策顺序是：核心企业先决策是否构建创新生态系统，配套企业后决策是否加入创新生态系统。

所有使用的变量如表4-1所示。

表4-1 模型变量的定义

变量	定义
V_{ij} （$i=CM$，CN，$j=B$，U）	核心企业收益
v_{ij} （$i=B$，U，$j=I$，O）	配套企业收益
p_x	核心企业低成本构建创新生态系统的概率

4.1.2.2 模型分析

由于Bayes博弈能够很好地解决不同成本所产生的决策问题，所以本书将在高成本和低成本两种情况下使用Bayes博弈对早期市场阶段的核心企业是否构建制造业企业创新生态系统的决策问题进行分析，其博弈树如图4-2所示。

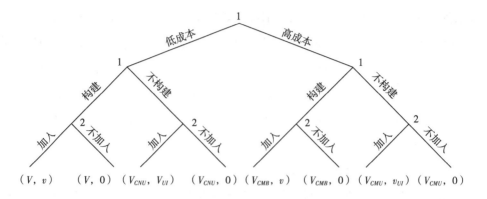

图4-2 早期市场阶段构建创新生态系统的博弈树

核心企业仅在低成本（*CM*）时才会构建创新生态系统，高成本（*CN*）时不构建创新生态系统；相应地，只有当核心企业构建创新生态系统时，配套企业才会决定是否加入创新生态系统，此时会出现表4-2所示的几种情况。

表4-2 早期市场初创阶段构建创新生态系统博弈结果

情况分类	博弈结果
$v<0$，$v_{UI}>0$，$\lvert v \rvert \neq \lvert v_{UI} \rvert$	$0<p_x<\dfrac{v_{UI}}{v_{UI}-v}$
$v>0$，$v_{UI}<0$，$\lvert v \rvert \neq \lvert v_{UI} \rvert$	$1>p_x>\dfrac{v_{UI}}{v_{UI}-v}$

当 $v<0$，$v_{UI}>0$ 时，$0<p_x<\dfrac{v_{UI}}{v_{UI}-v}$，此时 v 与 v_{UI} 的绝对值大小会影响核心企业低成本构建创新生态系统的概率 p_x 的取值范围，v 的绝对值越大时，p_x 最大值会越小，否则情况相反。

当 $v>0$，$v_{UI}<0$ 时，$1>p_x>\dfrac{v_{UI}}{v_{UI}-v}$，此时，若 v 的绝对值越大时，p_x 最小值就会越小，否则情况相反。因此得出命题4-1。

命题4-1：配套企业是否决定加入由核心企业构建的创新生态系统取决于加入后能够获得的收益。只有在低成本构建加入策略下的收益为正且前者获得小于后者损失时，核心企业低成本构建创新生态系统的概率会大于 0.5，创新生态系统才有可能被成功构建。

以上结果表明，在行业竞争强度和知识溢出条件一定的情况下，若核心企业的创新能力较强，则倾向选择与配套企业合作的纵向技术联盟模式；对于配套企业而言，当其公司规模较小，技术创新能力较低时，合作关系的建立有利于降低成本。因此，在创新生态系统创新扩散的早期市场中，核心企业最首要的任务是搭建和配套企业的合作桥梁，使配套企业加入创新生态系统时有一个非负的附加收益，才能够完成创新生态系统的构建。这一结论验证了尹洁等（2020）关于核心企业和配套企业创新合作的利润分配研究结论，即增加配套企业的增值利润能提高双方合作的稳定性。

除此之外，核心企业会考察配套企业的价值链形态，配套企业则会关注创新生态系统的价值链形态和利益渠道，权衡进入创新生态系统后获得的网络关系资源和产生的负面效应，两者对于上述因素的考量会为其进一步合作提供支持，进而为创新生态系统技术创新扩散奠定坚实基础。

4.1.3　合作关系下早期市场中企业采纳新配套技术的创新扩散模型

4.1.3.1　模型假设

在配套企业加入创新生态系统后，核心企业和配套企业在创新生态系统创新扩散的早期市场中的任务都已经由构建创新生态系统转向采纳新配套技术。此时，核心企业已经将其新核心技术标准确定为行业技术标准，其他企业不能够对新核心技术标准的核心内容进行更改，只能对标准的扩展内容进行修改。为了增强市场竞争力，核心企业会采纳匹配的新配套技术，因而要求配套企业采纳相应的配套技术。核心企业和配套企业会进入一个双方连续博弈的状态，因此本书做出如下假设：

（1）核心企业有两种策略选择，即采纳新配套技术和不采纳新配套技术；配套企业也有两种策略选择：被动采纳新配套技术和不采纳新配套技术。

（2）核心企业和配套企业有技术差距，两个企业采纳同一新配套技术收益会不同。

（3）采纳一项新配套技术带来的收益为核心企业采纳新配套技术产生的收

益和配套企业被动采纳产生的收益之和，而且该收益为最佳收益并相对固定。

（4）核心企业和配套企业采纳新配套技术都会伴有收益的增加。

（5）核心企业原有收益为 V，核心企业采纳新配套技术能够为核心企业带来 $c_1+\lambda_i\Delta c_1(i=\text{i}，\text{ii}，\text{iii})$ 的收益，配套企业被动采纳新配套技术能够为核心企业带来 $c_2+\lambda_i\Delta c_2(i=\text{i}，\text{ii}，\text{iii})$ 收益。

（6）配套企业原有收益为 v，核心企业采纳新配套技术能够为配套企业带来 $c_1+\lambda_i\Delta c_1(i=\text{i}，\text{ii}，\text{iii})$ 收益，同时配套企业被动采纳新配套技术也能够为配套企业带来 $c_2+\lambda_i\Delta c_2(i=\text{i}，\text{ii}，\text{iii})$ 收益。

（7）c_1 为核心企业采纳新配套技术带来的固定收益，c_2 为配套企业被动采纳新配套技术产生的固定收益，Δc_1 为核心企业采纳新配套技术产生的可变收益，Δc_2 是配套企业主动采纳新配套技术产生的可变收益，$\lambda_i(i=\text{i}，\text{ii}，\text{iii})$ 为相应可变收益的分配比例。

上述所有使用的变量如表4-3所示。

表4-3 早期市场模型变量的定义

变量	定义
V	核心企业原有收益
v	配套企业原有收益
p_i $(i=1, 2)$	第一期企业采纳新配套技术的概率
P_i^g (II)：$(i=1, 2; g=C, R)$	第二期企业的转移概率矩阵
$P(l\mid g)$：$(g=C, R; j=F, N)$	第二期配套企业采纳新配套技术的概率
c_i $(i=1, 2)$	企业采纳新配套技术的固定收益
Δc_i $(i=1, 2)$	企业采纳新配套技术的可变收益
λ_i $(i=\text{i}, \text{ii}, \text{iii})$	企业采纳新配套技术的可变收益分配系数
S_2^j $(j=F, N)$	第一期配套企业采纳新配套技术的总收益
$\pi_1(l\mid g)$：$(g=C, R; j=F, N)$	第二期核心企业采纳新配套技术的期望收益
$S_1(l\mid g)$：$(g=C, R; j=F, N)$	第二期修正后核心企业采纳新配套技术的期望收益
$S(hg, hg)$：$(l=C, R; h=\text{I}, \text{II})$	企业两期都采纳的期望收益

注：C 表示核心企业采纳新配套技术，R 表示核心企业不采纳新配套技术，F 表示配套企业采纳新配套技术，N 表示配套企业不采纳新配套技术。

双方决策顺序如下：

（1）核心企业采纳新配套技术，得到采纳概率；

（2）配套企业跟随采纳新配套技术；

（3）核心企业第二期继续采纳新配套技术；

（4）配套企业选择是否继续跟随采纳新配套技术。

4.1.3.2 Markov 信任博弈第一期模型分析

从创新生态系统的角度看，核心企业与配套企业间的采纳跟随博弈是动态且多次的。考虑到核心企业在采纳配套技术创新时并不知晓配套企业是否采纳，因此，本书在此阶段研究中采纳 Markov 信任博弈模型进行分析。为了简化模型，本书只将该博弈过程扩展为两期博弈。核心企业和配套企业在第一期的收益矩阵如表 4-4 所示。

表 4-4 早期市场第一期博弈收益矩阵

	被动采纳	不采纳
采纳	$(V+c_1+c_2+\lambda_i \Delta c_1+\lambda_i \Delta c_2,$ $v+c_1+c_2+\lambda_i \Delta c_1+\lambda_i \Delta c_2)$	$(V+c_1+\lambda_{ii} \Delta c_1,\ v+c_1+\lambda_{ii} \Delta c_1)$
不采纳	$(V+c_2+\lambda_{iii} \Delta c_2,\ v+c_2+\lambda_{iii} \Delta c_2)$	$(V,\ v)$

核心企业采纳新配套技术的概率为 p_1 的情况下，配套企业被动采纳新配套技术和不采纳新配套技术的期望收益分别为：

$$S_2^F(\text{I}) = v+c_1+p_1\left[c_2+\lambda_i(\Delta c_1+\Delta c_2)\right]-\lambda_{ii} \Delta c_1(p_1-1) \tag{4-1}$$

$$S_2^N(\text{I}) = P_1 c_2 + P_1 \lambda_{iii} \Delta c_2 + v \tag{4-2}$$

因此，配套企业采纳新配套技术的概率为：

$$p_2 = \frac{e^{S_2^F(1)}}{e^{S_2^F(1)}+e^{S_2^N(1)}} = \frac{1}{e^{(-c_1-p_1\lambda_i(c_2+(\Delta c_1+\Delta c_2)-(p_1-1)\lambda_{ii} \Delta c_1)+p_1(c_2+\lambda_{iii} \Delta c_2))}} \tag{4-3}$$

由式（4-3）可知，早期市场中配套企业采纳新配套技术的概率与配套企业采纳新配套技术能够获得的固定收益、可变收益和可变收益比例相关。

4.1.3.3 Markov 信任博弈第二期模型分析

进入早期市场 Markov 信任博弈第二期，核心企业有四种策略组合：配套企业采纳新配套技术时核心企业采纳新配套技术、配套企业采纳新配套技术时核心企业不采纳新配套技术、配套企业不采纳新配套技术时核心企业采纳新配套技术、配套企业不采纳新配套技术时核心企业不采纳新配套技术，这四种策略的期望收益分别为：

$$\pi_1(C \mid F) = 2\{V + c_1 + p_2[c_2 + \lambda_i(\Delta c_1 + \Delta c_2)] - \lambda_{ii}\Delta c(p_2 - 1)\} \tag{4-4}$$

$$\pi_1(R \mid F) = 2V + c_1 + 2c_2 p_2 + \Delta c_1[p_2(\lambda_i - \lambda_{ii}) + \lambda_{ii}] + \Delta c_2 p_2(\lambda_{ii} + \lambda_{iii}) \tag{4-5}$$

$$\pi_1(C \mid N) = 2V + c_1 - p_2 c_2(p_2 - 2) + \Delta c_1[p_2(1 - p_2)(\lambda_i - \lambda_{ii}) + \lambda_{ii}] + p_2\Delta c_2[\lambda_i(1 - p_2) + \lambda_{iii}] \tag{4-6}$$

$$\pi_1(R \mid N) = 2[V + p_2(c_2 + \lambda_{iii}\Delta c_2)] \tag{4-7}$$

由于技术创新成果一旦进入市场便具有公共物品或准公共物品的性质，具有不完全的排他性和竞争性，技术创新主体很难通过完全有效的手段阻止其他使用者使用技术创新成果中的创新知识和信息，因此技术创新溢出是客观存在的。因此，本书对博弈模型进行修正：

$$S_1(C \mid F) = \pi_1(C \mid F) + p_2^2 \times S(1C, 2C) \tag{4-8}$$

$$S_1(R \mid F) = \pi_1(R \mid F) \tag{4-9}$$

$$S_1(C \mid N) = \pi_1(C \mid N) \tag{4-10}$$

$$S_1(R \mid N) = \pi_1(R \mid N) + (1 - p_2)^2 \times S(1R, 2R) \tag{4-11}$$

当核心企业采纳新配套技术时，配套企业被动采纳新配套技术和不采纳新配套技术的概率转移矩阵为：

$$P_2(\mathrm{II}) = \begin{bmatrix} P(C \mid F), & P(R \mid F) \\ P(C \mid N), & P(R \mid N) \end{bmatrix} = \begin{bmatrix} \dfrac{S_1(C \mid F)}{S_1(C \mid F) + S_1(R \mid F)}, & \dfrac{S_1(R \mid F)}{S_1(C \mid F) + S_1(R \mid F)} \\ \dfrac{S_1(C \mid N)}{S_1(C \mid N) + S_1(R \mid N)}, & \dfrac{S_1(R \mid R)}{S_1(C \mid N) + S_1(R \mid N)} \end{bmatrix}$$

$$\tag{4-12}$$

在这样的转移矩阵下，核心企业在第二期采纳新配套技术和不采纳新配套技术的概率矩阵为：

$$\{P_1^C(\mathrm{II}), P_1^R(\mathrm{II})\} = (p_1, 1 - p_1) \times P \tag{4-13}$$

$$P_1^C(\mathrm{II}) = \frac{p_1}{E} + \frac{1 - p_1}{F} \tag{4-14}$$

$$P_1^R(\text{II}) = \frac{p_1}{G} + \frac{1-p_1}{H} \tag{4-15}$$

其中：

$$E = 1 + e^{\{-\lambda_{ii}\Delta c_1 - c_1(1+2p_2^2) + p_2(\Delta c_1(\lambda_{ii}-\lambda_i) + \Delta c_2(\lambda_{iii}-\lambda_i)) - 2p_2^2(V+c_2+\lambda_i(\Delta c_1+\Delta c_1))\}} \tag{4-16}$$

$$F = 1 + e^{\{2V-c_1-\lambda_2\Delta c_1 + p_2(\Delta c_1(\lambda_{ii}-\lambda_i) - 4V + \Delta c_2(\lambda_{iii}-\lambda_i)) + p_2^2(2V+c_2+\lambda_i(\Delta c_1+\Delta c_1) - \lambda_{ii}\Delta c_1)\}} \tag{4-17}$$

$$G = 1 + e^{\{\lambda_{ii}\Delta c_1 + c_1(1+2p_2^2) + p_2(\Delta c_1(\lambda_i-\lambda_{ii}) + \Delta c_2(\lambda_i-\lambda_{iii})) + 2p_2^2(V+c_2+\lambda_i(\Delta c_1+\Delta c_1))\}} \tag{4-18}$$

$$H = 1 + e^{\{c_1-2V+\lambda_{ii}\Delta c_1 + p_2(\Delta c_1(\lambda_i-\lambda_{ii}) + 4V + \Delta c_2(\lambda_i-\lambda_{iii})) - p_2^2(2V+c_2+\lambda_i(\Delta c_1+\Delta c_1) - \lambda_{ii}\Delta c_1)\}} \tag{4-19}$$

由式（4-13）可知，早期市场中核心企业采纳新配套技术的概率与核心企业采纳新核心技术相关。

4.1.4　合作关系下主要市场中企业采纳新配套技术的创新扩散模型

4.1.4.1　模型假设

创新生态系统新配套技术在早期市场中经过充分扩散后进入了主要市场阶段，此时，核心企业已经掌握了其领域的主导技术，技术创新能力日趋成熟。配套企业为了能够与核心企业保持紧密合作，会开始主动采纳相应的新配套技术。而且，由于创新要素以及市场同类产品的收益递减原理，主要市场阶段的核心企业和配套企业采纳新配套技术所产生的附加收益会低于早期阶段中两者采纳新配套技术所产生的附加收益。因此，本书作出如下假设：

（1）核心企业有两种策略：采纳新配套技术和不采纳新配套技术；配套企业也有两种策略：主动采纳新配套技术和被动采纳新配套技术。

（2）核心企业和配套企业采纳新配套技术都会带有收益的增加。

（3）核心企业原有收益为 V，核心企业采纳新配套技术的收益为 $c_3+\omega_i\Delta c_3$（$i=\text{iv}$，V，vi），配套企业主动采纳新配套技术为核心企业带来的附加收益为 $c_4+\omega_i\Delta c_4(i=\text{iv}$，V，vi）。

（4）配套企业原有收益为 v，配套企业主动采纳新配套技术的收益为 $c_4+\omega_i\Delta c_4(i=\text{iv}$，V，vi），核心企业采纳新配套技术能为配套企业带来的附加收益为 $c_3+\omega_i\Delta c_3(i=\text{iv}$，V，vi）。

（5）c_3 为核心企业采纳新配套技术的固定收益，Δc_3 为核心企业采纳新配套技术产生的可变收益，c_4 为配套企业主动采纳新配套技术产生的固定收益，Δc_4 是配套企业主动采纳新配套技术产生的可变收益，$\omega_i(i = iv，v，vi)$ 为相应可变收益的分配比例。

上述所有使用的变量如表 4-5 所示。

表 4-5　主要市场模型变量定义

变量	定义
V	核心企业原有收益
v	配套企业原有收益
$p_i(i=1，2)$	第一期企业采纳配套技术的概率
$P_1^g(\text{II})：(g=C，R)$	第二期核心企业采纳配套技术的概率转移矩阵
$P(l\mid g)：(g=C，R；j=Z，N)$	第二期配套企业采纳配套技术的概率
$c_i(i=3，4)$	企业采纳配套技术的固定收益
$\Delta c_i(i=3，4)$	企业采纳配套技术的可变收益
$\omega_i(i=iv，v，vi)$	企业采纳配套技术的可变收益分配系数
$S_2^j(j=Z，N)$	第一期配套企业创新配套技术的总收益
$\pi_1(l\mid g)：(g=C，R；j=Z，N)$	第二期核心企业采纳配套技术的期望收益
$S_1(l\mid g)：(g=C，R；j=Z，N)$	第二期修正后核心企业采纳配套技术的期望收益
$S(hg，hg)：(l=C，R；h=\text{I}，\text{II})$	企业两期都采纳的期望收益

注：C 表示核心企业采纳新配套技术，R 表示核心企业不采纳配套技术，Z 表示配套企业主动采纳新配套技术，N 表示配套企业被动采纳新配套技术。

双方决策顺序如下：

（1）核心企业采纳新配套技术，得到采纳概率；

（2）配套企业主动采纳新配套技术；

（3）核心企业第二期继续采纳新配套技术；

（4）配套企业选择是否继续采纳新配套技术。

4.1.4.2　Markov 信任博弈第一期模型分析

由于本阶段与 4.1.3 的情况类似，均涉及双方连续博弈过程，因此，本阶段也采用两期的 Markov 信任博弈模型进行分析。由此，得出第一期博弈的收益矩阵如表 4-6 所示。

表 4-6　主要市场第 1 期博弈的收益矩阵

	主动采纳	被动采纳
采纳	$(V+c_3+c_4+\omega_{iv}\Delta c_3+\omega_v\Delta c_4,$ $v+c_3+c_4+\omega_{iv}\Delta c_3+\omega_v\Delta c_4)$	$(V+c_3+c_4+\omega_{iv}\Delta c_3+\omega_{vi}\Delta c_4,$ $v+c_3+c_4+\omega_{iv}\Delta c_3+\omega_{vi}\Delta c_4)$
不采纳	$(V+c_4+\omega_v\Delta c_4,\ v+c_4+\omega_v\Delta c_4)$	$(V+c_4+\omega_{vi}\Delta c_4,\ v+c_4+\omega_{vi}\Delta c_4)$

其中，核心企业在第一期采纳新配套技术的概率为 p_1，此时，配套企业主动采纳新配套技术的期望收益为：

$$S_2^Z(\text{I})=v+c_3+c_4+\omega_{iv}\Delta c_3+\omega_{vi}\Delta c_4+p_1(\omega_v-\omega_{vi})\Delta c_4 \tag{4-20}$$

配套企业被动采纳新配套技术的期望收益为：

$$S_2^N(\text{I})=v+p_1(\omega_v-\omega_{vi})\Delta c_4+\omega_{vi}\Delta c_4 \tag{4-21}$$

配套企业主动采纳新配套技术的概率为：

$$p_2=\frac{1}{1+e^{(\Delta c_4(p_1-1)(\omega_v-\omega_{vi})-\omega_{iv}\Delta c_3-c_3-c_4)}} \tag{4-22}$$

由式（4-22）得到命题 4-2。

命题 4-2：主要市场中，配套企业主动采纳新配套技术的概率与配套企业采纳新配套技术能够获得的收益相关，当收益为非负时，配套企业才有可能进行主动采纳新配套技术。

4.1.4.3　Markov 博弈第二期模型分析

进入主要市场 Markov 信任博弈第二期，核心企业有四种策略组合：配套企业主动采纳新配套技术时核心企业采纳新配套技术、配套企业主动采纳新配套技术时核心企业不采纳新配套技术、配套企业被动采纳新配套技术时核心企业采纳新配套技术、配套企业被动采纳新配套技术时核心企业不采纳新配套技术，四种策略的期望收益分别为：

$$S_1(C\mid Z)=c_3+2c_4+\omega_{iv}\Delta c_3+2{p_2}^2(V+c_3+2c_4+\omega_{iv}\Delta c_3+\Delta c_4\omega_{iv})+2\{V+\Delta c_4(p_2(\omega_v-\omega_{vi})+\omega_{vi})\} \tag{4-23}$$

$$S_1(R\mid Z)=c_3+2c_4+\omega_{iv}\Delta c_3+2\{V+\Delta c_4(p_2(\omega_v-\omega_{vi})+\omega_{vi})\} \tag{4-24}$$

$$S_1(C \mid N) = 2V + c_3 + 2c_4 + \omega_{iv}\Delta c_3 + \Delta c_4 \{\omega_v p_2(1+p_2) - \omega_{vi}(p_2-1)(2+p_2(\omega_v\Delta c_4-1))\}$$

$$(4-25)$$

$$S_1(R \mid N) = 2\{V + c_4(1-2p_2(p_2-1)(\omega_v\Delta c_4-1)) + (p_2-1)^2(V + c_4 + \omega_{vi}\Delta c_4) + \Delta c_4$$

$$(p_2^2\omega_v + \omega_{vi} - p_2\omega_{vi})\} \qquad (4-26)$$

核心企业采纳新配套技术和不采纳新配套技术的转移概率矩阵分别为：

$$P_1^C(\text{II}) = p_1 M + (1-p_1)N \qquad (4-27)$$

$$P_1^R(\text{II}) = \frac{p_1}{O} + \frac{1-p_1}{Q} \qquad (4-28)$$

式中：

$$M = 1 - \frac{1}{1+e\left[2p_2^2(V+c_3+c_4+\omega_{iv}\Delta c_3+\omega_v\Delta c_4)\right]} \qquad (4-29)$$

$$N = \frac{1}{1+e^{\{2V-c_3-\omega_{iv}\Delta c_3+p_2[2V(p_2-2)+\omega_v\Delta c_4(p_2-1)]-2c_4(p_2-1)[1+p_2(2\omega_v\Delta c_4-3)]+\omega_{vi}\Delta c_4(p_2-1)[p_2(1+\omega_v\Delta c_4)-2]\}}}$$

$$(4-30)$$

$$O = 1 + e^{(2p_2^2(V+c_3+c_4+\omega_{iv}\Delta c_3+\omega_v\Delta c_4))} \qquad (4-31)$$

$$Q = 1 + e^{\{c_3-2V+\omega_{iv}\Delta c_3+p_2(2V(2-p_2)+\omega_v\Delta c_4(1-p_2))+2c_4(p_2-1)(1+p_2(2\omega_v\Delta c_4-3))-\omega_{vi}\Delta c_4(p_2-1)(p_2(1+\omega_v\Delta c_4)-2)\}}$$

$$(4-32)$$

由式（4-27）和式（4-28）可知，主要市场中核心企业采纳新配套技术的概率与核心企业采纳新核心技术相关。

4.1.5 合作关系下主要市场中维持技术创新生态系统的创新扩散模型

创新生态系统技术在主要市场大范围扩散后，创新生态系统内的企业面临的核心问题已经从是否采纳新配套技术转变为是否继续维持创新生态系统。此时，创新生态系统内企业的核心技术和配套技术已发展成熟，然而由于社会技术地位的变化会催生新的核心技术，该创新生态系统会受到拥有新一代核心技术的创新生态系统的强烈冲击。核心企业和配套企业虽然了解彼此的策略和收益，但行动的先后顺序不同。因此，本书使用 Bayes 博弈分析两类企业是否维持创新生态系统的决策问题。

4.1.5.1 模型假设

本阶段的博弈假设如下：

（1）核心企业将面临是、否掌握新一代核心技术两种情况。

（2）核心企业的策略有两种：维持原有创新生态系统（W）和建立新的创新生态系统（S）；配套企业的策略有两种：跟随（G）核心企业维持原有创新生态系统和退出（E）原有创新生态系统。

（3）设 p_y 表示核心企业拥有新一代核心技术的概率，$V_{ij}(i=S，W，j=E，G)$ 表示核心企业在相应策略下的收益，$v_{ij}(i=C，W，j=G，T)$ 表示配套企业在相应策略下的收益。

（4）d 表示核心企业没有新核心技术的情况下重建创新生态系统时采纳新核心技术产生的相应成本。

（5）当且仅当核心企业拥有核心技术时，配套企业才会继续跟随。

双方决策顺序如下：

（1）核心企业维持或重建创新生态系统；

（2）配套企业更随或退出创新生态系统。

模型变量定义如表4-7所示。

表4-7 模型变量定义

变量	定义
$V_{ij}(i=S，W，j=E，G)$	核心企业收益
$v_{ij}(i=S，W，j=E，G)$	配套企业收益
p_y	核心企业有新一代核心技术的概率
V_D	表示企业采纳新一代核心技术产生的成本

4.1.5.2 模型分析

由于 Bayes 博弈能够很好地解决信息不对称所产生的决策问题，所以本节使用 Bayes 博弈对企业是否维持创新生态系统的决策问题进行分析，其博弈树如图4-3所示。

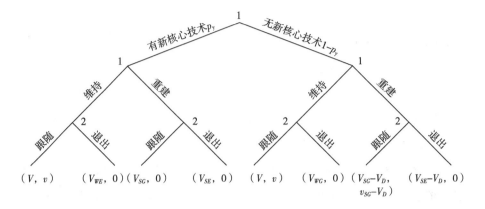

图4-3　主要市场创新博弈树

当且仅当核心企业拥有核心技术时配套企业才会继续跟随，若p_y不为1时会产生如表4-8所示的情况。

表4-8　主要市场博弈结果分析

情况分类	博弈结果
$v>0$，$v_{SG}-V_D<0$，$\lvert v\rvert\neq\lvert v_{SG}-V_D\rvert$	$1>p_y>\dfrac{V_D-v_{SG}}{v+V_D-v_{SG}}$
$v<0$，$v_{SG}-V_D>0$，$\lvert v\rvert\neq\lvert v_{SG}-V_D\rvert$	$0<p_y<\dfrac{V_D-v_{SG}}{v+V_D-v_{SG}}$

本书发现，只有在$v>0$，$v_{SG}-V_D<0$且$\lvert v\rvert<\lvert v_{SG}-V_D\rvert$时，核心企业拥有新核心技术的概率才大于0.5。也就是说，此时配套企业才会继续选择与核心企业合作，即继续跟随核心企业。由此得出命题4-3。

命题4-3：配套企业是否选择跟随战略主要取决于两个因素：一是配套企业在核心企业有新一代核心技术前提下获得的收益；二是核心企业没有新一代核心技术时所付出的成本。若配套企业在核心企业有新一代核心技术的前提下，能够获得收益，但其数额小于无新一代核心技术背景下核心企业的技术采纳成本支出，配套企业会选择继续跟随核心企业维持原有创新生态系统。

从上述研究可以看出，新建创新生态系统内核心企业和配套企业收益分配的比例以及新技术采纳成本的分配比例决定了原有创新生态系统能否继续存续。所以，当核心企业选择构建新的创新生态系统时，创新生态系统的一个新生命周期的循环随之开始。

4.2　合作关系下制造业企业技术创新生态系统创新扩散的仿真分析

4.2.1　合作关系下的仿真模型假设

前文从创新生态系统创新扩散发展的两个市场阶段的四个决策问题对核心企业和配套企业的合作模式以及收益分配机制进行了博弈分析。由于构建和更替创新生态系统的 Bayes 博弈分析结果相对明确，此部分不再对其进行仿真分析。鉴于早期市场和主要市场涉及两个企业之间动态、连续的博弈过程，情况相对复杂，因此本书将对创新生态系统内的配套企业是否跟随核心企业采纳新配套技术和是否主动采纳新配套技术这两个决策问题进一步进行数值仿真分析，以验证 Markov 信任博弈分析的结果，并通过分别改变核心企业收益、配套企业收益的取值，观测其博弈结果的变化，进而分析新配套技术在创新生态系统中的扩散情况。

延续 4.1 的研究，本节在考虑合作关系下制造业企业创新生态系统技术创新扩散的仿真分析中假设：①市场上有两家企业；②两家企业有稳定的合作关系。

4.2.2　合作关系下早期市场中企业采纳决策的仿真分析

根据 4.1.3 的早期市场中 Markov 信任博弈的分析结果，Markov 信任博弈第一期时企业采纳新配套技术的可变收益 Δc_i、可变收益比例 λ_i、固定收益 c_i 三个因素主要影响配套企业采纳新配套技术概率 p_2，Markov 信任博弈第二期时固定收益 c_i 以及核心企业采纳新核心技术的收益 V 两个因素主要影响核心技术采纳新配套技术概率 p_1，因此，本节将分别模拟 Markov 信任博弈第一期和第二期时企业采纳新配套技术的可变收益 Δc_i、可变收益比例 λ_i、固定收益 c_i 以及核心企业采纳新核心技术的收益 V 对企业采纳新配套技术概率的影响，进而分析合作关系下早期市场中创新生态系统创新扩散的演化。

4.2.2.1 早期市场中 Markov 信任博弈第一期的仿真

结合 4.1.3.2 的博弈分析，在早期市场中，Markov 信任博弈第一期创新生态系统技术扩散时，根据 Δc_i、λ_i 和 c_i 的关系，将出现以下两种演化情况：

（1）本书模拟可变收益 Δc_i 和可变收益分配比例 λ_i 对企业采纳新配套技术概率的影响，仿真结果如图 4-4 所示。首先，本书假设初始情况下企业采纳新配套技术的可变收益和分配比例都非常低，因此初始值设定为 $\Delta c_1=1$，$\lambda_1=0.1$，$\lambda_2=0.1$，$\lambda_3=0.1$，$\Delta c_2=1$，所得仿真结果如图 4-4（a）所示。其次，在图 4-4（a）的基础上，仅将可变收益分配比例 λ_i 增大至原来的 5 倍，所得仿真结果如图 4-4（b）所示，即改变可变收益系数 λ_i 时，配套企业采纳新配套技术概率 p_2 随核心企业采纳新配套技术概率 p_1 的变化趋势。最后，在图 4-4（b）的基础上，仅将可变收益 Δc_i 增大 5 倍，所得仿真结果如图 4-4（c）所示，即改变可变收益 Δc_i 时，配套企业采纳新配套技术概率 p_2 随核心企业采纳新配套技术概率 p_1 的变化趋势。当改变可变收益分配比例 λ_i 的取值，令 $\lambda_1 \neq \lambda_2 \neq \lambda_3$ 时，所有仿真结果不变。

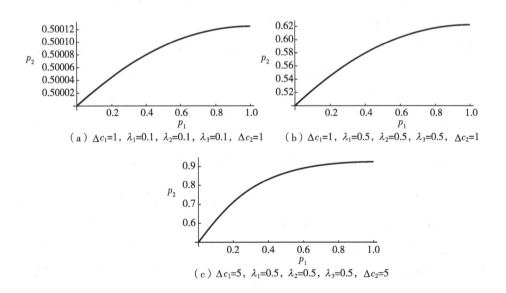

（a）$\Delta c_1=1$，$\lambda_1=0.1$，$\lambda_2=0.1$，$\lambda_3=0.1$，$\Delta c_2=1$　（b）$\Delta c_1=1$，$\lambda_1=0.5$，$\lambda_2=0.5$，$\lambda_3=0.5$，$\Delta c_2=1$

（c）$\Delta c_1=5$，$\lambda_1=0.5$，$\lambda_2=0.5$，$\lambda_3=0.5$，$\Delta c_2=5$

图 4-4　早期市场中可变收益和可变收益比例数值仿真图

由图 4-4（a）可以看出，当企业采纳新配套技术的可变收益和分配比例都非常低时，配套企业采纳新配套技术概率 p_2 稳定在 0.5 左右。由图 4-4（a）和图 4-4（b）可知，可变收益分配比例 λ_i 从 0.1 提高至 0.5 时，配套企业采纳新配套技术概率 p_2 也从 0.5 提升至 0.62，即可变收益分配比例 λ_i 越大，配套企业采纳新配套技术概率 p_2 越大。由图 4-4（b）和图 4-4（c）发现，可变收益 Δc_i 从 1 提高至 5 时，配套企业采纳新配套技术概率 p_2 也从 0.5 提升至 0.92，即可变收益 Δc_i 的增加能够提高配套企业采纳新配套技术概率 p_2。同时，配套企业采纳新配套技术概率 p_2 会随着核心企业采纳新配套技术概率 p_1 的增大而增大。上述分析结合式（4-3）可以看出，当 $\lambda_i \geqslant 0.5$ 且 $v>0$，$c_1=0$，$c_2=0$ 时，$p_2 \geqslant 0.5$。由此本书得出命题 4-4。

命题 4-4： 在创新生态系统技术扩散的早期市场，若配套企业采纳新配套技术只能获得可变收益，则可变收益的增加会提高配套企业的采纳概率，可变收益分配比例的增加会提高配套企业的采纳概率。核心企业采纳新配套技术概率正向影响配套企业采纳新配套技术概率。

（2）本书在图 4-4（a）的基础上模拟企业采纳新配套技术的固定收益 c_1，c_2 对采纳概率的影响（所有企业采纳新配套技术的总固定收益不变，即 $c_1+c_2=12$），仿真结果如图 4-5 所示。首先，本书假设初始情况下核心企业和配套企业采纳新配套技术的固定收益相同，因此初始值设定为 $c_1=6$，$c_2=6$，所得仿真结果如图 4-5（a）所示。其次，在图 4-5（a）的基础上，增加核心企业采纳新配套技术的固定收益 c_1，降低核心企业采纳新配套技术的固定收益 c_2，参数设定为 $c_1=12$，$c_2=0$，所得仿真结果如图 4-5（b）所示。最后，在图 4-5（a）的基础上，降低核心企业采纳新配套技术的固定收益 c_1，增加核心企业采纳新配套技术的固定收益 c_2，参数设定为 $c_1=0$，$c_2=12$，所得仿真结果如图 4-5（c）所示。

由图 4-5（a）可以看出，当核心企业和配套企业采纳新配套技术的固定收益相同时，配套企业采纳新配套技术概率 p_2 稳定在 0.99 左右。图 4-5（b）的仿真结果表明，当核心企业采纳新配套技术的固定收益 c_1 大于配套企业采纳新配套技术的固定收益 c_2 时，配套企业采纳新配套技术概率 p_2 会从 0.99 递减到 0.7 左右。图 4-5（c）的仿真结果显示，当核心企业采纳新配套技术的固定收益 c_1 小于配套企业采纳新配套技术的固定收益 c_2 时，配套企业采纳新配套技术

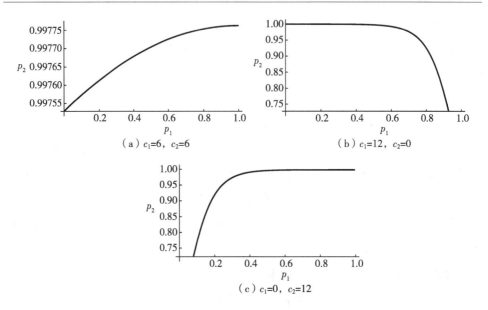

（a）$c_1=6$，$c_2=6$　　　　　（b）$c_1=12$，$c_2=0$

（c）$c_1=0$，$c_2=12$

图 4-5　早期市场中固定收益数值仿真图

概率 p_2 会从 0.7 递增到 0.99 左右。由此本书得出命题 4-5。

命题 4-5：在创新生态系统技术扩散的早期市场，核心企业采纳新配套技术的固定收益负向影响配套企业的采纳新配套技术概率，配套企业采纳新配套技术的固定收益正向影响配套企业的新配套技术采纳概率。当所有企业采纳新配套技术的总固定收益不变时，配套企业分配到固定收益比例越高，配套企业采纳新配套技术概率越高，越早采纳配套技术；核心企业和配套企业分配到固定收益比例相等时，配套企业采纳新配套技术概率最高。

由命题 4-4 和命题 4-5 可知，企业采纳新配套技术的总收益（可变收益+固定收益）分配比例影响配套企业采纳新配套技术的时间和概率，当配套企业分配到总收益更高时，配套企业愿意更早采纳新配套技术，新配套技术也能更早更快地在创新生态系统中扩散。

4.2.2.2　早期市场中 Markov 信任博弈第二期的仿真

结合 4.1.3.3 的博弈分析，在早期市场中，Markov 信任博弈第二期创新生态系统技术扩散时，根据 c_i 和 V 的关系，将出现以下两种演化情况：

（1）本书模拟核心企业采纳新配套技术获得的固定收益 c_1 和配套企业采纳

新配套技术获得的固定收益 c_2 对核心企业采纳新配套技术概率 p_1 的影响，仿真结果如图 4-6 所示。首先，本书假设初始情况下核心企业采纳新核心技术有一定的收益，同时核心企业和配套企业采纳新配套技术的固定收益为 0，因此初始值设定为 $V=100$，$c_1=0$，$c_2=0$，所得仿真结果如图 4-6（a）所示。其次，在图 4-5（a）的基础上，只增加核心企业采纳新配套技术的固定收益 c_1，参数设定为 $V=100$，$c_1=10$，$c_2=0$，所得仿真结果所示。最后，在图 4-6（b）的基础上，只增加配套企业采纳新配套技术的固定收益 c_2，且与图 4-6（b）中 c_1 的增加幅度一致，参数设定为 $V=100$，$c_1=10$，$c_2=10$，所得仿真结果如图 4-6（c）所示。

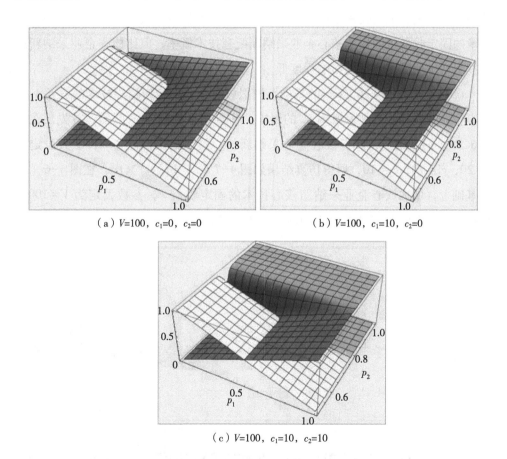

（a）$V=100$，$c_1=0$，$c_2=0$　　　　　（b）$V=100$，$c_1=10$，$c_2=0$

（c）$V=100$，$c_1=10$，$c_2=10$

图 4-6　c_i 变化情况下核心企业采纳新配套技术概率 p_1 数值模拟

注：每个图中的两个曲面均表示核心企业的采纳新配套技术和不采纳新配套技术的概率变化，其中深色曲面表示采纳概率，浅色曲面表示不采纳概率。每个 p_1 对应的两者之和为 1。

比较图 4-6（a）和图 4-6（b）的仿真结果可以看出，图 4-6（b）中核心企业采纳新配套技术的概率 p_1 远大于图 4-6（a），即核心企业采纳新配套技术的固定收益 c_1 对核心企业采纳新配套技术的概率 p_1 有正向影响。图 4-6（b）和图 4-6（c）的仿真结果表明，当配套企业采纳新配套技术的固定收益 c_2 的值变大时，核心企业采纳新配套技术的概率 p_1 也会增大。但是，c_1 和 c_2 同时增加时，p_1 的增幅没有 c_1 单独增加时大。因此，本书得出命题 4-6。

命题 4-6：在创新生态系统技术扩散的早期市场，核心企业采纳新配套技术产生的固定收益对核心企业采纳配套技术的概率有正向的影响，固定收益越高，核心企业采纳新配套技术新概率越高，新配套技术扩散越快。配套企业采纳配套技术的固定收益正向影响核心企业采纳新配套技术概率，但比核心企业采纳新配套技术产生的固定收益的影响程度低。

（2）本书在图 4-6（c）的基础上模拟核心企业采纳新核心技术的收益 V 对核心企业采纳新配套技术概率 p_1 的影响。仿真结果如图 4-7 所示。首先，在图 4-6（c）的基础上，降低核心企业采纳新核心技术的固定收益 V，参数设定为 $V=20$，$c_1=10$，$c_2=10$，所得仿真结果如图 4-7（a）所示。其次，在图 4-6（c）的基础上，增加核心企业采纳新核心技术的固定收益 V，参数设定为 $V=1000$，$c_1=10$，$c_2=10$，所得仿真结果如图 4-7（b）所示。

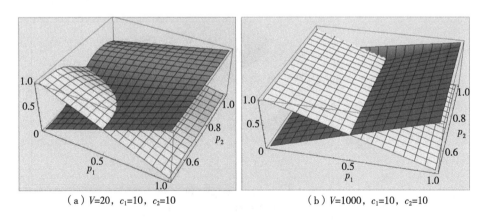

（a）$V=20$，$c_1=10$，$c_2=10$　　　　　（b）$V=1000$，$c_1=10$，$c_2=10$

图 4-7　V 变化情况下核心企业采纳新配套技术概率 p_1 数值模拟

图 4-7 仿真结果显示，当核心企业采纳新核心技术的收益 V 逐渐增大时，核心企业采纳新配套技术概率 p_1 逐渐降低。由此，本书得出命题 4-7。

命题 4-7：在创新生态系统技术扩散的早期市场，核心企业采纳新核心技术的收益对核心企业采纳新配套技术概率有负向作用，核心企业采纳新核心技术的收益越大，新配套技术扩散越慢。

由命题 4-6 和命题 4-7 可知，首先，核心企业采纳新配套技术的固定收益和核心企业采纳新核心技术的收益都对核心企业采纳新配套技术概率有主要影响。当核心企业和配套企业在创新生态系统中进行合作时，核心企业采纳新配套技术产生的收益增加会促进核心企业对新配套技术的采纳。然而，由于采纳一项配套技术的总收益是固定的，核心企业获得的收益越多，意味着配套企业获得收益越少。命题 4-6 显示，虽然后者对于核心企业采纳新配套技术的概率提高有限，但如果再提高核心企业的收益分配比例则会导致配套企业的合作积极性降低，影响整个创新生态系统的稳定。只有提高配套企业采纳新配套技术的收益分配比例，即提高配套企业在采纳新配套技术时的总收益，核心企业采纳新配套技术的概率才会提高，进而配套企业采纳新配套技术的概率也会提高，最终促进新配套技术的扩散，维持创新生态系统的稳定。其次，当核心企业采纳新核心技术的收益减少时，核心企业采纳新配套技术的概率会增加。此结果说明，在核心企业采纳新核心技术和新配套技术的总收益不变情况下，当核心企业加大对新配套技术的采纳时，配套企业采纳该技术的概率会增加，两类企业的创新合作程度会提高。同时，当核心企业采纳新核心技术的收益不断增大时，就会蚕食属于新配套技术的投入，核心企业采纳新配套技术的概率会减少直至不再变化并稳定在 0.5 左右。也就是说，核心企业对于新配套技术的采纳最终可能会因为采纳收益的减少而到达临界状态，此时核心企业对该项技术的采纳就取决于其他因素。配套企业也失去了与核心企业合作的动力，创新生态系统同样会出现动荡。

4.2.3　合作关系下主要市场中企业采纳决策的仿真分析

根据 4.1.4 的主要市场中 Markov 信任博弈的分析结果，Markov 信任博弈第一期时企业采纳新配套技术的可变收益 Δc_i、可变收益比例 ω_i、固定收益 c_i 三个因素主要影响配套企业采纳新配套技术概率 p_2，Markov 信任博弈第二期时固定收益 c_i 以及核心企业采纳新核心技术的收益 V 两个因素主要影响核心技术采纳新配套技术概率 p_1，因此本节将分别模拟主要市场中 Markov 信任博弈第一期和第二期时企业采纳新配套技术的可变收益 Δc_i、可变收益比例 ω_i、固定收益 c_i 以及核心企业采纳新核心技术的收益 V 对企业采纳新配套技术概率的影响，进而分析合作关系下主要市场中创新生态系统创新扩散的演化。企业在进入主要市场阶段，企业采纳新技术的收益相较于早期市场会有所下降，所以本节的数值仿真中 $\sum c_i$ 和 V 的取值都会相应地降低。

4.2.3.1 主要市场中 Markov 信任博弈第一期的仿真

结合 4.1.4.2 的博弈分析，在主要市场中，Markov 信任博弈第一期创新生态系统技术扩散时，根据 Δc_i、ω_i 和 c_i 的关系，将出现以下三种演化情况：

（1）$\omega_{iv} = \omega_v = \omega_{vi}$ 时，本书模拟可变收益 Δc_i 和可变收益分配比例 ω_i 对企业采纳新配套技术概率的影响，仿真结果如图 4-8 所示。首先，本书假设初始情况下企业采纳新配套技术的可变收益和可变分配比例都非常低，因此初始值设定为 $\Delta c_3 = 1$，$\omega_{iv} = 0.1$，$\omega_v = 0.1$，$\omega_{vi} = 0.1$，$\Delta c_4 = 1$，仿真结果如图 4-8 线 A 所示。其次，在初始设定的基础上，仅将可变收益分配比例 ω_i 增大至原来的 5 倍，参数设定为 $\Delta c_3 = 1$，$\omega_{iv} = 0.5$，$\omega_v = 0.5$，$\omega_{vi} = 0.5$，$\Delta c_4 = 1$，所得仿真结果如图 4-8 线 B 所示。最后，在初始设定的基础上，将可变收益比例 ω_i 和可变收益 Δc_i 都增大 5 倍，参数设定为 $\Delta c_3 = 5$，$\omega_{iv} = 0.5$，$\omega_v = 0.5$，$\omega_{vi} = 0.5$，$\Delta c_4 = 5$，所得仿真结果如图 4-8 中线 C 所示。

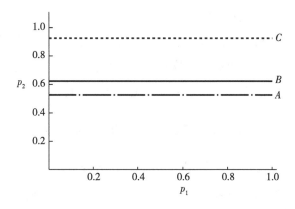

图 4-8 ω_i 相同时主要市场第一期配套企业跟随创新数值仿真图

（2）$\omega_{iv} \neq \omega_v \neq \omega_{vi}$ 时，本书模拟可变收益 Δc_i 和可变收益分配比例 ω_i 对企业采纳新配套技术概率的影响，仿真结果如图 4-9 所示。首先，本书假设初始情况下企业采纳新配套技术的可变收益和可变分配比例都非常低，因此初始值设定为 $\Delta c_3 = 1$，$\omega_{iv} = 0.1$，$\omega_v = 0.2$，$\omega_{vi} = 0.3$，$\Delta c_4 = 1$，仿真结果如图 4-9（a）所示。其次，在图 4-9（a）的基础上，仅提高可变收益分配比例 ω_i，参数设定为 $\Delta c_3 = 1$，$\omega_{iv} = 0.5$，$\omega_v = 0.6$，$\omega_{vi} = 0.7$，$\Delta c_4 = 1$，所得仿真结果如图 4-9（b）所示。最后，在图 4-9（b）的基础上，仅将可变收益 Δc_i 都增大 5 倍，参数设定为 $\Delta c_3 = 5$，$\omega_{iv} = 0.5$，$\omega_v = 0.5$，$\omega_{vi} = 0.5$，$\Delta c_4 = 5$，所得仿真结果见图 4-9（c）。

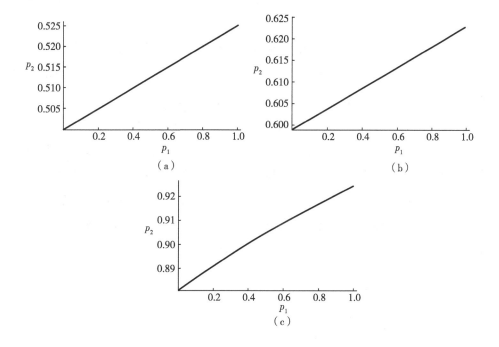

图 4-9　ω_i 不同时主要市场第一期配套企业跟随创新数值仿真图

由图 4-8 和图 4-9 可知，当企业采纳新配套技术的可变收益和分配比例都非常低时，配套企业采纳新配套技术概率 p_2 稳定在 0.5 左右。可变收益分配比例 ω_i 越高，配套企业采纳新配套技术概率 p_2 越高。可变收益 Δc_i 的增加，能够提高配套企业采纳新配套技术概率 p_2。同时，当核心企业和配套企业采纳新配套技术的可变收益比例相同时，核心企业采纳新配套技术概率 p_1 不会影响配套企业采纳新配套技术概率 p_2。当核心企业和配套企业采纳新配套技术的可变收益比例不同时，核心企业采纳新配套技术概率 p_1 会影响配套企业采纳新配套技术概率 p_2。由此，本书得出命题4-8。

命题4-8：在创新生态系统技术扩散的主要市场，企业采纳新配套技术的可变收益比例正向影响配套企业采纳新配套技术概率。当核心企业和配套企业采纳新配套技术的可变收益比例相同时，核心企业采纳新配套技术概率对配套企业采纳新配套技术概率无影响；当核心企业和配套企业采纳新配套技术的可变收益比例不同时，核心企业采纳新配套技术概率会影响配套企业采纳新配套技术概率。

（3）本书在图4-8的初始设定基础上，分析核心企业采纳新配套技术的固定收益 c_3 和配套企业采纳新配套技术的固定收益 c_4 对企业采纳新配套技术概率的影响（所有企业采纳新配套技术的总固定收益不变，即 $c_3+c_4=10$），仿真结果如图4-10所示。首先，本书假设初始情况下核心企业和配套企业采纳新配套技术的固定收益相同，因此初始值设定为 $c_1=5$，$c_2=5$。其次，改变参数的初始设定，增加核心企业采纳新配套技术的固定收益 c_1，降低核心企业采纳新配套技术的固定收益 c_2，将参数设定为 $c_1=10$，$c_2=0$。最后，再次改变参数的初始设定，降低核心企业采纳新配套技术的固定收益 c_1，增加核心企业采纳新配套技术的固定收益 c_2，参数设定为 $c_1=0$，$c_2=10$，三组参数的仿真结果一致。

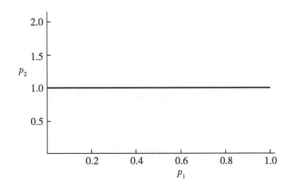

图4-10　固定收益数值仿真

由图 4-10 观察到，当企业采纳新配套技术的固定收益 $c_1 > 0$ 时，配套企业采纳新配套技术概率 p_2 无限接近于 1。由此，得到命题 4-9。

命题 4-9： 在创新生态系统技术扩散的主要市场，只要企业获得采纳新配套技术的固定收益大于 0，配套企业总会采纳配套技术，两者的分配比例对此无影响。

由命题 4-8 和命题 4-9 可知，在创新生态系统技术扩散的主要市场，企业采纳新配套技术的总收益（可变收益+固定收益）分配比例影响配套企业采纳新配套技术的时间和概率，当配套企业分配到的总收益更高时，配套企业愿意更早采纳新配套技术，新配套技术能更早、更快地在创新生态系统中扩散。这一影响机制同创新生态系统技术扩散早期市场中企业采纳新配套技术的总收益分配比例影响一致。但与早期市场不同的是，在创新生态系统技术扩散的主要市场中，如果核心企业和配套企业采纳新配套技术的可变收益比例相同，核心企业采纳新配套技术概率不会影响配套企业采纳新配套技术概率。同时，企业只要获得采纳新配套技术的非负固定收益，配套企业就会选择采纳新配套技术，核心企业采纳新配套技术的固定收益对此无影响。

4.2.3.2　主要市场中 Markov 信任博弈第二期的仿真

结合 4.2.4.3 的博弈分析，在主要市场中，Markov 信任博弈第二期创新生态系统技术扩散时，根据 c_i 和 V 的关系，将出现以下两种演化情况：

（1）本书模拟核心企业采纳新配套技术获得的固定收益 c_3 和配套企业采纳新配套技术获得的固定收益 c_4 对核心企业采纳新配套技术概率 p_1 的影响，仿真结果如图 4-11 所示。首先，本书假设初始情况下核心企业采纳新核心技术有一定的收益，同时核心企业和配套企业采纳新配套技术的固定收益为 0，因此初始值设定为 $V = 80$，$c_3 = 0$，$c_4 = 0$，所得仿真结果如图 4-11（a）所示。其次，在图 4-11（a）的基础上，只增加核心企业采纳新配套技术的固定收益 c_3，参数设定为 $V = 80$，$c_3 = 10$，$c_4 = 0$，所得仿真结果如图 4-11（b）所示。最后，在图 4-11（b）的基础上，只增加配套企业采纳新配套技术的固定收益 c_4，且与图 4-6（b）中 c_1 的增加幅度一致，参数设定为 $V = 80$，$c_3 = 10$，$c_4 = 10$，所得仿真结果如图 4-11（c）所示。

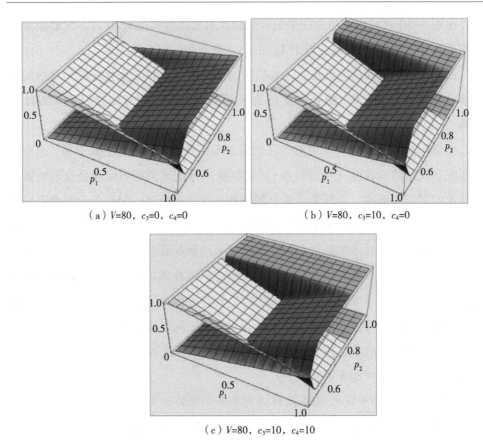

（a）$V=80$，$c_3=0$，$c_4=0$　　　　　　　（b）$V=80$，$c_3=10$，$c_4=0$

（c）$V=80$，$c_3=10$，$c_4=10$

图 4-11　c_3，c_4 变化时核心企业采纳新配套技术概率

　　图 4-11 的仿真结果与 4.3.2.2 的图 4-6 结果相似，核心企业采纳新配套技术的固定收益 c_3、配套企业采纳新配套技术的固定收益 c_4 都会提高核心企业采纳新配套技术概率。但是，核心企业采纳新配套技术的固定收益 c_3 对核心企业采纳新配套技术概率的影响要低于创新生态系统创新扩散早期市场阶段，配套企业采纳新配套技术的固定收益对核心企业采纳新配套技术概率的影响要高于创新生态系统技术扩散的早期市场阶段。因此，得出命题 4-10。

　　命题 4-10：创新生态系统技术扩散的主要市场，配套技术在持续扩散，但核心企业采纳新配套技术的固定收益对配套技术的采纳影响减弱，配套企业采纳新配套技术的固定收益对配套技术的采纳影响增强。

（2）本书在图4-11（c）的基础上模拟核心企业采纳新核心技术的收益V对核心企业采纳新配套技术概率p_1的影响。仿真结果如图4-12所示。首先，在图4-11（c）的基础上，仅降低核心企业采纳新核心技术的固定收益V，参数设定为$V=20$，$c_3=10$，$c_4=10$，所得仿真结果如图4-12（a）所示。其次，在图4-11（c）的基础上，仅增加核心企业采纳新核心技术的固定收益V，参数设定为$V=1000$，$c_3=10$，$c_4=10$，所得仿真结果如图4-12（b）所示。

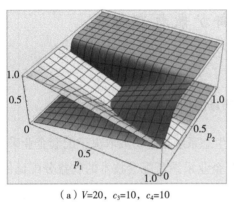 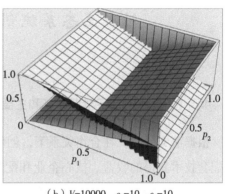

（a）$V=20$，$c_3=10$，$c_4=10$　　　　（b）$V=10000$，$c_3=10$，$c_4=10$

图4-12　V变化时核心企业采纳新配套技术概率

图4-12结果与4.3.2.2的图4-7类似，核心企业采纳新核心技术的收益会负向影响核心企业采纳新配套技术概率。但与创新生态系统技术扩散的早期市场阶段不同的是，核心企业采纳新核心技术的收益达到10000时，其采纳新配套技术的概率才会降至0.5的临界点，说明在创新生态系统技术扩散的主要市场阶段，当核心企业采纳新核心技术的收益较小时，其采纳新配套技术的概率波动更为平稳。由此，得到命题4-11。

命题4-11：创新生态系统技术扩散的主要市场，核心企业采纳新核心技术的收益对核心企业采纳配套技术概率的影响在减缓。

命题4-10和命题4-11表明，在创新生态系统技术扩散的主要市场，配套企业采纳新配套技术的固定收益对于配套技术的扩散起到促进作用，且该促进作用逐步增强。而核心企业采纳新配套技术的固定收益和其采纳新核心技术的收益对于配套技术的扩散促进作用在逐步减缓。两类企业合作采纳配套技术的收益分配比例已趋于稳定且达到最佳状态。此收益分配比例能够使得核心企业和配套企业共同促进配套技术的扩散，保证两者共同构成的创新生态系统稳定发展且能够经受住其他创新生态系统的竞争攻击。

4.3 合作关系下制造业企业技术创新生态系统创新扩散机理描述

4.3.1 合作关系下早期市场和主要市场的创新扩散过程描述

根据前文研究，在合作关系下，创新生态系统技术扩散取决于配套企业采纳新配套技术获得的收益、核心企业和配套企业采纳新配套技术的收益分配比例、核心企业采纳新核心技术的收益等因素。在早期市场中，核心企业构建创新生态系统并引领配套企业采纳新配套技术；在主要市场中，配套企业主动采纳新配套技术，核心企业采纳新的核心技术并重建新的创新生态系统。在两个市场中，核心企业引导配套企业采纳新配套技术对创新生态系统的技术扩散至关重要，配套企业能够主动采纳新配套技术就是创新生态系统技术扩散由早期市场转向主要市场扩散的关键节点。

首先，分析早期市场中制造业企业技术创新生态系统创新扩散的演化。第一，为了确保配套企业能够加入核心企业构建的创新生态系统，核心企业和配套企业进行合作时，配套企业需要有一个非负的附加收益，这样核心企业才能够以低成本构建创新生态系统且使配套企业加入其中，两者才能够共同形成创新生态系统。第二，当构建好创新生态系统后，配套企业采纳新配套技术收益的分配比例较高时，会促使配套企业采纳新配套技术的概率提高，且在较早时间采纳新配套技术。同时，核心企业在采纳新配套技术的总收益较高时，配套企业在较早时间采纳新配套技术和核心企业采纳新配套技术的总收益较高都有利于促进核心企业和配套企业的合作稳定发展，从而使创新生态系统快速成长，技术更早更快扩散。

其次，分析主要市场中制造业企业技术创新生态系统创新扩散的演化。第一，经过早期市场的快速扩散，配套企业采纳新配套技术的收益比例不断提高，核心企业和配套企业采纳新配套技术的收益分配比例已经不能影响配套企业的采纳决策。此时，只要配套企业采纳新配套技术的固定收益大于 0，就会主动采纳配套技术。配套技术在持续扩散，但核心企业采纳新配套技术的固定收益和其采纳新核心技术的收益对配套技术的采纳影响减弱，配套企业采纳新配套技术的固定收益对新配套技术的采纳影响增强。当核心企业能抽出更多成本采纳新的核心技术时，创新生态系统才能维持较高的创新效率，并共同抵抗其他创新生态系统的竞争冲击。第二，当创新生态系统的技术扩散跨过产品生命周期的成熟期后，若配套企业在核心企业有新核心技术的前提下能够获得收益，且其数额小于无核心技术背景下核心企业的核心技术采纳支出，配套企业就会选择继续跟随核心企业维持创新生态系统，让技术继续扩散。

早期市场、主要市场中核心企业和配套企业不同的合作策略及收益分配机制，进一步说明面对目前市场竞争激烈的大环境，核心企业与其合作的配套企业的收益分配比例只有达到最佳状态时，核心企业所在的生态系统才能够保持其领导地位。同时，核心企业必须有独特的技术创新能力，才能够确保配套企业继续选择与其合作，促进技术扩散。从另一个角度看，说明由于配套企业技术扩散能力的不断提高，其在创新生态系统中的地位不断提高，随着时间的演变和阶段的变化，配套企业在与核心企业的合作中有可能会趋近于主导地位，从而影响到创新生态系统的稳定。

4.3.2　合作关系下制造业企业技术创新生态系统创新扩散周期划分

本书将结合 4.1 节和 4.2 节的研究结果以及 4.3.1 的创新扩散分析发现合作关系下的制造业企业创新生态系统的创新扩散曲线有三种：

（1）Ⅰ型曲线主要是核心企业未能成功构建创新生态系统，核心技术存在，系统失败（System failure）。

（2）Ⅱ型曲线主要指单一核心产品的制造业企业技术创新生态系统创新扩散曲线，在制造业企业创新生态系统后期核心企业决定维持创新生态系统，不更新核心技术，该曲线和核心产品生命周期一致，制造业企业创新生态系统会和核心技术一起退出市场。

（3）Ⅲ型曲线是完全的制造业企业创新生态系统技术扩散曲线，当核心技术逐步被市场淘汰走向衰退时，可以由相关的新核心技术替代它，因为核心企业的发展为创新生态系统打下了良好的基础，由此产生新的创新生态系统。新的创新生态系统可以为核心企业注入新生力量。这也是创新生态系统扩散过程中最健康的状态，能够实现创新生态系统完整的生命周期历程。

三种类型的创新生态系统扩散曲线如图 4-13 所示。

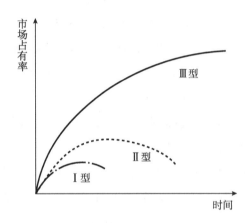

图 4-13　三种类型的创新生态系统创新扩散曲线

由于Ⅰ型创新扩散曲线不具有典型性，因此本节只分析Ⅱ型和Ⅲ型创新扩散曲线。现实情况中，无论是低端制造业还是高端制造业，企业都会不断进行技术换代，多条Ⅱ型创新扩散曲线的切点构成了Ⅲ型创新扩散曲线，也就是最常见的制造业企业创新生态系统技术扩散曲线。结合前文分析，本书认为，早期市场中关于核心企业构建创新生态系统的阶段属于制造业企业技术创新生态系统创新扩散的开拓阶段；早期市场中核心企业引领配套企业跟随采纳配套技术的阶段属于制造业企业技术创新生态系统创新扩散的扩展阶段；主要市场中配套企业主动采纳配套技术的阶段属于制造业企业技术创新生态系统创新扩散的领导阶段；主要市场中核心企业决策重建创新生态系统阶段属于制造业企业技术创新生态系统创新扩散的更替阶段。具体如图 4-14 所示。这一研究结果与前文中竞争关系下制造业企业技术创新生态系统创新扩散周期的划分一致。

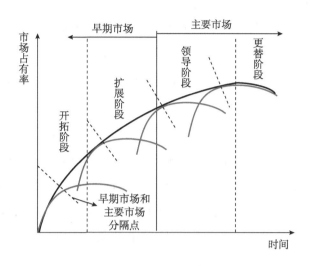

图 4-14 创新生态系统创新扩散周期

4.3.3 制造业企业技术创新生态系统创新扩散各阶段的关键要素

本节进一步分析合作关系下制造业企业创新生态系统技术扩散的不同阶段的关键要素。

制造业企业技术创新生态系统创新扩散开拓阶段的关键要素是核心企业构建创新生态系统的成本。具体分析如下：核心企业需要更多的资源和时间来采纳广泛的配套技术，因此核心企业会寻求与配套企业合作，以建立制造业企业创新生态系统。为了确保不被配套企业拒绝合作请求，核心企业会以一个较低的成本构建制造业企业创新生态系统，并确保配套企业加入该系统后能获得一个非负的收益，从而为创新生态系统技术创新扩散奠定坚实基础。

制造业企业技术创新生态系统创新扩散扩展阶段的关键要素是核心企业和配套企业采纳新配套技术的总收益分配比例。具体分析如下：为了促进制造业企业创新生态系统的创新扩散，核心企业和配套企业在此阶段合作采纳新配套技术，它们的收益分配的结果有四种。①核心企业采纳新配套技术获得的固定收益越高，核心企业采纳配套技术的概率越大，配套企业采纳新配套技术的概率越小。②配套企业采纳新配套技术时能获得的可变收益分配比例和固定收益比例越高，配套企业采纳新配套技术概率越高，越早采纳配套技术。③核心企业和配套企业分配到固定收益比例相等时，配套企业采纳新配套技术概率最高。④核心企业采纳新核心技术的收益负向影响核心企业采纳新配套技术概率。因此，提高配套企业的总收益分配比例能有效加快配套企业采纳配套技术，促进制造业企业技术创新生态系统创新扩散。

制造业企业技术创新生态系统创新扩散领导阶段的关键要素为核心企业和配套企业采纳新配套技术的可变收益分配比例。具体分析如下：该阶段核心企业和配套企业合作采纳新配套技术的收益分配结果有以下三种：①当核心企业和配套企业采纳新配套技术的可变收益比例相同时，核心企业采纳新配套技术概率对配套企业采纳新配套技术概率无影响；当核心企业和配套企业采纳新配套技术的可变收益比例不同时，核心企业采纳新配套技术概率会影响配套企业采纳新配套技术概率。②固定收益分配比例对配套企业采纳配套技术的概率无影响。③核心企业采纳新配套技术的固定收益和核心企业采纳新核心技术的收益对配套企业对配套技术的采纳影响都在减弱。因此，制造业企业技术创新生态系统创新扩散进入领导阶段后，核心企业和配套企业采纳新配套技术的可变收益分配比例成为影响制造业企业技术创新生态系统创新扩散的最关键要素。

制造业企业技术创新生态系统创新扩散更替阶段的关键要素是新一代核心技术的采纳成本。具体分析如下：新一代核心技术采纳成本更高时，当前核心技术能够为核心企业带来更多利润，核心企业会推迟采纳新一代核心技术的时间。核心企业推迟采纳新一代核心技术的策略会促使配套企业退出创新生态系统，创新生态系统崩溃。此时制造业企业创新生态系统的创新扩散曲线是Ⅱ型创新扩散曲线，创新生态系统的创新扩散在当前和新技术退出市场时停止。新一代核心技术采纳成本更低时，核心企业愿意在更早时间采纳新一代核心技术。核心企业采纳新一代核心技术后，配套企业更愿意追随核心企业，两者的合作关系稳定。此时制造业企业创新生态系统的创新扩散曲线是Ⅲ型创新扩散曲线，制造业企业创新生态系统会继续创新扩散。

4.3.4　制造业企业技术创新生态系统创新扩散机理总结

由核心企业主导并建立的创新生态系统，在技术采纳决策、资源配置等方面与配套企业形成权力导向型合作关系，能够实现多方共赢并促进创新生态系统进化。在一个动态演进的制造业企业创新生态系统中，企业的地位与合作关系会随着创新扩散的推进而不断变化，从而影响合作关系下制造业企业创新生态系统技术扩散程度。因此，本节将从企业地位、合作策略和收益分配比方面分析配套技术在制造业企业技术创新生态系统创新扩散的不同阶段如何扩散。具体扩散如图4-15 所示。

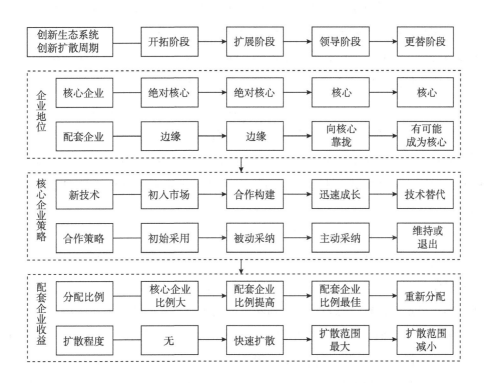

图 4-15　创新生态系统创新扩散示意图

（1）企业在创新生态系统中相对地位会改变。核心企业的合作态度以及战略决策在制造业企业创新生态系统中占主导地位，但其地位会随着配套技术在不同阶段的扩散而发生变化。在制造业企业创新生态系统创新扩散的开拓阶段和扩展阶段，核心企业具有绝对的优势地位。此时配套技术刚刚开始被采纳，虽然扩散速度很快，但扩散范围有限，配套企业在创新生态系统中的话语权很低，在创新生态系统中居于从属地位。在制造业企业创新生态系统创新扩散的领导阶段和更替阶段，配套技术的扩散范围变大，配套企业逐渐向创新生态系统的核心位置靠拢，核心企业对创新生态系统的控制力下降，此时核心企业有可能会被配套企业的发展壮大所取代，即核心企业为追求与竞争对手的差异化将增加与配套企业的技术采纳投入，但这一行为不能带来更多的创新收益，反而会影响配套企业的合作态度，最终导致创新生态系统崩溃。

（2）核心企业的合作策略会改变。为应对创新生态系统所带来的各种协作风险，核心企业需不断地调整其合作采纳策略。在制造业创新生态系统创新扩散的各个阶段，核心企业的合作采纳策略不同。在制造业创新生态系统创新扩散的开拓阶段和扩展阶段，核心企业引导配套企业被动采纳新技术，此时两者间的合作关系是中心—轮辐式的合作关系，这种合作关系会随着核心企业制度协调方式的变化而作用于其合作采纳战略。在制造业创新生态系统创新扩散的领导阶段和更替阶段，配套企业主动采纳新技术。此时核心企业和配套企业间的合作关系由中心—轮辐式向共生式过渡，配套企业对于创新生态系统创新扩散的影响越来越大。

（3）配套企业的收益分配比例在创新扩散不同阶段也有所不同。长期稳定的组织成员结构有利于配套企业进行配套技术的采纳，也有利于核心企业在理论上洞察业务的未来发展趋势。合理的收益分配比例能够帮助配套企业和核心企业居于结构稳定的创新生态系统中。随着制造业企业技术创新生态系统创新扩散的不断推进，配套企业采纳配套技术的收益分配比例不断提高，并在创新扩散的领导阶段达到最佳状态。此时核心企业既可主导合作创新，同时作为资源需求方，也需要与配套企业的配合，由此形成一种较为稳定的共生合作关系，进而共同促进制造业企业创新生态系统的技术扩散。基于收益分配比例的制造业企业技术创新生态系统创新扩散探究，丰富了创新生态系统中配套企业的作用分析。

4.4 合作关系下制造业企业技术创新生态系统创新扩散管理启示及建议

本章的研究发现可以为合作关系下的制造业企业技术创新生态系统创新扩散提供理论指导，具体的管理学启示及建议为：

（1）建立健全合作治理机制体系。命题 4-1 和命题 4-2 表明为了发挥技术创新生态系统的独特功能，必须建立健全合作治理机制体系。首先，建立信任、声誉、联合制裁、合作文化等提供合作环境和氛围，调节合作者行为的行为规范机制。具体表现为：①塑造良好的企业合作文化。核心企业和配套企业都应塑造良好的公司文化，强调企业合作的重要性，强化员工的价值共创观念，最终营造良好的合作环境和氛围。②核心企业应与配套企业的合作制定相应的行为规范机制，如在合作前应协商好两者合作采纳配套技术的收益分配比例等相应的合作协议，并且核心企业和配套企业都应该在合作过程中遵守合作条例。其次，要围绕以采纳新技术为主要形式的合作建立协商机制、利益分配机制、知识共享与学习机制以及信息披露与沟通机制等，这些机制构成互动合作过程的运行准则，保证彼此间有效合作与创新生态系统的高质量运行。

（2）提高制造业企业技术创新生态系统创新扩散效率。命题 4-4、命题 4-11 等说明合理的合作方案和适合的策略能帮助制造业企业提高创新扩散效率。首先，核心企业和配套企业应该制订科学、合理、公平的合作方案。具体表现为：①核心企业应该充分向配套企业说明其核心技术的发展前景，展示与配套企业合作采纳配套技术的强烈意愿，确保二者有良好的合作基础。②针对不同的配套企业，核心企业应制订不同的合作方案，如与供应商的合作方案应强调供应商提供配件的质量水平以及配货时间等合作要素等。其次，企业开展合作扩散，应该掌握一些重要策略。具体表现为：①通过深入分析市场环境、技术环境和制度环境，制定明确的战略目标、建立有效的内部制度，做到合作行为和内部结构相互支持，避免盲目性。②将创新生态系统建设与学习机制结合起来，有效实现外部知识内部化，及时识别并跨越盲目追赶、联网扩张和网络锁定等网络陷阱。

（3）建议二次分配采纳新技术的收益。命题4-5等表明，合理的收益分配比例能够促进新技术的扩散。对于制造业企业创新生态系统中的核心企业和配套企业而言，在能够保证双方共同利润增加的前提下，应根据在合作创新产生经济效益过程中合作双方的重要程度和贡献大小，对采纳配套技术的收益进行二次分配。首先，在合作初期，为了保证创新生态系统的顺利进行和新技术采纳的持续性，同时保障双方利润分配的公平性，应该对采纳配套技术的可变收益按照采纳成本的投入比例进行分配，这样的分配方式能够让双方把蛋糕做大的同时使自己所获得的蛋糕也变多。其次，随着核心企业和配套企业合作的推进，核心企业应适度减少一些成熟的配套技术收益分配比例，从而增强配套企业对与核心企业合作采纳配套技术的信任度，以保证创新生态系统的稳定运行，从而最终促进新技术的创新扩散。

4.5 本章小结

本章分析了合作关系下制造业企业技术创新生态系统的创新扩散。首先，对早期市场和主要市场中核心企业及配套企业的合作进行了博弈分析。其次，对合作关系下技术创新生态系统创新扩散进行了仿真分析，研究发现：早期市场中，可变收益分配比例的增加会提高配套企业的采纳概率，配套企业分配到的固定收益比例正向影响配套企业采纳概率，核心企业采纳核心技术的收益负向影响企业采纳概率；在主要市场，固定收益分配比例不影响企业采纳概率，配套企业对配套技术的采纳影响增强，核心企业采纳核心技术的收益对核心企业采纳配套技术概率的影响在减缓。最后，总结了合作关系下制造业企业技术创新扩散机理和管理学启示。

第5章　竞争与合作关系下制造业企业技术创新生态系统创新扩散综合模型及其仿真

本书第 3 章和第 4 章的研究发现，合作和竞争是制造业企业创新生态系统创新扩散的核心策略。与此同时，单代技术和多代技术也在制造业企业创新生态系统中同时扩散。有鉴于此，首先，本章采用智能体仿真的方法，分析合作和竞争对制造业企业创新生态系统中单代技术创新扩散的影响；其次，采用数理经济分析的方法，研究合作和竞争对制造业企业创新生态系统中多代技术创新扩散的影响；最后，结合分析内容，研究制造业企业技术创新生态系统创新扩散的机理。

5.1　关系描述和方法介绍

核心企业根据资源和配套企业对新技术价值的感知来选择合作伙伴，通过运用市场力量强调竞争，并通过平衡新技术在企业技术创新生态系统的共生环境中的合作和竞争促进创新扩散。在现实情况中，竞争与合作关系共同存在于制造业企业技术创新生态系统，主要有三种情况：竞争与合作关系共存，但以竞争关系为主要关系；竞争与合作关系共存，但以合作关系为主要关系；竞争与合作关系共存，两者处于平衡状态。基于上述三种情况，本书在第 3 章针对竞争关系下的制造业企业技术创新生态系统创新扩散机理进行了研究，在第 4 章针对合作关系下的制造业企业技术创新生态系统创新扩散机理进行了研究。本章将根据第三种情况，即竞争关系和合作关系处于平衡状态时，分析多代技术在制造业企业技术创新生态系统的创新扩散机理。

5.2 多代技术制造业企业技术创新生态系统创新扩散综合模型

5.2.1 多代技术的创新生态系统创新扩散的模型假设

假设 1：市场中出现一种新技术，该技术为一代技术。一代技术在时刻 $t=0$ 对所有客户均可用，且在时间点 τ 二代技术会进入市场。所有企业均知道二代技术的更新时间 τ。

假设 2：企业采纳一代技术的采纳成本为 L，包括学习新技术、组织架构改进、生产流程调整等众多成本。采纳一代技术企业可以获得的收益为 v。不同企业采纳新技术的收益各不相同，为方便计算，假设所有企业的收益 v 服从区间为 $[0, 1]$ 的均匀分布。采纳二代技术企业的利润为 ρv，ρ 为二代技术利润变动系数。随着市场的成熟，二代技术可以为企业提供更多的利润，因此 $\rho>1$。

假设 3：企业在采纳一代技术时可以学习新技术的相关知识，并可以降低采纳二代技术的成本。如果企业采纳了一代技术，采纳二代技术的成本降为 αL，其中 α 表示企业学习能力，$0 \leqslant \alpha<1$。企业学习能力越强，α 越小。相反，如果企业没有采纳一代技术，而是直接采纳二代技术，其采纳成本仍然为 L。与此同时，企业还可以参与到二代技术的合作研发中，研发成本为 c。如果企业只参与二代技术研发而不采纳一代技术，或者企业只采纳一代技术而不参与二代技术的合作研发，则在采纳二代技术时，企业的技术采纳成本为 αL，$0<\alpha<1$。如果企业既采纳一代技术，又参与二代技术的合作研发，则在采纳二代技术时，企业的技术采纳成本 $\alpha=0$，即二代技术的学习成本为 0。

假设 4：为鼓励企业采纳新技术，政府为采纳新技术的企业提供一次性补贴 s。采纳一代技术的企业和采纳二代技术的企业均可以得到政府补贴。市场中的贴现率为 r。

假设 5：在时刻 t，根据是否采纳一代技术和是否合作研发二代技术，企业可以选择领先合作策略、早期跟随策略、晚期合作策略和滞后策略四种策略。

本章参数定义如表 5-1 所示。

表 5-1 本章参数及含义

参数	含义
v	企业采纳一代技术的收益
s	采纳一代技术或二代技术后企业可以获得的政府补贴
L	企业采纳一代技术的采纳成本
α	只采纳二代技术或参与研发后学习成本降低系数
c	企业参与二代技术研发的合作成本
ρ	二代技术利润变动系数
t	时刻
τ	二代技术面世时间点
r	贴现率

5.2.2 多代技术的创新生态系统创新扩散的模型构建

罗杰斯将创新扩散的受众分为五类：创新者、早期采纳者、早期大众、晚期大众、落后者。然而，罗杰斯的分类仅针对一代新技术和个体消费者，现实中企业更愿意开发多代技术，以保持该技术的持续吸引力，且核心企业作为采纳技术的个体，其表现也和罗杰斯的分类并不相同。因此，本节将企业采纳多代技术的策略分为五种：领先合作策略、早期跟随策略、晚期合作策略、滞后策略和观望策略。

5.2.2.1 领先合作策略

领先合作策略是指企业立即采纳一代新技术并与配套企业合作研发二代新技

术的策略。根据是否采纳二代新技术，领先合作策略又包括两种策略：

更新二代新技术策略，即立即采纳一代新技术，并与配套企业合作研发二代新技术，待二代新技术面世时更新二代新技术的策略。选择该策略的核心企业收益为：

$$u_{11}=v+s-L-c+e^{-r(\tau-t)}(\rho v+s) \tag{5-1}$$

维持一代新技术策略，即立即采纳一代新技术，并与配套企业合作研发二代新技术，但在二代新技术面世时，仍然采纳一代新技术的策略。选择该策略的企业收益为：

$$u_{12}=v+s-L-c+e^{-r(\tau-t)}(v+s) \tag{5-2}$$

因为 $\rho>1$，可知 $u_{11}>u_{12}$，因此企业选择领先合作策略的收益为：

$$u_1=v+s-L-c+e^{-r(\tau-t)}(\rho v+s) \tag{5-3}$$

5.2.2.2 早期跟随策略

早期跟随策略是企业立即采纳一代新技术，但不参与二代新技术研发的策略。根据是否更新二代新技术，早期跟随策略又包括两种策略：

更新二代新技术策略，即立即采纳一代新技术，不参与二代新技术的研发，二代新技术面世时，更新二代新技术的策略。选择该策略的企业收益为：

$$u_{21}=v+s-L+e^{-r(\tau-t)}(\rho v+s-\alpha L) \tag{5-4}$$

维持一代新技术策略，即立即采纳一代新技术，不参与二代新技术的研发，二代新技术面世时，继续采纳一代新技术的策略。选择该策略的企业收益为：

$$u_{22}=v+s-L+e^{-r(\tau-t)}(v+s-\alpha L) \tag{5-5}$$

因为 $\rho>1$，可知 $u_{21}>u_{22}$。因此选择早期跟随但不参与二代新技术研发的企业，当二代技术面世时，其必然会更新二代新技术。因此，企业选择早期跟随策略的收益为：

$$u_2=v+s-L+e^{-r(\tau-t)}(\rho v+s-\alpha L) \tag{5-6}$$

5.2.2.3 晚期合作策略

晚期合作策略是企业不采纳一代新技术，但参与二代技术研发的策略。根据是否更新二代技术，晚期合作策略又包括两种策略：

更新二代技术策略，即不采纳一代新技术，但参与二代新技术的研发，二代新技术面世时，采纳二代新技术的策略。选择该策略的企业收益为：

$$u_{31}=e^{-r(\tau-t)}(\rho v+s-\alpha L)-c \tag{5-7}$$

采纳一代新技术策略，即立即采纳新技术，不参与二代新技术的研发，二代新技术面世时，继续采纳上一代技术的策略。选择该策略的企业收益为：

$$u_{32}=e^{-r(\tau-t)}(v+s-\alpha L)-c \tag{5-8}$$

因为 $\rho>1$，可知 $u_{31}>u_{32}$。因此选择晚期合作策略的企业，当二代新技术面世时，必然会使用二代新技术，而不会选择一代技术。因此，企业选择晚期合作策略的收益为：

$$u_{3}=e^{-r(\tau-t)}(\rho v+s-\alpha L)-c \tag{5-9}$$

5.2.2.4 滞后策略

滞后策略是企业不采纳一代新技术，也不参与二代新技术研发的策略。根据是否更新二代技术，早期跟随策略包括两种策略：

更新二代新技术策略，即不采纳一代新技术，也不参与二代新技术的研发，二代新技术面世时，更新二代新技术的策略。选择该策略的企业收益为：

$$u_{41}=e^{-r(\tau-t)}(\rho v+s-L) \tag{5-10}$$

采纳一代新技术策略，即不采纳一代新技术，也不参与二代新技术的研发，二代新技术面世时，采纳上一代技术的策略。选择该策略的企业收益为：

$$u_{42}=e^{-r(\tau-t)}(v+s-L) \tag{5-11}$$

因为 $\rho>1$，可知 $u_{41}>u_{42}$。当企业选择滞后策略时，当二代新技术面世时，其会采纳二代新技术。因此，企业选择滞后策略的收益为：

$$u_{4}=e^{-r(\tau-t)}(\rho v+s-L) \tag{5-12}$$

5.2.2.5 观望策略

观望策略是企业不采纳一代新技术，不参与二代新技术研发，也不采纳二代新技术的策略。企业选择观望策略的收益为：

$$u_{5}=0 \tag{5-13}$$

5.2.3 多代技术的创新生态系统创新扩散模型分析

5.2.3.1 只考虑合作关系的创新生态系统创新扩散模型

本节分析只考虑合作情况的核心企业的新技术采纳策略选择和市场中的策略分化。

通过比较企业领先合作策略收益、早期跟随策略收益、晚期合作策略收益、滞后策略收益以及观望策略收益，可得市场中企业的策略选择如命题5-1所示。

命题5-1：市场中企业策略选择：

a. 当企业单独采纳技术或者研发获得的学习效应较低时（$\alpha > 1/2$）：

（1）当 $t < t_1$ 时，如果 $v < v_1$，企业选择滞后策略（u_4）；如果 $v \geqslant v_1$ 时，企业选择早期跟随策略（u_2）；

（2）当 $t_1 \leqslant t < t_2$ 时，如果 $v < v_2$，企业选择滞后策略（u_4）；当 $v \geqslant v_2$ 时，企业选择合作研发策略（u_1）；

（3）当 $t_2 < t$ 时，如果 $v < v_3$，企业选择晚期合作策略（u_3）；当 $v \geqslant v_3$ 时，企业选择合作研发策略（u_1）。

b. 当企业单独采纳技术或者研发获得的学习效应较高时（$a \leqslant 1/2$）：

（1）当 $t < t_2$ 时，如果 $v < v_1$，企业选择滞后策略（u_4）；如果 $v \geqslant v_1$ 时，企业选择早期跟随策略（u_2）；

（2）当 $t_2 \leqslant t < t_1$ 时，如果 $v < v_4$，企业选择晚期合作策略（u_3）；如果 $v \geqslant v_4$ 时，企业选择早期跟随策略（u_2）；

（3）当 $t_1 < t$ 时，如果 $v < v_3$，企业选择晚期合作策略（u_3）；当 $v \geqslant v_3$ 时，企业选择合作研发策略（u_1）。

其中，v_1 为早期跟随策略和滞后策略无差异曲线 $v_1 = L(1 - e^{r(t-\tau)}) - s + e^{r(t-\tau)} L\alpha$，$v_2$ 为合作研发策略和滞后策略的无差异曲线 $v_2 = c + L - e^{r(t-\tau)} L - s$，$v_3$ 为合作研发策略和晚期合作策略的无差异曲线 $v_3 = L - s - e^{r(t-\tau)} L\alpha$，$t_1 = \tau + \log\left[\dfrac{c}{L\alpha}\right]/r$，$t_2 = \tau + \log\left[\dfrac{c}{L(1-\alpha)}\right]/r$。

证明：当 $\alpha > 1/2$ 时，分析 u_1，u_2，u_3 和 u_4，可知：

情境 a. 当 $v_4 \leqslant v$ 时：

情境 a1. 当 $t < t_1$ 时：如果 $v_4 \leqslant v < v_1$，$u_4 > \max\{u_1, u_2\}$；如果 $v_1 \leqslant v$，$u_2 > \max\{u_1, u_4\}$；

情境 a2. 当 $t_1 \leqslant t < \tau + \log\left[\dfrac{2c}{L}\right]/r$ 时：如果 $v_4 \leqslant v < v_2$，$u_4 > \max\{u_1, u_2\}$；如果

$v_2 \leqslant v$，$u_1 > \max\{u_2, u_4\}$；

情境 a3. 当 $\tau + \log\left[\dfrac{2c}{L}\right]/r \leqslant t$ 时：$u_1 > \max\{u_2, u_4\}$。

情境 b. 当 $v_4 > v$ 时：

情境 b1. 当 $t < t_1$ 时，$u_4 > \max\{u_1, u_3\}$；

情境 b2. 当 $t_1 \leqslant t < \tau + \log\left[\dfrac{2c}{L}\right]/r$ 时，$u_4 > \max\{u_1, u_3\}$；

情境 b3. 当 $\tau + \log\left[\dfrac{2c}{L}\right]/r \leqslant t < t_2$ 时：如果 $v < v_2$，$u_4 > \max\{u_1, u_3\}$；如果 $v_2 \leqslant v < v_4$，$u_1 > \max\{u_3, u_4\}$；

情境 b4. 当 $t_2 \leqslant t$ 时：如果 $v < v_3$，$u_3 > \max\{u_1, u_4\}$；如果 $v_3 \leqslant v < v_4$，$u_1 > \max\{u_3, u_4\}$。

汇总情境 a 和情境 b，可知当 $\alpha > 1/2$ 时，企业新技术采纳的策略为：

（1）当 $t < t_1$ 时：如果 $v < v_1$，企业选择滞后策略（$u_4 > \max\{u_1, u_3\}$）；如果 $v_1 \leqslant v$，企业选择早期跟随策略（$u_2 > \max\{u_1, u_4\}$）；

（2）当 $t_1 \leqslant t < t_2$ 时：如果 $v < v_2$，企业选择滞后策略（$u_4 > \max\{u_1, u_3\}$）；如果 $v_2 \leqslant v$，企业选择合作研发策略（$u_1 > \max\{u_3, u_4\}$）；

（3）当 $t_2 \leqslant t$ 时：如果 $v < v_3$，企业选择晚期合作策略（$u_3 > \max\{u_1, u_4\}$）；如果 $v_3 \leqslant v$，企业选择合作研发策略（$u_1 > \max\{u_3, u_4\}$）。

同理可证 $\alpha \leqslant 1/2$ 时的企业创新采纳决策，证毕。

由命题 5-1 可知，当企业的学习效应不同时，在距离二代技术发布的不同时间段，企业采纳新技术的策略选择不同，其市场中企业策略选择情况如图 5-1 所示。图中横轴代表收益，纵轴代表时间。其中，t_1 和 t_2 的大小受到 α 的影响。当 $\alpha > 1/2$ 时，$t_1 < t_2$；当 $\alpha \leqslant 1/2$ 时，$t_1 \geqslant t_2$。

当学习效应较低时（$\alpha > 1/2$），在一代技术发布不久，即 $t < t_1$ 时，此时对于企业来说，早期跟随策略会优于滞后策略和观望策略，这表明，在一代技术发布不久，企业会对新技术进行评价，并不参与二代技术的研发。同时，当企业采纳一代技术的收益较高时（$v > v_1$），企业会采纳一代技术；企业采纳一代技术的收益适中时（$(L-s)/\rho < v \leqslant v_1$），企业拒绝一代技术，直接采纳二代技术；当企业采纳一

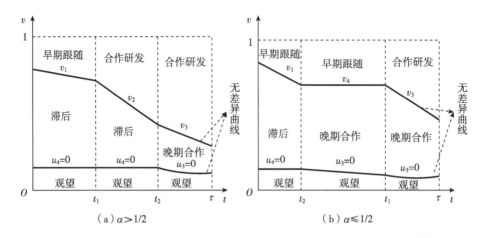

图 5-1　不同时期市场企业策略分化

代技术的收益较低时（$v \leq (L-s)/\rho$），企业既拒绝一代技术，也拒绝二代技术。

在一代技术发布到二代技术发布的中间阶段（$t_1 \leq t < t_2$），此时对于企业来说，合作研发策略和早期跟随策略会优于滞后策略、晚期合作策略和观望策略。当企业采纳一代技术的收益较高时（$v > v_2$），企业会采纳一代技术，并参与到二代技术的研发中；企业采纳一代技术的收益适中时（$(L-s)/\rho < v \leq v_1$），企业拒绝一代技术，直接采纳二代技术；当企业采纳一代技术的收益较低时（$v \leq (L-s)/\rho$），企业既拒绝一代技术，也拒绝二代技术。

在接近二代技术发布的时间点（$t_2 \leq t$），对于企业来说，合作研发策略和晚期合作策略会优于滞后策略、早期跟随策略和观望策略。这说明，随着靠近二代技术发布的时间点，企业逐渐意识到二代技术的重要性，并参与到二代技术的研发中。在此情况下，当企业采纳一代技术的收益较高时（$v > v_3$），企业会采纳一代技术，并参与到二代技术的研发中；企业采纳一代技术的收益适中时（$(L-s)/\rho < v \leq v_3$），企业拒绝一代技术，但参与到二代技术的研发中；当企业采纳一代技术的收益较低时（$v \leq (L-s)/\rho$），企业拒绝采纳一代技术，也拒绝采纳二代技术，也不参与二代技术的研发。

以无差异曲线为界限，核心企业采纳新技术的收益不同时，其策略选择不同，由此得到命题 5-2。

命题 5-2：在 τ 时间段内，当企业采纳一代技术的收益较高时，企业在早期跟随策略和合作研发策略两个策略之间选择；当企业采纳一代技术的收益较低时，企业在滞后策略和晚期合作策略两个策略之间选择。

当学习效应较高时（$\alpha \leqslant 1/2$），在一代技术发布的时间点和邻近二代技术发布的时间点，企业的策略选择与学习效应较低时的企业策略选择相同。而在一代技术发布到二代技术发布的中间阶段（$t_2 \leqslant t < t_1$），此时对于企业来说，早期跟随策略，晚期合作策略和观望策略会优于合作研发策略和滞后策略。当企业采纳一代技术的收益较高时（$v > v_4$），企业会采纳一代技术，但不参与二代技术的研发，同时采纳二代技术；企业采纳一代技术的收益适中时（$(L-s)/\rho < v \leqslant v_4$），企业拒绝一代技术，但会参与到二代技术的研发中，并采纳二代技术；当企业采纳一代技术的收益较低时（$v \leqslant (L-s)/\rho$），企业既拒绝一代技术，也拒绝二代技术，同时不参与二代技术的研发。由此得到命题 5-3。

命题 5-3：当企业的学习能力较强，即企业只采纳新技术或者只参与研发均能大幅度降低新技术采纳成本时（$\alpha < 1/2$），在时间中段，相较于合作研发策略，企业更倾向于选择早期跟随策略；相较于滞后策略，企业更倾向于选择晚期合作策略。

对比图 51（a）和图 5-1（b）可知，核心企业的学习效应不同时，在时间中段，核心企业所采取的策略不同。

命题 5-4：在时间中段，当企业的学习能力较低时（$\alpha > 1/2$），选择合作研发的企业数量会随着时间的推移而增加；当企业的学习能力较强时（$\alpha < 1/2$），选择早期跟随策略的企业数量与时间无关。

进一步分析二代产品发布时间不同时核心企业的策略选择，发现当二代产品发布时间与一代技术发布时间相距较长时（$\tau > t_1$ 或 $\tau > t_2$），在靠近二代产品发布的时间段内，所有企业均会采纳一代技术，并参与到二代技术的研发中，由此得到命题 5-5。

命题 5-5：当需要较长时间才能发布二代产品时，无论企业学习能力高低，在靠近二代产品发布时 $\left(t > \tau + \log\left[\dfrac{L-s-v}{L\alpha}\right]/r\right)$，只存在采纳一代产品且合作的企业，不存在不采纳一代技术的企业。

该情况市场中企业策略分化情况如图 5-2 所示。

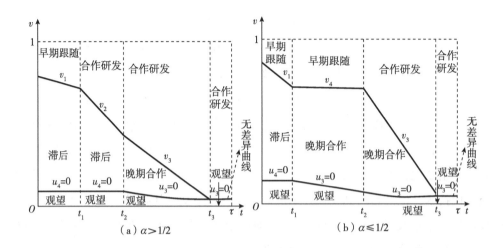

图 5-2　二代产品发布时间较长时企业策略分化

图 5-2 表明，当一代技术发布时间与二代技术发布时间相距较长时，在靠近二代技术发布的时间段内，所有的企业均会采纳一代技术，并参与到二代技术的研发中。这是因为，随着二代技术发布时间的推迟，一代技术的重要性被逐渐凸显，最终所有企业均会采纳一代技术，获取一代技术收益。

进一步分析图 5-2 可知，如果二代产品发布时间与一代技术发布时间相距较短（$\tau < t_1$ 或 $\tau < t_2$），核心企业的策略选择也不受企业学习能力影响，由此得到命题 5-6。

命题 5-6：如果二代产品发布时间与一代技术发布时间相距较短，则市场中只有选择早期跟随策略、选择滞后策略和选择观望策略三类企业。其中，收益高的企业选择早期跟随，收益低的企业选择观望，收益适中的企业选择滞后。

进一步分析二代产品发布时间的延长或者缩短对选择不同策略的企业数量有影响，由此得到命题 5-7。

命题 5-7：随着二代产品发布时间的延长，如果距离一代技术发布的时间较近，选择滞后策略的企业数量增加；如果距离二代技术发布的时间较近，选择晚期合作策略的企业数量增加。

证明：将 v_1、v_2 和 v_3 对 τ 求导，并与 0 比较大小即可，证毕。

命题 5-7 表明，随着二代技术发布时间的延长，选择不采纳一代技术的企业数量增加。这是因为，二代技术发布时间的延长会导致企业对二代技术不确定的增加，从而导致不采纳一代技术的企业增多。

5.2.3.2　考虑竞争与合作关系的创新生态系统创新扩散模型

接续前一节的分析，本节引入竞争技术，分析合作竞争情况下创新生态系统创新扩散的演化。

假设存在一种与一代技术和二代技术不同的技术，企业选择这种技术也可以实现一代技术和二代技术的功能，这种技术即为竞争技术。企业使用竞争技术的净收益为 v_0（$v_0 \geq 0$），当企业采纳竞争技术的收益较低时，可得到命题 5-8。

命题 5-8： 如果竞争技术的收益较低 $\left(v_o < \min \left\{ \dfrac{e^{-r(t-\tau)}(c - e^{r(t-\tau)}s + e^{r(t-\tau)}L\alpha)}{\rho}, \ \dfrac{L-s}{\rho} \right\} \right)$，则竞争技术不会对核心技术的扩散产生影响，只会蚕食观望企业群。

该情况市场中企业策略分化如图 5-3 所示。

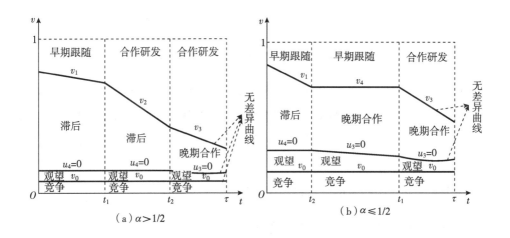

（a）$\alpha > 1/2$　　　　　　（b）$\alpha \leq 1/2$

图 5-3　竞争技术收益较低时企业策略分化

命题 5-8 表明，当竞争技术的收益较低时，竞争技术对企业是否采纳一代技术和是否参加二代技术研发的决策无影响，只是会影响到对新技术持观望态度的企业。有部分企业会受到竞争技术的吸引，从而采纳竞争技术。

当企业采纳竞争技术净收益适中时，可得到命题5-9。

命题5-9：如果竞争技术的收益适中$\left(\dfrac{e^{-r(t-\tau)}(c-e^{r(t-\tau)}s+e^{r(t-\tau)}L\alpha)}{\rho}\leq v_o<L-s-e^{r(t-\tau)}L\alpha\right)$，如果距离二代产品发布时间较短$(t\geq\max\{t_1,t_2\})$，那么竞争技术会侵蚀一代技术的晚期合作企业群。

该情况市场中企业策略分化如图5-4所示。

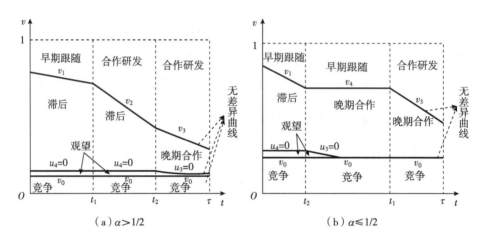

（a）$\alpha>1/2$　　　　　　　　（b）$\alpha\leq1/2$

图5-4　竞争技术的收益适中时市场企业策略分化

定理5-4表明，随着竞争技术收益的提高，其竞争力也在提高，首先会吸引选择晚期合作的企业。这是因为，晚期合作的企业由于参与到二代技术研发，且没有采纳一代技术，导致其使用一代技术和二代技术的总收益较低，更容易受到竞争技术的吸引。

当企业采纳竞争技术的收益较高时，得到命题5-10。

命题5-10：如果竞争技术的收益较高$\left(\max\left\{\dfrac{e^{-r(t-\tau)}(c-e^{r(t-\tau)}s+e^{r(t-\tau)}L\alpha)}{\rho},L-s-e^{r(t-\tau)}L\alpha\right\}\leq v_o<\min\{v_1,v_2,v_3\}\right)$，那么竞争技术会侵蚀一代滞后客户群和晚期合作企业群。

该情况的市场企业策略分化如图5-5所示。

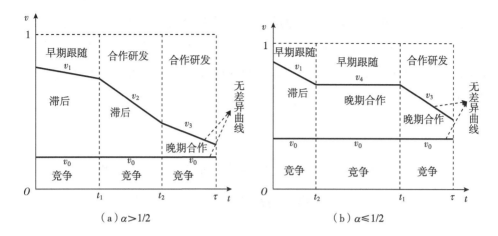

图 5-5　竞争技术的收益较高时的市场细分

命题 5-10 表明，随着竞争技术收益的进一步提高，其竞争力进一步增强。当竞争技术收益较高时，市场中不再存在对一代技术和二代技术观望的企业。所有的企业要么采纳一代技术或二代技术，要么选择竞争技术。

当企业采纳竞争技术的收益较高且二代产品面世时间较短时，得到命题 5-11。

命题 5-11：如果竞争技术的收益增高（$v_o \geq v_3$），当距离二代产品面世时间较短时，原有的部分合作研发企业会采纳竞争技术。

该情况的市场细分如图 5-6 所示。

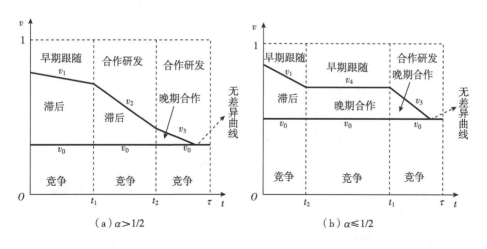

图 5-6　竞争技术的收益较高且二代产品面世时间较短时的市场细分

命题 5-11 表明，当竞争技术的收益进一步提高时，其会侵蚀晚期合作的企业数量。这是因为，晚期合作的企业由于参与到二代技术研发，且没有采纳一代技术，导致其使用一代技术和二代技术的总收益较低，更容易受到竞争技术的吸引，采纳竞争技术。

5.3 竞争与合作关系的制造业企业技术创新生态系统创新扩散机理

首先，二代新技术的发布时间会影响一代新技术的扩散。二代新技术发布时间较早，市场中只有早期跟随、滞后和观望三类企业，没有企业选择开发二代新技术。由于采纳一代新技术的核心企业很难获得规模效应带来的收益，其所创建的创新生态系统有可能在一代新技术结束时就会崩溃，并不利于一代新技术的扩散。当二代新技术发布时间较晚，等待二代新技术的企业会自动转化为一代新技术的晚期采纳者，这对于在一代新技术扩散过程的开拓阶段和扩展阶段扩大其创新生态系统至关重要。最终所有企业都会采纳一代新技术并选择合作，一代新技术充分扩散，企业能够获得规模效应的收益，并且累计足够的忠诚客户，最终有利于二代新技术的扩散。

其次，学习效应会影响新技术的扩散。当学习效应比较强时，若企业能够获得较高的收益，企业倾向于模仿新技术而不是开发新技术，模仿所需的技术成本较低，企业最终的利润就会增多，因此有利于一代新技术的扩散。若企业能够获得收益较低，企业更愿意选择晚期合作策略，即不采纳一代新技术，开发二代新技术并采纳。因此有利于二代新技术的扩散。当企业的学习能力较低时，企业模仿新技术和开发新技术的成本差不多，所以随着时间的推移，企业更愿意选择合作开发二代新技术，抢占市场先机，最终能成为二代新技术的早期采纳者，促进二代新技术的扩散。

最后，企业采纳技术的收益会影响新技术的扩散。①采纳一代新技术的收益。当企业采纳一代新技术的收益较低时，企业更愿意成为一代新技术的晚期采纳者，对一代新技术的扩散影响较弱。②竞争技术的收益。竞争技术的收益越高，且二代技术发布时间越早。此时企业认为采纳一代技术需要付出成本，而且其技术时效性太短，企业采纳一代新技术的收益就会越低，又由于企业采纳竞争技术的收益高于企业采纳一代技术的收益，所以原有准备采纳一代新技术的部分企业就会转向采纳竞争技术，最终抑制了一代和二代新技术的扩散。

5.4　竞争与合作关系下的制造业企业技术创新生态系统创新扩散机理整体性描述

基于前文关于竞争关系和合作关系下的创新扩散机理分析的结论，本节将构建制造业企业技术创新生态系统创新扩散机理的竞争合作分析整体框架图，如图5-7和图5-8所示。

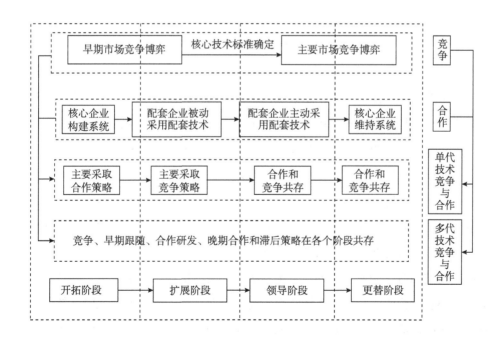

图5-7　制造业企业技术创新生态系统创新扩散机理的竞争合作分析整体框架

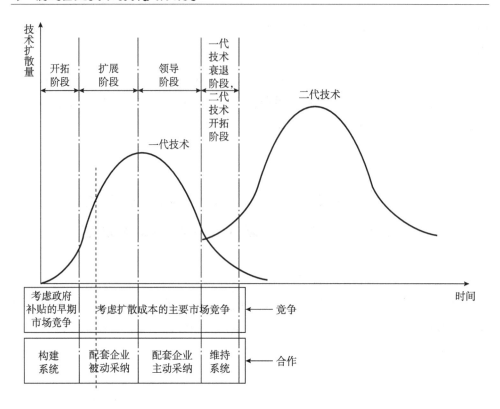

图 5-8   多代技术竞争与合作的整体机理

在制造业企业技术创新生态系统创新扩散的开拓阶段。在竞争关系下，潜在市场规模小，技术不成熟，相应配套技术无法匹配，主要存在以大企业为主的早期采纳企业，政府的技术补贴政策能够促进技术成熟并加速其在半封闭空间内的扩散。为此，在制造业企业技术创新生态系统创新扩散过程中，居于中心位置的核心企业利用政府提供的投资补贴尽可能延长制造业企业技术创新生态系统创新扩散的开拓阶段，让新核心技术得到充分发展。居于非中心位置的配套企业促使政府在开拓阶段前期主要提供产出补贴，在开拓阶段后期主要提供投资补贴，进而共同促进制造业企业技术创新生态系统的发展，推动新技术扩散。在合作关系下，核心企业构建创新生态系统并引领配套企业采纳配套技术。此时，核心企业具有绝对的优势地位，核心企业和配套企业之间初步形成中心—轮辐式的合作关系。在竞争合作关系下，新技术刚刚产生，缺少市场用户群，因此在新技术的前景尚不明朗的情况下，互补性资源会提升合作企业的整体实力，增强抵御技术培育和未来发展的风险能力，从而加大新技术获得认可的可能性，这样的效果是单个企业仅凭一己之力在新技术领域参与竞争所无法达到的。因此，企业更倾向于选择合作策略。若企业选择更新技术，此时企业的学习能力越低，因此多数企业选择早期跟随策略，而选择合作研发的企业数量会随着时间的推移而增加。

在制造业企业技术创新生态系统创新扩散的拓展阶段。在竞争关系下，主要存在早期采纳企业，开始逐步确立技术标准。由于高昂的技术转换成本，核心企业具有绝对的核心技术竞争优势，该优势使得核心企业规模增大，吸引配套企业加入到其所在的制造业企业创新生态系统的能力增强，并根据已有资源制定技术领先策略和打造扩散成本优势策略。在合作关系下，核心企业引导配套企业被动采纳新技术，两者之间的中心—轮辐式的合作关系正式确立。此时，配套企业采纳配套技术收益的分配比例和核心企业采纳配套技术的总收益，共同促进核心企业和在配套企业的合作稳定发展，从而使创新生态系统快速成长，技术更早更快扩散。在竞争合作关系下，新技术的各项功能已经逐渐完善，所处的市场环境也已经改善，在同一创新生态系统的内部，虽然为了提高市场对新技术的认知度、创造适合创新成果发展的市场利基，系统内的企业会加强彼此间的合作关系。但是，为了不断提升创新成果的质量，核心企业对合作伙伴的选择和要求将更加严格，此时处于供应链同一位置的企业间会出现优胜劣汰的现象。因此，在此阶段，企业间的关系由以合作为主转变为合作与竞争共存，但会以竞争为主。如果企业选择更新技术，企业的学习能力已经增强，则企业倾向于模仿新技术而不是开发新技术，企业更愿意采纳一代技术。

在制造业企业技术创新生态系统创新扩散的领导阶段。在竞争关系下，企业技术创新主要存在晚期采纳企业，随着核心技术标准的确定，新技术差异化逐渐降低，潜在市场变大，规模效应提高，新技术的生产成本和转换成本降低，扩散成本成为影响扩散的最主要因素。又由于核心技术标准都是大企业制定的，采纳新技术可以和大企业产生合作关系，产生的网络外部性效应在一定程度上加速了新技术的扩散。在合作关系下，配套企业主动采纳配套技术，核心企业和配套企业之间的合作关系由中心—轮辐式向共生式过渡，配套企业对于创新生态系统创新扩散的影响越来越大。此时，配套技术得到充分扩散，配套企业得到足够利益，其采纳技术的收益比例已经不能影响配套企业的采纳决策，配套技术得到充分扩散。在竞争合作关系下，市场上的同类新技术均已获得了一定的市场认可度，拥有同类新技术的创新生态系统之间的竞争越发激烈，因此，在此阶段，虽然创新生态系统内的企业处于合作和竞争共同主导的状态，但由于环境的变化会导致企业收益发生变化，选择竞争与合作策略的企业数量会随之产生相应的改变。若企业选择开发二代技术，且竞争技术的收益适中时，企业会认为采纳一代技术需要付出成本，而且其技术时效性太短，企业采纳一代新技术的收益会越低，因此原来准备采纳一代新技术的部分企业会转向采纳竞争技术，竞争技术会侵蚀一代技术的滞后客户群和晚期合作企业群。

在制造业企业技术创新生态系统创新扩散的更替阶段。在竞争关系下，较高的技术难度会帮助核心企业构建坚固的技术壁垒，防止潜在竞争者进入核心技术领域开展竞争活动，同时需要保持对顾客的高投入，赢得时间，在产品和服务中注入新观念，并根据已有资源制定打造产品延伸策略，尽快采纳新一代的核心技术。在合作关系下，若核心企业采纳新的核心技术并重建新的创新生态系统，因核心企业有新核心技术，配套企业会选择继续跟随核心企业维持创新生态系统，让技术继续扩散。在竞争合作关系下，如果企业采纳二代技术的时间较早，采纳一代新技术的核心企业很难获得规模效应带来的收益，其所创建的创新生态系统有可能在一代新技术结束时就会崩溃，并不利于一代新技术的扩散，但有利于二代技术的扩散。

5.5 竞争与合作关系下的制造业企业技术创新生态系统创新扩散管理启示及建议

本章的研究发现可以为合作关系下的制造业企业创新生态系统创新扩散提供理论指导，具体的管理启示及建议为：

（1）应加大企业采纳一代技术的成本折扣率。命题 5-1 至命题 5-3 表明，一个合理的新技术采纳成本折扣对企业的新技术采纳策略影响非常大。因此，当企业采纳一代技术的成本折扣相对较小时，企业应该推迟引入二代技术，以避免销售市场的相互蚕食。当企业采纳一代技术的成本折扣相对较大时，企业应该使用同步引入策略，同时引入一代技术和二代技术。

（2）建议企业在适当时机引入二代新技术。命题5-4至命题5-10说明，企业要么在二代技术出现时就引进它，要么将它的引进推迟到一代技术的成熟阶段。虽然企业过早采纳第二代技术会导致企业放弃第一代技术的扩散，但二代技术的延迟采纳会延迟其自身的市场扩张和利润实现。因为二代技术的发布时间会影响产品的向上扩散和向下扩散，从而影响到消费者转换和替代导致的下一代技术扩散，所以企业需要同时考虑两代技术对需求的影响。

（3）应降低企业的新技术学习成本。新技术需要保证可观的收益以促进创新扩散，并提高新技术的学习效应。由命题5-2可知，当一代技术收益较高时，企业会迅速采纳新技术，并参与到二代技术的研发中。而一代技术收益较低时，企业更可能在早期对二代技术持观望态度，在后期参与到二代技术的研发中。与此同时，由命题5-3可知，随着学习效应的提高，企业会更早且更主动地参与二代技术的研发。因此，为推动企业采纳新技术并参与二代技术的研发，需要有效地降低新技术的学习成本，并提高新技术的收益。

5.6　本章小结

首先，介绍了智能体仿真和数理经济建模。

其次，对单代技术的创新生态系统创新扩散综合演化进行仿真分析。研究表明：开拓阶段企业更倾向于选择合作策略，扩展阶段企业倾向于选择竞争策略，领导阶段由合作策略和竞争策略共同主导。

再次，对多代技术的创新生态系统创新扩散综合演化建模，发现二代技术发布时间越晚，学习效应越高，越有利于一代技术扩散。当企业的学习能力较低时，越有利于二代技术扩散。竞争技术的收益较高会抑制一代和二代技术的扩散。

最后，总结了制造业企业技术创新生态系统创新扩散机理的竞争合作分析整体框架。

第6章 新能源客车企业创新生态系统电池技术创新扩散机理的实例验证

基于第3章、第4章和第5章的制造业企业技术创新生态系统创新扩散机理，本章将通过爬取新能源客车企业电池技术的真实数据，采用网络分析方法分析新能源客车企业电池技术创新生态系统创新扩散，旨在通过综合各种关系下的创新扩散过程，廓清制造业企业技术创新生态系统创新扩散机理的全貌。

6.1 新能源客车企业创新生态系统电池技术创新扩散现状

中国的新能源客车产业始于2006年的"863"计划的"节能与新能源汽车重大项目"，截至2020年底，中国6米以上新能源客车全年销量已达到61044辆。动力电池成本占新能源客车成本的40%，其重要性不言而喻。中国的新能源客车电池企业在近10年发展迅速，截至2020年底，我国动力电池装车量累计63.6GWh，其中三元电池装车量累计38.9GWh，占总装车量的61.1%，磷酸铁锂电池装车量累计24.4GWh，占总装车量的38.3%，两类电池占中国的动力电池市场的99.4%。同年新能源客车前十企业的市场份额达到84.57%。因此，新能源客车企业和新能源电池企业共同构成的新能源客车产业作为中国起步最晚的汽车产业，经过大量的政府补贴扶持，近10年内进展迅速，成功实现"弯道超车"。新兴的新能源客车产业在中国具有重要的战略意义。它有助于国家实现气候变化目标，应对能源挑战，并通过提供更加多样化的能源资源来维持汽车工业和公共交通运输业的发展。中国的新能源电池和新能源客车的发展都居于世界前列，且该领域的技术创新扩散具有非常典型的周期性，所以新能源客车电池技术作为研究制造业企业创新生态系统创新扩散的对象非常具有代表性。

目前，中国市场上新能源客车搭载的最常见的三种电池为磷酸铁锂电池（$LiFePO_4$ 或 LFP）、三元聚合物电池（$LiNiMnCoO_2$ 或 NMC）和超级电容器电池（SC），本书按照创新扩散的早期市场和主要市场阶段对新能源客车企业电池技术的创新生态系统创新扩散进行归类总结，结果如图 6-1 所示。

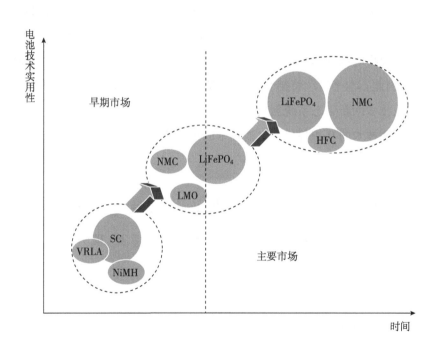

图 6-1　电池技术进化图

由图 6-1 可知，新能源客车电池技术创新生态系统的创新扩散的两阶段市场表现为：起初新能源客车搭载的主要电池类型为超级电容器电池（SC），新能源客车搭载的次要电池类型为镍氢电池（NiMH 或 Ni-MH）和铅酸电池（VRLA）；经过一段时间的发展，新能源客车搭载的主要电池类型变更为磷酸铁锂电池

（LiFePO₄ 或 LFP），新能源客车搭载的次要电池类型变更为三元聚合物电池（LiNiMnCoO₂ 或 NMC）和锂离子锰氧化物电池（LiMn2O₄、Li₂MnO₃ 或 LMO）；再经过一段时间的演化，新能源客车搭载的主要电池类型为磷酸铁锂电池（LiFePO₄ 或 LFP）和三元聚合物电池（LiNiMnCoO₂ 或 NMC），新能源客车搭载的次要电池类型为氢燃料电池（HFC）。

按照电池的充电时间、放电时间、环保程度等技术指标和电池价格等经济指标进行排列，中国市场上的磷酸铁锂电池（LiFePO₄ 或 LFP）的实用性最高，超级电容器电池（SC）的实用性最低。与此同时，磷酸铁锂电池（LiFePO₄ 或 LFP）和三元聚合物电池（LiNiMnCoO₂ 或 NMC）的市场占有量约为新能源客车电池市场的90%。图6-1表明，中国新能源客车企业创新生态系统电池技术扩散的主要轨迹为：超级电容器电池（SC）被磷酸铁锂电池（LiFePO₄ 或 LFP）替代，三元聚合物电池（LiNiMnCoO₂ 或 NMC）替代部分磷酸铁锂电池（LiFePO₄ 或 LFP）。因此，本书后续将结合新能源客车制造企业数据，具体分析新能源客车企业电池技术创新生态系统创新扩散的不同阶段内企业之间的合作与竞争如何导致不同电池技术的互相替代和电池技术的扩散机理。

6.2 新能源客车企业创新生态系统电池技术创新扩散的数据处理

6.2.1 研究思路

Gephi 是一款开源免费跨平台基于 JVM 的复杂网络分析软件，其主要用于各种网络和复杂系统，动态和分层图的交互可视化与探测开源工具。在创新生态系统技术扩散研究中，社会网络分析是一种主要的研究方法，该方法有助于评估企业之间的各种关系。由于 Gephi 是一个用于可视化和操作大型图表的开源平台（Heymann，2014），所以本书利用 Gephi 软件完成创新生态系统创新扩散的网络分析和网络可视化研究。

本书基于数据挖掘、文本分析和社会网络分析等方法研究制造业企业如何在创新生态系统创新扩散中平衡竞争与合作策略。对此，本章将以中国汽车网（http://www.chinacar.com.cn）上公布的 86064 个新能源客车样本为例，通过对新能源客车数据进行数据清洗，消除噪声数据、删除无效数据、将新能源电池数据拆分为文字等，进而对清洗后的新能源电池数据按其类型、制造企业等属性进行数据预处理，并使用 Gephi 软件绘制和分析新能源客车创新扩散网络图，旨在更深入地挖掘新能源客车数据所包含的有价值信息，以分析研究新能源客车企业创新生态系统的创新扩散机理，具体的研究思路如图 6-2 所示。

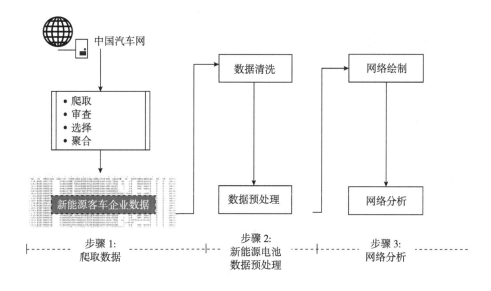

图 6-2 研究思路

6.2.2 研究方法

本书使用复杂网络分析新能源客车企业创新生态系统创新扩散，企业之间的关系可以通过 $G(V, E, W)$ 表示。V 为网络中的节点集合，表示所有企业；E 为网络中 2 个节点之间的边，表示企业间的交流互动行为；W 为网络中边的权重，表示 2 个节点互动行为的紧密程度，值越大代表企业之间互动链接越紧密。$n = |V(G)|$，$m = |E(G)|$，n 表示 G 中所有节点的数目，m 表示 G 中所有边的数目。

用邻接矩阵 $A_{n \times n}$ 表示一个具有 n 个节点的网络，则 $A_{ij} = 1$ 表示节点 i 与节点 j 相连，$A_{ij} = 0$ 表示节点 i 与节点 j 不相连。

网络可以分为有向网络和无向网络两种类型。无向网络的节点度表示为 d_i。节点度 d_i 是与一个节点 i 关联的边数目。对创新扩散网络而言，节点度代表一个企业的合作数量，即这个企业在网络中的影响范围：

$$d_i = \sum_{j}^{n} A_{ij} \tag{6-1}$$

在有向网络图中，一个节点的度分为节点入度（in degree）和节点出度（out degree）。节点的入度 d_i^{in} 指从其他节点出发终止于该节点的边的数目，节点的出度 d_i^{out} 指从该节点出发终止于其他节点的边的数目，节点的度为入度与出度之和，因此有向网络图的节点入度 d_i^{in}、节点出度 d_i^{out} 和节点度 d_i 分别为：

$$d_i^{in} = \sum_{j}^{n} A_{ji} \tag{6-2}$$

$$d_i^{out} = \sum_{j}^{n} A_{ij} \tag{6-3}$$

$$d_i = d_i^{in} + d_i^{out} \tag{6-4}$$

新能源客车企业创新生态系统创新扩散网络是有向加权网络，因此本书用邻接矩阵 $W_{n \times n}$ 表示一个无向加权网络，矩阵 W_{ij} 表示节点 i 与节点 j 连接边的权重，同样，用邻接矩阵 $W_{n \times n}^{*}$ 表示一个具有 n 个节点的有向加权网络，W_{ij}^{*} 表示节点 i 连向节点 j 的有向边的权重。则有向加权网络的节点度为：

$$d_i^{*} = \sum_{j}^{n} W_{ij}^{*} \tag{6-5}$$

复杂网络中的社团（Community）是指网络中具备某种特点的节点和边的集合。通常也被称为聚类（Clutering）、模块（Module）或群（Group）。社团结构一般指连接紧密的节点集，在集合内节点连接紧密，而集合中的节点与外在网络中的链接较少。本书借鉴 Lambiotte 等（2015）的定义模块（Module）描述新能源客车企业创新生态系统创新扩散网络的子网络。密歇根大学的 Newman 等（2006）提出了社区划分质量函数模块度测量，通过寻找模块度最大的网络划分来发现子网络。Clauset 在已有算法的基础上提出了快速子网络发现算法。该算法中假设每个节点作为一个单独的社团，每次选择两个能使模块度增加最大的社团进行合并，直到函数值不再增加为止。Shen 等在快速算法的基础上改进了数据结构，进一步提高了算法性能。无权无向网络的模块度定义如下：

$$Q = \frac{1}{2m} \sum_{i=1}^{n} \sum_{j=1}^{n} \left[A_{ij} - \frac{d_i d_j}{2m} \right] \cdot \delta(c_i, c_j) \tag{6-6}$$

Shen 等进行了进一步推广，将模块度定义扩展到无权有向网络，定义如下：

$$Q_d = \frac{1}{m} \sum_{i=1}^{n} \sum_{j=1}^{n} \left[A_{ij} - \frac{d_i^{out} d_j^{in}}{2m} \right] \cdot \delta(c_i, c_j) \tag{6-7}$$

进而有权无向网络的模块度定义如下：

$$Q^w = \frac{1}{2w} \sum_{i=1}^{n} \sum_{j=1}^{n} \left[w_{ij} - \frac{w_i w_j}{2w} \right] \cdot \delta(c_i, c_j) \tag{6-8}$$

其中，$w = \dfrac{\sum_{i=1}^{n} \sum_{j=1}^{n} W_{ij}}{2}$ 表示网络中边的总权重值。

加权有向网络的模块度定义如下：

$$Q^* = \frac{1}{w^*} \sum_{i=1}^{n} \sum_{j=1}^{n} \left[w_{ij}^* - \frac{w_i^{out} w_j^{in}}{w^*} \right] \cdot \delta(c_i, c_j) \tag{6-9}$$

其中，$w_i^* = w_i^{out} + w_j^{in}$ 是节点 i 有向加权网络的权重，w_i^{out} 和 w_i^{in} 分别表示节点 i 的出向权重和入向权重，$w^* = \sum_{i=1}^{n} \sum_{j=1}^{n} W_{ij}^*$。

6.2.3 数据收集与分析

为了获取所需的制造业企业技术创新生态系统创新扩散数据，本书选择了中国汽车网作为数据获取的来源。原因在于，中国汽车网是一个为中国汽车制造企业、经销企业和车主提供在线汽车销售和购买服务的平台。它旨在管理各种车辆的制造企业等信息，为买家和卖家提供一个良好的平台。它是中国专业的汽车信息发布平台，是维护车主、授权经销企业和制造企业合法权益的中立组织。

在确定上述数据来源的基础上，本书选择新能源客车作为研究对象，选择理由如下：首先，新能源客车在我国已经推广十多年，在公共交通领域使用数量较大，故而选择新能源客车进行研究具有一定的代表性。其次，新能源客车所搭载的电池技术发展迅速，具有典型的阶段性特征，有助于判别电池技术的不同发展阶段。最后，中国汽车网有独立的新能源客车网页（见图6-3），便于本书收集研究数据。

图6-3　中国汽车网新能源客车所在页面

在中国汽车网中，中国客车制造企业上传了它们生产的新能源客车信息，包括型号、公告批次、发布时间、电池类型、电池制造企业、新能源客车制造企业等各种数据。有关新能源客车的各种信息如图6-4所示。

图6-4　新能源汽车数据页面

运用基于 Python 开发的 GooSeeker 网络爬虫软件,本书采集了 2005 年 7 月 21 日到 2019 年 8 月 1 日的所有新能源客车数据,共采集新能源客车数据 86064 例。初始数据的属性包括新能源客车型号、公告批次、产品编号、中文品牌、公告型号、企业名称、业务地址、发布日期、公告状态、公告生效日期、产品技术阶段、电池类型、电池制造企业名称。具体的初始数据集的部分如图 6-5 所示。

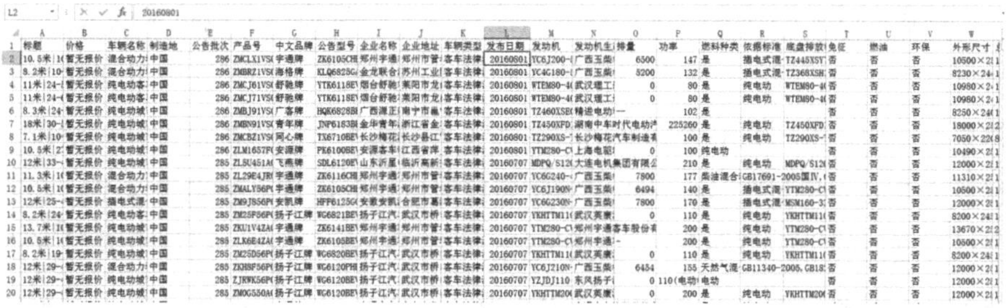

图 6-5　初始数据集示例

因为初始数据包含少量的缺失数据、无效数据、重复数据,因此本书将对新能源客车数据进行数据清洗。首先,由于新能源客车企业需要得到国家发展计划委员会颁发的公告才可以生产、销售新能源客车,所以本书剔除公告状态显示无效和未到公告生效日期的数据,以保证留存数据中的新能源客车都是合法在售状态。其次,因为本书将研究新能源客车生产企业和它所搭载电池的生产企业之间的合作关系和竞争关系,因此本书删除了未包含新能源客车生产企业名称、电池生产企业名称以及具体的电池型号的无效数据和重复数据。最后,为了维护企业的隐私性,本书对新能源客车生产企业名称和电池生产企业名称两组数据进行了转置,将企业名称转置为不能直接识别的英文字母代称,其中新能源客车生产企业名称数据转置为相应的大写英文字母组合,电池生产企业名称转置为相应的小写英文字母组合,如后文中所有类似于 ZZYTBcl 的都是新能源客车企业,类似于 matcl 的都是电池生产企业。此外,有些企业成立的时间晚于 2006 年,为了后续分析简便性,本书将企业成立时间也设置在了企业名称后,以转置数据 ZZYT-Bcl,1993 为例,ZZYTBcl 是新能源客车企业名称,1993 年是该企业成立的时间。

经过数据的预处理和数据转置后，本书共得到7803条有效数据。

在得到相应的有效数据后，本书按照新能源客车名称、公告批次、产品技术阶段、电池类型、电池制造企业名称和客车制造企业名称对新能源客车数据进行预处理。其中，①新能源客车型号。即新能源客车企业发布的可销售的新能源客车的型号。②公告批次。国家发展计划委员会颁发给在中国境内的新能源客车企业相应型号的新能源客车生产和销售批文。未批准公告的新能源客车不得在外部生产、销售。③产品技术阶段。根据新能源客车、系统和电池技术的成熟程度，产品可分为初始阶段、扩展阶段和领导阶段。即产品技术阶段主要基于储能装置的类型。例如，采用超电容器电池的电动客车的技术阶段应确定为初始阶段。采用锂离子电池的客车技术阶段确定为扩展阶段或领导阶段。④电池类型。新能源客车动力电池的主要类型有：锂离子电池（以下简称LIBs）、超级电容器（以下简称SC）、镍氢电池（以下简称NiMH或Ni-MH）、铅酸电池（以下简称VR-LA）、氢燃料电池（以下简称HFC）。根据化学、性能、成本和安全特性，锂电池又包括磷酸铁锂电池（$LiFePO_4$或LFP）、锂离子锰氧化物电池（$LiMn_2O_4$、Li_2MnO_3或LMO）和三元聚合物电池（$LiNiMnCoO_2$或NMC）等。⑤电池制造企业名称。设计和制造新能源客车电池并将其推向市场的电池制造企业。⑥客车制造企业。设计和制造新能源客车并将其推向市场的客车制造企业。下文将使用经过预处理的新能源换客车数据（见图6-6）进行后续网络分析。

F	G	H	I	J	K	L
型号	公告批次	产品技术阶段	电池型号	电池生产企业	客车生产企业	
NJL6420BEV5	319	Initial	Li(NiCoMn)02	jstnetcl, 2014	NGDBcl, 2000	
RQ6830GEVH5	301	Development	LFPbattery	ztzntcl, 2012	GWBcl, 1998	
DXK6450EC3BEV	300	Initial	Li(NiCoMn)02	calblycl, 2009	DFXKBcl, 2003	
RQ6830YEVH15	300	Development	LFPbattery	ztzntcl, 2012	GWBcl, 1998	
RQ6830YEVH14	300	Development	LFPbattery	hzveecl, 2001	GWBcl, 1998	
RQ6830YEVH16	300	Development	LFPbattery	hzveecl, 2001	GWBcl, 1998	
RQ6110YEVH5	296	Development	LFPbattery	hzveecl, 2001	GWBcl, 1998	
XML6809JEV10	292	Development	LFPbattery	catcl, 2011	XMDGBcl, 1992	
HQG6850HEV	288	Mature	MH-Ni	clhnapb, 2008	HBXCFAcl, 2007	
HQG6630EV2	286	Development	LFPbattery	bjnbtcl, 2011	HBXCFAcl, 2007	
HQG6810EV1	286	Development	LFPbattery	bjnbtcl, 2011	HBXCFAcl, 2007	

图6-6 预处理后的有效数据示例

6.3　新能源客车企业创新生态系统
电池技术创新扩散的网络分析

6.3.1　整体性分析

为了方便分析新能源客车企业创新生态系统电池技术扩散机理，本书首先进一步处理了图 6-6 中的数据，将数据调整为 G（V，E，W）格式，其中，V 为新能源客车企业创新生态系统电池技术扩散网络中的所有企业节点；E 为新能源客车企业创新生态系统电池技术扩散网络中新能源客车制造企业和电池制造企业之间的边；W 为新能源客车企业创新生态系统电池技术扩散网络的权重，一个新能源客车制造企业搭载一个电池制造企业的电池后生产一个型号的新能源汽车时权重为 1。接着笔者使用网络分析软件 Gephi 分年度绘制了 2006~2019 年的新能源客车企业创新生态系统电池技术扩散有向加权网络。由于 2010 年以前的数据太少，且中国从 2010 年才开始推广新能源客车，因此本书将 2006~2010 年的数据汇总在一起，分年度对新能源客车企业创新生态系统电池技术扩散进行网络图绘制。具体的年度网络如图 6-7 所示。

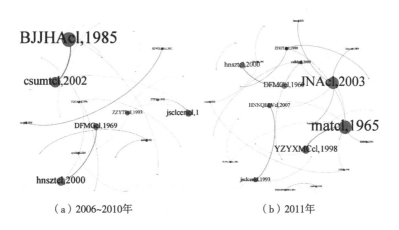

（a）2006~2010 年　　　　　　　　　（b）2011 年

图 6-7　年度新能源客车企业创新生态系统电池技术扩散网络图

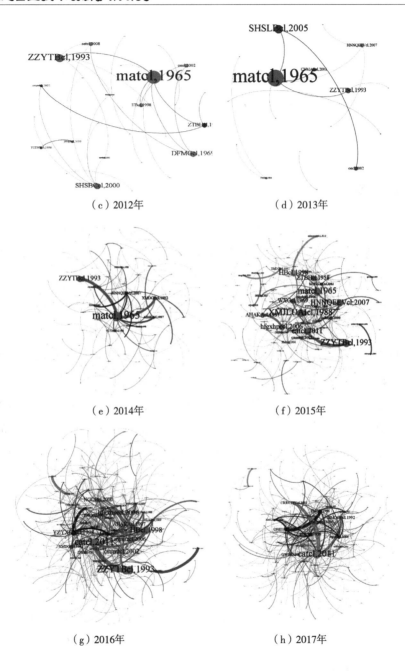

（c）2012年　　　　　　　　　（d）2013年

（e）2014年　　　　　　　　　（f）2015年

（g）2016年　　　　　　　　　（h）2017年

图6-7　年度新能源客车企业创新生态系统电池技术扩散网络图（续）

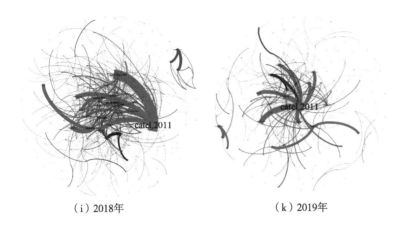

（i）2018年　　　　　　　　　　　（k）2019年

图 6-7　年度新能源客车企业创新生态系统电池技术扩散网络图（续）

　　Fortunato（2010）对网络中每个模块的节点结构位置的分析有助于确定中心参与者和中间参与者。中心参与者通常位于模块的中心位置，与集团控制和稳定功能相关联。中间参与者通常位于社区的边界，在新思想和信息的传播和交流中发挥关键作用，在模块（社区）之间建立桥梁。本书将整个中国新能源客车企业创新生态系统看作一个整体的大创新生态系统，网络图对应的是这个整体的大创新生态系统，而模块网络对应的是新能源客车企业创新生态系统中的子创新生态系统，中心参与者对应的是子创新生态系统中的核心企业，中间参与者对应的是子创新生态系统中的配套企业。Clauset 等（2004）认为，现实网络的模块化值大于 0.3 时，该网络所划分的模块是有意义的。图 6-7 中每一个子图的模块化值 Q^* 都大于 0.3，表明新能源客车企业创新生态系统电池技术扩散网络所划分的模块是有意义的。图 6-7 的模块化值 Q^* 和相关模块化的统计数据都由 Gephi 中 "Modularity_ Class" 计算所得，具体如图 6-8 所示。

　　由图 6-7 和图 6-8 可知，新能源客车企业创新生态系统的电池技术扩散网络的模块网络分类是稳定增长的，由 2006 年的 7 类增长至 2019 年的 20 类，2006~2013 年，新能源客车企业创新生态系统的模块网络在 10 类以内，2014 年后增长至 15 到 20 类。说明从 2014 年开始新能源客车企业创新生态系统的电池技术扩散在增强，而 2013 年是新能源客车企业创新生态系统整体增长的重要转折点。新能源客车企业创新生态系统的最大模块网络内的企业数由 2006 年的 7 个企业

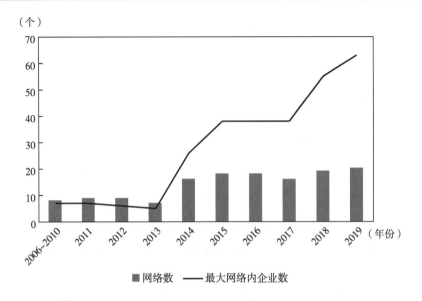

图6-8 新能源客车创新生态系统电池技术扩散网络年度模块分类

增长至 2019 年的 63 个企业，由图 6-7 中的折线可知，新能源客车企业创新生态系统的最大模块网络一直在不断扩大，2013 年、2017 年分别是新能源客车企业创新生态系统的最大模块网络发展的关键年度。主要原因为：首先，2012 年 4 月，国家颁布了《节能与新能源汽车产业发展规划（2012–2020）》，首次统一了补贴政策；其次，2016 年，国家公布了从 2017 年开始逐步收紧补贴并提高电池生产企业补贴的政策，电池企业开始发力。

根据年度新能源客车企业创新生态系统电池技术扩散网络的计算结果，本书由 Gephi 中 "Modularity_Class" 和 "Weighted degree" 统计得到规模排名前三的模块网络（见表 6-1）。本书使用加权度 d_i^* 衡量企业的创新性，根据式（6-4）和式（6-5）可知，本书中的加权节点度 d_i^* 表明搭载不同型号电池的新能源汽车型号，d_i^* 越大，说明企业的创新性越强，跃居于模块网络的中心位置，模块网络中 d_i^* 值最大的企业是核心企业。其中，当年创新性排名第一的企业用深色斜体加粗表示，浅色斜体表示的企业是当年创新性排名第二的企业，深色正体加粗表示的企业是当年度创新性排名第三的企业。

表6-1　每一年度的新能源客车企业创新生态系统扩散网络中规模排名前三的模块网络

年份 \ 排名	2006~2010	2011	2012	2013	2014	2015	2016	2017	2018	2019
1	ZZYTBcl, 1993 jsdcericl, 1993	YZYXMGcl, 1998 matcl, 1965	ZZYTBcl, 1993 matcl, 1965	ZZYTBcl, 1993 matcl, 1965	ZZYTBcl, 1993 matcl, 1965	YZYXMGcl, 1998 calblycl, 2009	Hlcl, 1998 hfgxhpecl, 2006	SZWZLMGcl, 2002 oecl, 2002	ZZYTBcl, 1993 catcl, 2011	ZZYTBcl, 1993 catcl, 2011
总数, 车企数	7, 4	7, 3	6, 4	5, 3	26, 15	38, 18	38, 15	38, 25	55, 36	63, 49
2	BJJHAcl, 1985 csumtcl, 2002	JNAcl, 2003 hgtpecl, 2002	SHSBGcl, 2000 xywlkecl, 2001	HNNQEEVcl, 2007 hncnecl, 1998	ZTBHcl, 1958 csumtcl, 2002	ZZYTBcl, 1993 matcl, 1965	ZZYTBcl, 1993 matcl, 1965	hfgxhpecl, 2006 AHXKLCcl, 1995	ZTBHcl, 1958 csumtcl, 2002	VGDBcl, 2000 hzeveecl, 2001
总数, 车企数	4, 1	6, 1	5, 2	3, 1	13, 5	32, 13	30, 16	31, 13	54, 28	25, 13
3	CQCAAcl, 1996 hnstcl, 2000	ZTBHcl, 1958 csumtcl, 2002	DFMGcl, 1969 oecl, 2002	FMGcl, 1996 grifinmcl, 1952	AHAKAcl, 1997 mpshzcl, 2006	AHAKAcl, 1997 bjgxhpecl, 2006	AHXKLCcl, 1995 oecl, 2002	XMDGBcl, 1992 catcl, 2011	YZYXMCcl, 1998 bjnbtcl, 2011	CSPVcl, 2001 jstnetcl, 2014
总数, 车企数	4, 2	3, 2	4, 2	3, 1	10, 4	15, 5	27, 16	28, 16	50, 29	20, 8

由表 6-1 可以看出，创新性最强的新能源客车制造企业和电池制造企业都会处于当年度新能源客车创新生态系统电池技术扩散网络中规模前三的网络内。其中，2011~2016 年，新能源客车创新生态系统最大的扩散网络中最重要的电池制造企业都是 matcl，1965，2017~2019 年最重要的电池制造企业都是 catcl，2011。ZZYTBcl，1993 则成为自 2006 年后新能源客车企业创新生态系统扩散网络中创新性最强劲的客车制造企业。

根据图 6-8 和表 6-1 可以得出下列结果：

（1）2006~2019 年，加权节点度（创新性）最大的企业基本都存在于当年整个新能源客车企业创新生态系统电池技术扩散网络中最大的模块网络，且居于网络中心。

（2）2006~2019 年，新能源客车企业创新生态系统电池技术扩散网络在逐年增大，电池技术的扩散效应在增强（不断有企业被淘汰出最大的模块网络以及整体网络，也有更多的企业加入）。

（3）电池行业的领头创新企业从 matcl，1965 逐步转变为 catcl，2011 并保持绝对领先优势。新能源客车制造企业的创新引领者非 ZZYTBcl，1993 莫属，且多年来一直地位稳固。

（4）不同的新能源客车企业创新生态系统核心企业不同，有三种情况：电池制造企业作为核心企业；客车制造企业作为核心企业；电池制造企业和客车制造企业共同作为核心企业。

结合上述分析，本书得出历年来新能源客车企业创新生态系统电池技术扩散曲线如图 6-9 所示。

由图 6-9 可知，2006~2013 年，新能源客车企业创新生态系统电池技术扩散处于起飞前的开拓阶段；2014~2016 年，新能源客车企业创新生态系统电池技术扩散处于扩展阶段；2017~2019 年，新能源客车企业创新生态系统电池技术扩散处于领导阶段。

6.3.2　新能源客车企业创新生态系统电池技术创新扩散周期划分

由此本书根据 6.3.1 对新能源客车企业创新生态系统创新扩散周期的划分，将图 6-5 中的数据，按照 2006~2013 年、2014~2016 年、2017~2019 年三个新

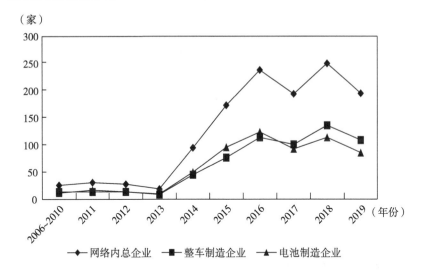

图 6-9　新能源客车企业创新生态系统电池技术扩散曲线

能源客车企业创新生态系统创新扩散周期重新组合分类，使用网络分析软件 Gephi 绘制网络图，得到相应的三个电池技术扩散阶段的创新扩散网络图（见图 6-10、图 6-12、图 6-14）和模块网络统计数据（见图 6-11、图 6-13、图 6-15）。

6.3.2.1　新能源客车企业创新生态系统电池技术创新扩散开拓阶段

由图 6-10 和图 6-11 可知，在新能源客车企业创新生态系统创新扩散的开拓阶段，总共有 60 家企业进行新能源客车和电池的研发制造。经过计算，模块化值 Q^* 为 0.605，开拓阶段新能源客车企业创新生态系统电池技术扩散网络共有 11 个子系统，其中 7 个子系统是由客车制造企业和电池制造企业共同承担核心企业的任务，1 个子系统的核心企业是电池制造企业，3 个子系统的核心企业是客车制造企业。其中，以生产超级电容器电池（SC）的电池制造企业 matcl，1965 为核心企业的新能源客车企业创新生态子系统 1 规模最大。而以客车制造企业 DFMGcl，1969 为核心企业的新能源客车企业创新生态子系统 4 规模次之。由此可见，开拓阶段新能源创新客车企业创新生态系统内的核心电池技术是超级电容器电池（SC），最大子系统的核心企业是电池企业，新能源创新客车企业创新生态系统内主要存在客车制造企业之间的竞争。

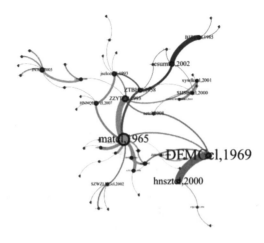

图 6-10　开拓阶段的新能源客车企业创新生态系统创新扩散网络

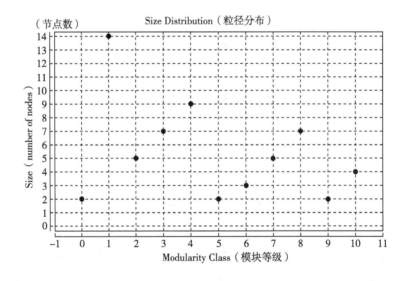

图 6-11　开拓阶段的新能源客车企业创新生态系统创新扩散网络子系统分布

6.3.2.2　新能源客车企业创新生态系统电池技术创新扩散扩展阶段

由图 6-12 和图 6-13 可以看出，在扩展阶段，总共有 276 家企业进行新能源客车和电池的研发制造。经过计算，模块化值 Q^* 为 0.437，扩展阶段新能源客车企业创新生态系统电池技术扩散网络共有 16 个子系统，其中 9 个子系统是由客车制造企业和电池制造企业共同承担核心企业的任务，3 个子系统的核心企业是电池制造企业，3 个子系统的核心企业是客车制造企业。其中，客车制造企业 ZZYTBcl，1993 和生产磷酸铁锂电池（LiFePO$_4$ 或 LFP）的电池制造企业 catcl，2011 以及生产超级电容器电池（SC）的电池制造企业 matcl，1965，共同组成的新能源客车企业创新生态子系统规模最大。该子系统的核心企业是客车制造企业 ZZYTBcl，1993，电池制造企业 catcl，2011 以及电池制造企业 matcl，1965，核心电池技术是磷酸铁锂电池（LiFePO$_4$ 或 LFP）和超级电容器电池（SC）。由此可见，扩展阶段内最大子系统的核心企业是电池制造企业和客车制造企业。电池制造企业 catcl，2011 和 matcl，1965 之间存在激烈竞争。相较于开拓阶段，新能源客车企业创新生态系统内的企业数增长了 360%，子系统的个数增长了 45%，说明扩展阶段新能源客车企业创新生态系统电池技术得到了很好扩散。

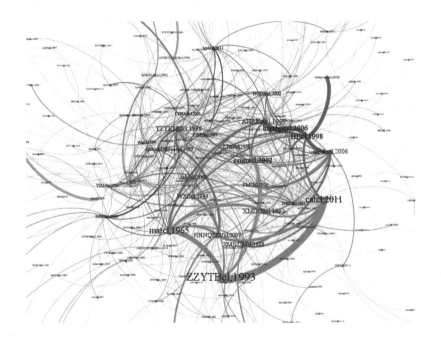

图 6-12　扩展阶段的新能源客车企业创新生态系统创新扩散网络

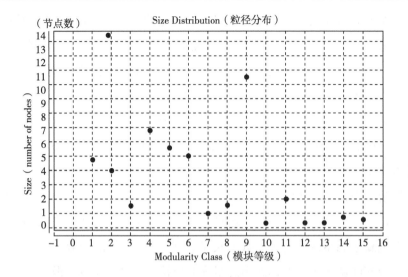

图 6-13 扩展阶段的新能源客车企业创新生态系统创新扩散网络子系统分布

6.3.2.3 新能源客车企业创新生态系统电池技术创新扩散领导阶段

由图 6-14 和图 6-15 可以看出，在领导阶段，总共有 350 家企业进行新能源客车和电池的研发制造。经过计算，模块化值 Q^* 为 0.451，扩展阶段新能源客车企业创新生态系统电池技术扩散网络共有 19 个子系统，其中 13 个子系统是由客车制造企业和电池制造企业共同承担核心企业的任务，1 个子系统的核心企业是电池制造企业，4 个子系统的核心企业是客车制造企业。其中，客车制造企业ZZYTBcl，1993 和生产磷酸铁锂电池（LiFePO$_4$ 或 LFP）和三元聚合物电池（LiNiMnCoO$_2$ 或 NMC）的电池制造企业 catcl，2011 组成的新能源客车企业创新生态子系统规模最大。该子系统的核心企业是电池制造企业 catcl，2011，核心电池技术是磷酸铁锂电池（LiFePO$_4$ 或 LFP）和三元聚合物电池（LiNiMnCoO$_2$ 或NMC），此阶段 ZZYTBcl，1993 和 catcl，2011 都成为所在行业的领导企业。因此，领导阶段内，最大子系统的核心企业是电池企业。相较于开拓阶段，新能源客车企业创新生态系统内的企业数增长了 483%，子系统个数增长了 81%；相较于扩展阶段，新能源客车企业创新生态系统内的企业数增长了 27%，子系统个数增长了 25%，说明领导阶段新能源客车企业创新生态系统电池技术依旧在扩散，但电池技术的扩散速度在下降。

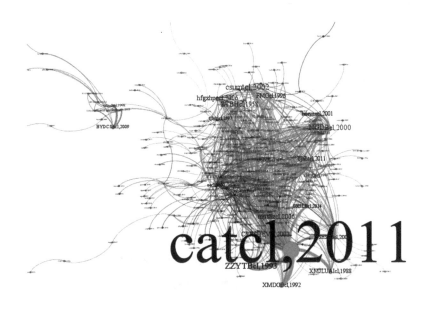

图 6-14 领导阶段的新能源客车企业创新生态系统创新扩散网络

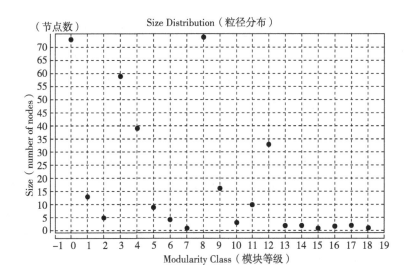

图 6-15 领导阶段的新能源客车企业创新生态系统创新扩散网络子系统分布

总体而言，三个阶段的子系统个数和新能源客车企业创新生态系统中子系统所包含的企业个数一直在扩大，其统计数据如图 6-16 所示。

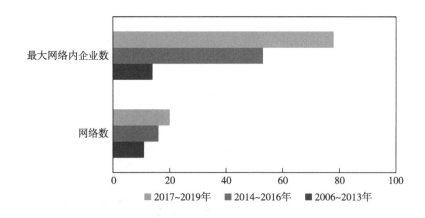

图 6-16　新能源客车企业创新生态系统电池技术扩散网络三阶段的子系统和最大子系统企业数

对新能源客车企业创新生态系统电池技术扩散三个阶段的模块网络分析得出下列结果：

（1）新能源客车企业创新生态系统电池技术扩散经历了 8 年的开拓阶段，此阶段的扩散时间最长。新能源客车企业创新生态系统电池技术扩散的开拓阶段始于 2005 年，终于 2013 年；其扩展阶段始于 2014 年，终于 2016 年，共历时 3 年；其领导阶段自 2017 年开始，目前仍在持续中。

（2）在开拓阶段和领导阶段，新能源客车企业创新生态系统中最大的子系统的核心企业一直是由电池制造企业担当。而在扩展阶段，由于核心电池技术竞争激烈，新能源客车企业创新生态系统中最大的子系统的核心企业由电池制造企业和客车制造企业共同担当。新能源客车企业创新生态系统电池技术扩散的三个阶段内，其余大多数的新能源客车企业创新生态子系统是由电池制造企业和客车制造企业共同承担核心企业的任务。

（3）从开拓阶段到扩展阶段，新能源客车企业创新生态系统中最大的子系统内的企业数增幅最大，电池技术得到了超速扩散，子系统内企业间关系以合作为主；从扩展阶段到领导阶段，新能源客车企业创新生态系统中最大的子系统内的企业数增幅最小，电池技术的扩散速度减缓，子系统内企业间关系以竞争为主。

6.3.3　新能源客车企业创新生态系统电池技术创新扩散机理

本书根据图 6-10 到图 6-15 的 "Modularity_ Class" 计算结果和加权节点度 d_i^* 的计算结果,结合 6.3.2 的新能源客车企业创新生态系统电池技术扩散周期划分,得出了四类不同的新能源客车企业创新生态子系统。具体划分标准如下:①三个阶段内子系统内核心企业是否为电池制造业;②子系统是否构建于开拓阶段;③子系统内的客车制造企业数和电池制造企业数比例;④子系统的新创企业是否担任了核心企业的任务。由此本书将通过分析这四类子系统在不同扩散阶段内的变化(见表6-2),以阐述新能源客车企业创新生态系统电池技术扩散机理。

表6-2　不同阶段新能源客车企业创新生态系统内创新扩散的重要企业

类别	开拓阶段	加权节点度 d_i^*	扩展阶段	加权节点度 d_i^*	领导阶段	加权节点度 d_i^*
第一类:单核心企业稳定型技术创新生态系统	matcl, 1965[1] ZZYTBcl, 1993[1]	36[1] 16[1]	ZZYTBcl, 1993[1] catcl, 2011[2] matcl, 1965[1] XMDGBcl, 1992[1] HNNQEEVcl, 2007[2] WXGcl, 1969[1] XMJLUAIcl, 1988[2]	367[1] 283[2] 278[1] 190[1] 170 149[1] 141	catcl, 2011[2] ZZYTBcl, 1993[1] CRRCTEVcl, 2002 mpshzcl, 2006 XMDGBcl, 1992[1] XMJLUAIcl, 1988[2] SHSLBcl, 2005[2] GXSLBcl, 2014	1502[2] 327[1] 252 244 238[1] 209[2] 176[2] 154
第二类:多核心企业稳定型技术创新生态系统	csumtcl, 2002[1] ZTBHcl, 1958[1]	11[1] 9[1]	csumtcl, 2002[1] FMGcl, 1996[2] ZTBHcl, 1958[1]	214[1] 130[2] 119[1]	csumtcl, 2002[1] ZTBHcl, 1958[1] hfgxhpecl, 2006 FMGcl, 1996[2] tjlsbjcl, 1997 AHAKAcl, 1997	304[1] 277[1] 243 201 132 109
第三类:单核心企业变化型技术创新生态系统	DFMGcl, 1969[1] hnsztcl, 2000	15[1] 10	bjnbtcl, 2011[2] DFMGcl, 1969[1]	70[2] 69[1]	bjnbtcl, 2011[2] ZHGTAcl, 1999 whetcbcl, 2014 DFMGcl, 1969[1] ylecl, 2009	205[2] 122 93 90[1] 89

类别	开拓阶段	加权节点度 d_i^*	扩展阶段	加权节点度 d_i^*	领导阶段	加权节点度 d_i^*
第四类：晚期单核心企业稳定型技术创新生态系统			*NGDBcl*, 2000[②]	124	*NGDBcl*, 2000[②]	293
			CYMAGcl, 2001	64	*hzeveecl*, 2001[②]	203
			mtcl, 2003	32	njsptcl, 2011	80
			hzeveecl, 2001[②]	25	GWBcl, 1998	74

注：①表示该企业从开拓阶段就加入了同一新能源客车创新生态系统；②表示该企业从拓展阶段就加入了同一新能源客车创新生态系统；加粗字体表示企业为创新生态系统的最重要企业；斜体表示该企业从开拓阶段才开始采纳电池技术。

第一类新能源客车企业创新生态子系统为单核心企业稳定型技术创新生态系统（见图 6-17）。该类新能源客车企业创新生态子系统的核心企业是电池制造企业且始终不变，系统内的电池制造企业数量较少，客车制造企业数量较多，在技术扩散的扩展阶段有新创企业加入并最终发展成为核心企业。本书以 matcl，1965 和 ZZYTBcl，1993 所在的子系统为例分析第一类新能源客车企业创新生态系统创新扩散机理。在新能源客车企业创新生态子系统创新扩散的开拓阶段，锂电子电池技术不成熟，matcl，1965 作为一家大型跨国公司，可以提供成熟的超级电容器电池（SC）技术，它联合中国最大的客车制造企业 ZZYTBcl，1993 共同构建了创新生态子系统。由于两家企业规模是行业内最大的，且其电池技术和整车制造技术都是行业内领先，所以该系统在创新扩散开拓阶段内就确定了行业龙头地位，吸引了另外 12 家企业加入了系统。在新能源客车企业创新生态子系统创新扩散的扩展阶段，catcl，2011 作为一个拥有成熟磷酸铁锂电池（LiFePO$_4$ 或 LFP）技术标准的新创型企业，在 2013 年开始量产磷酸铁锂电池（LiFePO$_4$ 或 LFP）后加入了以 matcl，1965 为核心的新能源客车企业创新生态系统。由于磷酸铁锂电池（LiFePO$_4$ 或 LFP）的技术性能和价格都优于超级电容器电池（SC），matcl，1965 和 catcl，2011 为了争夺该系统内的领导地位开始激烈竞争。为了维持新能源客车创新生态子系统的稳定，两家企业和客车制造企业合作时都倾向于让利于这些配套企业，反而使得创新扩散扩展阶段内 ZZYTBcl，1993 发展成为该系统内创新性最大的企业。同时，电池制造企业 catcl，2011 为了对抗 matcl，

1965，它选择与 HNNQEEVcl，2007 和 XMJLUAIcl，1988 等大型客车制造企业积极合作，吸引这些企业加入它所在的新能源客车企业创新生态子系统。该系统为这些配套企业提供了充足的发展空间，最终使 HNNQEEVcl，2007 和 XMJLUAIcl，1988 成长为系统内的重要配套企业。因此，catcl，2011 所在的新能源客车企业创新生态子系统进一步扩大，系统内的企业数增长了 121%。在新能源客车企业创新生态子系统创新扩散的领导阶段，电池制造企业 catcl，2011 凭借更低的转换成本、电池制造成本以及更优越的技术性能最终赢得系统内的领导地位，并进一步开发了新的三元聚合物电池（$LiNiMnCoO_2$ 或 NMC）技术，保持了技术领先地位。自 2017 年开始，电池制造企业 catcl，2011 的动力电池全球使用量第一，逐步成长为一家大规模企业。而 ZZYTBcl，1993 在 catcl，2011 为核心企业的新能源客车企业创新生态子系统内的位置和其他大型客车制造企业相仿，已不具备绝对优势。自此期间，第一类新能源客车企业创新生态子系统继续快速扩大，相较于创新扩散的扩展阶段，系统内的企业个数增长了 151%，电池技术持续扩散。

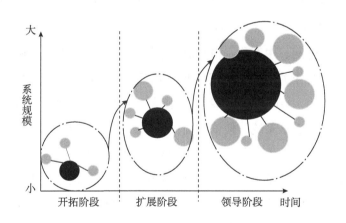

图 6-17　第一类企业技术创新生态系统

第二类新能源客车企业创新生态子系统为多核心企业稳定型技术创新生态系统（见图 6-18）。该类新能源客车企业创新生态子系统核心企业是电池制造企业和客车制造企业且始终不变，系统内的电池制造企业数量和客车制造企业数量均等，在技术扩散的扩展阶段没有新创企业加入该系统。本书以 csumtcl，2002 和 ZTBHcl，1958 所在的子系统为例来分析第二类新能源客车企业创新生态系统创新扩散机理。在新能源客车企业创新生态子系统创新扩散的开拓阶段，电池制造企业 csumtcl，2002 利用其在锂离子锰氧化物电池（LiMn2O$_4$、Li2MnO$_3$ 或 LMO）技术的优势，与客车制造企业 ZTBHcl，1958 共同构建新能源客车企业创新生态子系统。这两家企业构建的新能源客车企业创新生态子系统在创新扩散的开拓阶段仅吸引了 7 家企业，具体原因如下：①电池制造企业 csumtcl，2002 没有最好的电池技术，相较于其他企业，该企业在电池行业并没有绝对优势。②客车制造企业 ZTBHcl，1958 虽然是大型企业，但该企业 2010 年才进入客车领域，它在新能源客车行业也没有较为明显的竞争优势。在新能源客车企业创新生态子系统创新扩散的扩展阶段，核心企业 csumtcl，2002 继续发展其电池技术，开发了钛酸锂电池（LTO）技术和磷酸铁锂电池（LiFePO$_4$ 或 LFP）技术。该企业所在系统内没有其他电池制造企业与它竞争，因此，该阶段核心企业 csumtcl，2002 的核心任务是扩大其所在的新能源客车企业创新生态子系统，以对抗其他新能源客车企业创新生态子系统的竞争。进而 csumtcl，2002 选择与老牌大厂 FMGcl，1996 合作。FMGcl，1996 是一家跨地区、跨行业、跨所有制的国有控股上市公司，与国家电网、南方电网、中石化、中石油、中国移动、中国电信、中国联通等集团客户有战略联盟合作关系，而且该企业形成相关技术标准 1225 件，有非常高的配套技术开发能力。csumtcl，2002 与老牌大厂 FMGcl，1996 的合作极大程度扩展了其所在创新生态子系统，使该系统在创新扩散扩展阶段成为规模第二大的子系统，并且与规模第一大的新能源客车企业创新生态子系统差距极小，csumtcl，2002 所在的新能源客车企业创新生态子系统的企业个数增长了 157%。然而，与 FMGcl，1996 的合作并不总是有利的，FMGcl，1996 与 ZTBHcl，1958 之间市场定位相同，因此在扩展阶段两者的竞争非常激烈，导致该系统的创新扩散进入领导阶段后，FMGcl，1996 与 ZTBHcl，1958 之间为了争取新能源客车企业创新生态子系统内的领导地位，引入了电池制造企业 hfgxhpecl，2006 和 tjlsbjcl，1997，冲击了 csumtcl，2002 在该系统内作为电池制造领域的领导地位。最终 csumtcl，2002 和 ZTBHcl，1958 共同成为核心企业，csumtcl，2002 所在的新能源客车企业创新生态子系统的发展规模低于 catcl，2011 所在的新能源客车企业创新生态子系统。但是，由于 csumtcl，2002 在钛酸锂电池（LTO）技术和磷酸铁锂电池（LiFePO$_4$ 或 LFP）技术方面的不断更新，且与 hfgxhpecl，2006 等小型电池制造企业合作时，hfgxhpecl，2006 所在的拥有 7 家高创新性企业的小型新能源客车企业创新生态子系统也加入了 csumtcl，2002 所在的新能源客车企业创新生态子系统，使系统保有持续的吸引力，不断扩大，最终该新能源客车企业创新生态子系统内企业数增长了 194%。

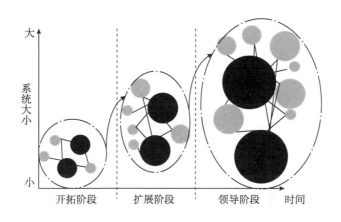

图 6-18 第二类企业技术创新生态系统

第三类新能源客车企业创新生态子系统为单核心企业变化型技术创新生态系统（见图 6-19）。该类新能源客车企业创新生态子系统核心企业是客车制造企业，但后期变化为电池企业，系统内的电池制造企业占多数，客车制造企业数量较少，在创新扩散的扩展阶段有新创企业加入并最终发展成为核心企业。本书以 DFMGcl，1969 所在的子系统为例分析第三类新能源客车企业创新生态系统创新扩散机理。在新能源客车企业创新生态子系统创新扩散的开拓阶段，老牌大厂 DFMGcl，1969 为了进入新能源汽车领域，和一家小型电池制造企业 hnsztcl，2000 共同构建了新能源客车企业创新生态子系统。由于两家企业在行业内的影响力都较小，其技术也不是最优，所以开拓阶段仅吸引了另外 3 家企业加入该系统。进入创新扩散的扩展阶段后，hnsztcl，2000 与 DFMGcl，1969 不再合作，并最终退出了所在的新能源客车企业创新生态子系统。为了维持系统的稳定运行，

DFMGcl，1969 和新创电池制造企业 bjnbtcl，2011 展开合作。bjnbtcl，2011 的创始人是国内最大的锂电池企业创始人之一，因此该公司拥有先进的磷酸铁锂电池（LiFePO$_4$ 或 LFP）技术，该企业的加持使得 DFMGcl，1969 构建的新能源客车企业创新生态子系统内企业数增长了 520%。进入创新扩散的领导阶段，bjnbtcl，2011 逐渐掌握了其所在的新能源客车企业创新生态子系统的领导权，bjnbtcl，2011 选择与更多的企业合作，继续扩大该创新生态子系统，使系统内企业个数增长为 72 个。

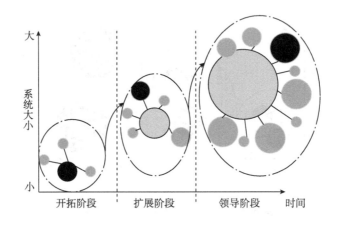

图 6-19　第三类企业技术创新生态系统

第四类新能源客车企业创新生态子系统为晚期市场单核心企业稳定型技术创新生态系统（见图 6-20）。该类新能源客车企业创新生态子系统是由两个新创企业在较晚的扩展阶段才构建的创新生态子系统，系统的核心企业是客车制造企业且始终不变，系统内的电池制造企业数量和客车制造企业数量均等。本书以 NGDBcl，2000 所在的子系统为例来分析第四类新能源客车企业创新生态系统创新扩散机理。客车制造企业 NGDBcl，2000 在 2011 年实施重组，多家汽车企业入股该企业，在业界有较强的影响力。电池制造企业 hzeveecl，2001 有 59 项国家专利，并在锂/亚硫酰氯、锂/二氧化锰和锂/二硫化铁等锂电池领域拥有技术和生产规模的优势。客车制造企业 NGDBcl，2000 在实施重组后才和电池制造企业 hzeveecl，2001 在创新扩散的扩展阶段共同构建创新生态子系统，吸引了另外28家小型企业加入该系统。进入新能源客车创新生态子系统创新扩散的领导阶段后，两家企业共同开发新技术，增强其创新性，但由于其他创新生态子系统的挤压，该阶段内反而有1家企业退出了系统，因此该系统的规模并没有扩大。

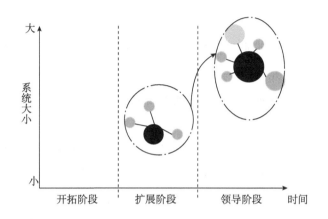

图 6-20　第四类企业技术创新生态系统

通过上述新能源客车企业电池技术创新生态系统的创新扩散机理的剖析，本书得出以下结论：

首先，早期采纳企业的规模越大，其所在的创新生态系统技术扩散越广越快。

其次，换代技术推出越快，技术性能就越优越，转换成本就越低，旧技术的创新生态系统越容易被取代。

再次，拥有新技术标准的新创企业若能和优质的配套企业合作，最终也能够成长为最大的核心企业，其技术扩散也会更快。

最后，核心企业的核心地位稳定有利于创新生态系统创新扩散；反之，核心企业之间的竞争可能会导致创新生态系统扩展变缓，创新扩散速度减弱。

6.4 新能源客车企业创新生态系统
电池技术创新扩散的建议

本节将基于 6.3 的新能源客车电池技术创新生态系统创新扩散网络分析结果，结合前 5 章的研究内容，根据竞争关系与合作关系的创新扩散机理分析，分别从核心企业、配套企业和政府三个视角提出促进新能源客车电池技术创新生态系统创新扩散的对策建议。

第一，核心企业应调整技术创新策略。首先，核心企业应增强创新能力，提高新技术研发水平。电池制造企业应依托自身的技术优势，加大对电池技术的研发投入，进而在氢燃料电池（HFC）领域开发出性能更优越的新技术。其次，通过不断的技术更新换代，开发更多磷酸铁锂电池（LiFePO$_4$ 或 LFP）和三元聚合物电池（LiNiMnCoO$_2$ 或 NMC），增强竞争能力，巩固电池企业的主体地位和中心作用，激发新能源客车制造企业的采纳电池技术的意愿，进而提高电池技术创新扩散的深度和广度。最后，核心企业应该加强和配套企业的合作，从而提高网络关系构建能力。

第二，建议配套企业和共生环境共同充当拉动需求的角色。首先，当一项新技术或新产品出现时，各种广告媒体，如电视广播、报纸、杂志、户外媒体和互联网可以用来以易于理解的方式为其做广告，从而使消费者对其有更好的了解。其次，环境的便捷性。未来应该促进私有收费领域的开发，例如：①鼓励新能源客车企业、金融企业和电网企业合作，在消费者的家庭和工作场所建设基础设施；②为愿意建设国内收费设施的消费者提供相应补贴；③加快商店、饭店、餐馆、加油站等与其经营业务相近的相关经营者对基础设施建设的投资；④暂时降低公共充电站和充电桩的充电成本，以吸引消费者。

第三，政府应在中国的新能源客车电池技术创新生态系统创新扩散中起到引导和促进作用。政府应该从两个方面通过竞争和合作来引导和促进电池技术的扩散：①政府应该通过投资补贴和产出补贴加强电池制造企业和客车制造企业的竞争与合作。政府应该不断提高企业申请补贴的难度，如针对搭载同类型电池的某种新类型的新能源客车，只有电池的续航时间、充电时间、新能源客车的销量等所有指标都达到相对高的级别时，电池制造企业才能获得投资补贴，客车制造企业也才能获得产出补贴。这时有合作关系的电池制造企业和客车制造企业为了能够获得补贴会加强两者之间的合作，以集中资源进行新技术开发；而有竞争关系的同类型企业会为了获得更多的补贴也会加快技术创新，最终达到企业促进电池技术创新和扩散的目的。②目前中国的新能源电池技术没有普遍确立的工业标准，鉴于未来技术发展轨迹的不确定性，政府应该建立一个多样化的知识库，让一些企业有可能掌握未来的技术标准，而不是将大量资源集中在任何可能或无法实现可持续发展的特定技术上。

6.5　本章小结

本章利用现实数据验证了前三章研究结论。研究表明：新能源客车企业创新生态系统经历的开拓阶段时间最长，而扩展阶段和领导阶段较短。最大的新能源客车企业创新生态系统的核心企业为电池制造企业，从开拓阶段到扩展阶段得到了超速扩散，系统内企业间关系以合作为主，从扩展阶段到领导阶段扩散速度减缓，系统内企业间关系以竞争为主。最后针对四种主要类型的新能源客车企业创新生态子系统分析了机理并提出了对策建议。

参考文献

［1］Aalbers R, Van der Heijden E, Potters J, et al. Technology adoption subsidies: An experiment with managers ［J］. Energy Economics, 2009, 31 (3): 431-442.

［2］Aarikka-Stenroos L, Ritala P. Network management in the era of ecosystems: Systematic review and management framework ［J］. Industrial Marketing Management, 2017 (67): 23-36.

［3］Abedi V S, Berman O, Krass D. Supporting new product or service introductions: Location, marketing and word of mouth ［J］. Operations Research, 2015, 55 (5-6): 523-524.

［4］Abedi V S. Allocation of advertising budget between multiple channels to support sales in multiple markets ［J］. Journal of the Operational Research Society, 2017, 68 (2): 134-146.

［5］Abedi V S. Compartmental diffusion modeling: Describing customer heterogeneity & communication network to support decisions for new product introductions ［J］. Physica A: Statistical Mechanics and its Applications, 2019 (536): 7-14.

［6］Adner R, Kapoor R. Innovation ecosystems and the pace of substitution: Re-examining technology S-curves ［J］. Strategic Management Journal, 2015, 37 (4): 625-648.

［7］Adner R, Kapoor R. Value creation in innovation ecosystems: How the structure of technological interdependence affects firm performance in new technology generations ［J］. Strategic Management Journal, 2010, 31 (3): 306-333.

[8] Adner R. Ecosystem as structure: An actionable construct for strategy [J].
Journal of Management, 2017, 43 (1): 39-58.

[9] Adner R. Match your innovation strategy to your innovation ecosystem [J].
Harvard Business Review, 2006, 84 (4): 98-107, 148.

[10] Adomavicius G, Bockstedt J, Gupta A, et al. Understanding patterns of
technology evolution: An ecosystem perspective [C]. Proceedings of the 39th Annual
Hawaii International Conference on System Sciences (HICSS' 06), US, Hawaii,
2006.

[11] Ahuja G, Soda G, Zaheer A. The genesis and dynamics of organizational
networks [J]. Organization Science, 2012, 23 (2): 434-448.

[12] Aldy J E, Gerarden T D, Sweeney R L. Investment versus output subsidies: Im-
plications of alternative incentives for wind energy [R]. Cambridge: National Bureau of
Economic Research, 2018.

[13] Allen R H, Sriram R D. The role of standards in innovation [J]. Techno-
logical Forecasting & Social Change, 2000, 64 (2): 171-181.

[14] Amini M, Li H. The impact of dual-market on supply chain configuration
for new products [J]. International Journal of Production Research, 2015, 53 (17-
18): 5669-5684.

[15] Andreozzi L. A note on critical masses, network externalities and converters
[J]. International Journal of Industrial Organization, 2004, 22 (5): 647-653.

[16] Annabelle, Gawer, David, et al. Innovation policy within private collectives:
Evidence on 3GPP's regulation mechanisms to facilitate collective innovation [J]. Techno-
vation: The International Journal of Technological Innovation, Entrepreneurship and Tech-
nology Management, 2014, 34 (12): 734-745.

[17] Appio F P, Martini A, Petruzzelli A M, et al. Search mechanisms and in-
novation: An analysis across multiple perspectives [J]. Technological Forecasting and
Social Change, 2017 (120): 103-116.

[18] Arslan B. The interplay of competitive and cooperative behavior and differen-
tial benefits in alliances [J]. Strategic Management Journal, 2018, 39 (12): 3222-

3246.

[19] Arvanitis S, Hollenstein H, Lenz S. The effectiveness of government promotion of advanced manufacturing technologies (AMT): An economic analysis based on Swiss micro data [J]. Small Business Economics, 2002, 19 (4): 321–340.

[20] Arvanitis S, Hollenstein H. The determinants of the adoption of advance manufacturing technology [J]. Economics of Innovation & New Technology, 2001, 10 (5): 377–414.

[21] Athreye S S, Keeble D. Sources of increasing returns and regional innovation in the UK [J]. Regional Studies, 2002, 36 (4): 345–357.

[22] Augusto D V G L, Figueiredo Fa, Cin A L, Salerno M S, et al. Unpacking the innovation ecosystem construct: Evolution, gaps and trends [J]. Technological Forecasting and Social Change, 2016 (136): 30–48.

[23] Autio E, Kenney M, Mustar P, et al. Entrepreneurial innovation: The importance of context [J]. Research Policy, 2014, 43 (7): 1097–1108.

[24] Autio E, Thomas L. The Oxford handbook of innovation management [M]. Oxford: Oxford University Press, 2014.

[25] Azzam J E, Ayerbe C, Dang R. Using patents to orchestrate ecosystem stability: The case of a French aerospace company [J]. International Journal of Technology Management, 2017, 75 (1–4): 97–120.

[26] Bai Y, Song S, Jiao J, et al. The impacts of government R&D subsidies on green innovation: Evidence from Chinese energy–intensive firms [J]. Journal of Cleaner Production, 2019, 233 (10): 819–829.

[27] Baldwin C Y. Bottlenecks, modules and dynamic architectural capabilities [J]. Harvard Business School Finance Working Paper, 2015.

[28] Baptista R. Do innovations diffuse faster within geographical clusters? [J]. International Journal of Industrial Organization, 2000, 18 (3): 515–535.

[29] Bass F, Krishnan T, Jain D. Why the bass model fits without decision variables [J]. Marketing Science, 1994, 13 (3): 203–223.

[30] Bengtsson M, Eriksson J, Wincent J. Co–opetition dynamics—an outline

for further inquiry [J]. Competitiveness Review an International Business Journal Incorporating Journal of Global Competitiveness, 2010, 20 (2): 194-214.

[31] Berg J, Dickhaut J, Mccabe K. The individual versus the aggregate [R]. Judgment and Decision-Making Research in Accounting and Auditing, 1995.

[32] Bhaskar V, Vega-Redondo F. Migration and the evolution of conventions [J]. Journal of Economic Behavior & Organization, 2004, 55 (3): 397-418.

[33] Bianchi M, Di Benedetto A, Franzò S, et al. Selecting early adopters to foster the diffusion of innovations in industrial markets: Evidence from a multiple case study [J]. European Journal of Innovation Management, 2017, 20 (4): 620-644.

[34] Boon - Kwee N, Thiruchelvam K. Technological innovation in malaysian small and medium-sized wooden furniture manufacturers: Actors and linkages [C]. Proceedings of 2010 International Conference on Innovation, Management and Service, Singapore, 2010.

[35] Boudreau K J, Jeppesen L B. Unpaid crowd complementors: The platform network effect mirage [J]. Strategic Management Journal, 2015, 36 (12): 1761-1777.

[36] Bouncken R B, Clauss T, Fredrich V. Product innovation through coopetition in alliances: Singular or plural governance? [J]. Industrial Marketing Management, 2016, 53 (2): 77-90.

[37] Bouncken R B, Fredrich V, Kraus S. Configurations of firm-level value capture in coopetition [J]. Long Range Planning, 2020, 53 (1): 7-14.

[38] Bouncken R B, Fredrich V. Learning in coopetition: Alliance orientation, network size, and firm types [J]. Journal of Business Research, 2016, 69 (5): 1753-1758.

[39] Bouncken R B, Gast J, Kraus S, et al. Coopetition: A systematic review, synthesis, and future research directions [J]. Review of Managerial Science, 2015, 9 (3): 577-601.

[40] Bunduchi R, Smart A U. Process innovation costs in supply networks: A synthesis [J]. International Journal of Management Reviews, 2010, 12 (4): 365-

383.

[41] Caerteling J S, Halman J, AG D. Technology commercialization in road infrastructure: How government affects the variation and appropriability of technology [J]. Journal of Product Innovation Management, 2008, 25 (2): 143-161.

[42] Campisi D, Tesauro C. The diffusion and spatial distribution of new telecommunication technologies in the Italian region of Campania [J]. Technovation, 1992, 12 (6): 355-368.

[43] Carlos E., Laciana, et al. Exploring associations between micro-level models of innovation diffusion and emerging macro-level adoption patterns [J]. Physica A: Statistical Mechanics and its Applications, 2013, 392 (8): 1873-1884.

[44] Cec Cagnoli M, Forman C, Peng H, et al. Cocreation of value in a platform ecosystem: The case of enterprise software [J]. MIS Quarterly, 2011 (36): 263-290.

[45] Ceci F, Iubatti D. Personal relationships and innovation diffusion in SME networks: A content analysis approach [J]. Research Policy, 2012, 41 (3): 565-579.

[46] Cennamo C, Ozalp H, Kretschmer T. Platform architecture and quality trade-offs of multihoming complements [J]. Information Systems Research, 2018, 29 (2): 461-478.

[47] Cennamo C, Santalo J. Platform competition: Strategic trade-offs in platform markets [J]. Strategic Management Journal, 2013, 34 (11): 1331-1350.

[48] Chiambaretto P, Maria B, Fernandez A S. Small and large firms' trade-off between benefits and risks when choosing a coopetitor for innovation [J]. Long Range Planning, 2020, 53 (1): 7-14.

[49] Chiang J T. From "mission-oriented" to "diffusion-oriented" paradigm: The new trend of U. S. industrial technology policy [J]. Technovation, 1991, 11 (6): 339-365.

[50] Choi H, Kim S H, Lee J. Role of network structure and network effects in diffusion of innovations [J]. Industrial Marketing Management, 2010, 39 (1): 170-177.

［51］ Cho Y, Daim T. OLED TV technology forecasting using technology mining and the Fisher-Pry diffusion model ［J］. Foresight, 2016, 18 （2）: 117-137.

［52］ Cho Y, Hwang J, Lee D. Identification of effective opinion leaders in the diffusion of technological innovation: A social network approach ［J］. Technological Forecasting and Social Change, 2012, 79 （1）: 97-106.

［53］ Christophe V, Joshi Y V. New product diffusion with influentials and imitators ［J］. Marketing Science, 2007, 26 （3）: 400-421.

［54］ Clauset A, Newman M E J, Moore C. Finding community structure in very large networks ［J］. Physical Review E, 2004, 70 （6）: 66-111.

［55］ Cloodt M, Hagedoorn J, Kranenburg H V. Mergers and acquisitions: Their effect on the innovative performance of companies in high－tech industries ［J］. Research Policy, 2006, 35 （5）: 642-654.

［56］ Colombelli A, Krafft J, Quatraro F. The emergence of new technology－based sectors in European regions: A proximity－based analysis of nanotechnology ［J］. Research Policy, 2014, 43 （10）: 1681-1696.

［57］ Costa P, Porto G S. Technological governance and cooperability in Brazilian multinationals ［J］. Revista De Administrao De Empresas, 2014, 54 （2）: 201-221.

［58］ Cowan R, Jonard N. Network structure and the diffusion of knowledge ［J］. Journal of Economic Dynamics & Control, 2004, 28 （8）: 1557-1575.

［59］ Crick J M, Crick D. The yin and yang nature of coopetition activities: Non-linear effects and the moderating role of competitive intensity for internationalised firms ［J］. International Marketing Review, 2020 （1）: 7-14.

［60］ Cruz－Roldan F. Performance analysis of technology using the S curve model: The case of digital signal processing （DSP） technologies ［J］. Technovation, 1998, 18 （6）: 439-457.

［61］ Cui V, Yang H, Vertinsky I. Attacking your partners: Strategic alliances and competition between partners in product markets ［J］. Strategic Management Journal, 2018, 39 （12）: 3116-3139.

［62］ Dasgupta P, Stoneman P. Economic policy and technological performance: Contents [J]. Cambridge Books, 2005, 55 (2): 515-520.

[63] Dattée B, Alexy O, Autio E. Maneuvering in poor visibility: How firms play the ecosystem game when uncertainty is high [J]. The Academy of Management Journal, 2018, 61 (2): 466-498.

[64] Deborah D, Dunne D D. Organizing ecologies of complex innovation [J]. Organization Science, 2011, 22 (5): 1214-1223.

[65] Dedehayir O, Mkinen S J, Roland Ortt J. Roles during innovation ecosystem genesis: A literature review [J]. Technological Forecasting and Social Change, 2016, 136 (11): 18-29.

[66] Deroïan F. Formation of social networks and diffusion of innovations [J]. Research Policy, 2002, 31 (5): 835-846.

[67] Dewick P, Green K, Fleetwood T, et al. Modelling creative destruction: Technological diffusion and industrial structure change to 2050 [J]. Technological Forecasting & Social Change, 2006, 73 (9): 1084-1106.

[68] Dorn S, Schweiger B, Albers S. Levels, phases and themes of coopetition: A systematic literature review and research agenda [J]. European Management Journal, 2016, 34 (5): 484-500.

[69] Drongelen I C K, Bilderbeek J. R&D performance measurement: More than choosing a set of metrics [J]. R&D Management, 2010, 29 (1): 35-46.

[70] Drongelen K V, Cooke A. Design principles for the development of measurement systems for research and development processes [J]. R&D Management, 2010, 27 (4): 345-357.

[71] Ergas H. Does technology policy matter [J]. Technology and Global Industry: Companies and Nations in the World Economy, 1987 (1): 191-245.

[72] Escribano A, Fosfuri A, Tribo J A. Managing external knowledge flows: The moderating role of absorptive capacity [J]. Research Policy, 2009, 38 (1): 96-105.

[73] Faems D, Janssens M, Madhok A, et al. Toward an integrative rerspective on alliance governance: Connecting contract design, trust dynamics, and contract application [J]. Academy of Management Journal, 2008 (51): 1053-1078.

［74］ Fahr R, Irlenbusch B. Fairness as a constraint on trust in reciprocity: Earned property rights in a reciprocal exchange experiment ［J］. Economics Letters, 2000, 66 (3): 275-282.

［75］ Fan R, Dong L. The dynamic analysis and simulation of government subsidy strategies in low–carbon diffusion considering the behavior of heterogeneous agents ［J］. Energy Policy, 2018, 117 (6): 252-262.

［76］ Farrell J, Simcoe T. Choosing the rules for consensus standardization ［J］. The RAND Journal of Economics, 2012, 43 (2): 235-252.

［77］ Fortunato S. Community detection in graphs ［J］. Physics Reports, 2010, 486 (3-5): 75-174.

［78］ Fourt L A, Woodlock J W. Early prediction of market success for new grocery products ［J］. Journal of Marketing, 1960, 25 (2): 31-38.

［79］ Francisco A P, Oliveira A L. On community detection in very large networks ［J］. Communications in Computer & Information Science, 2011 (116): 208-216.

［80］ Frankort H. Open innovation norms and knowledge transfer in interfirm technology alliances: Evidence from information technology, 1980-1999 ［J］. Advances in Strategic Management, 2013 (30): 239-282.

［81］ Garber T, Goldenberg J, Libai B, et al. From density to destiny: Using spatial dimension of sales data for early prediction of new product success ［J］. Marketing Science, 2004, 23 (3): 275-467.

［82］ Gawer A. Bridging differing perspectives on technological platforms: Toward an integrative framework ［J］. Research Policy, 2014, 43 (7): 1239-1249.

［83］ Gay B, Dousset B. Innovation and network structural dynamics: Study of the alliance network of a major sector of the biotechnology industry ［J］. Research Policy, 2005, 34 (10): 1457-1475.

［84］ Giachetti C, Lanzolla G. Product technology imitation over the product diffusion cycle: Which companies and product innovations do competitors imitate more quickly? ［J］. Long Range Planning, 2016, 49 (2): 250-264.

［85］ Gibbons D E. Network structure and innovation ambiguity effects on diffusion in dynamic organizational fields [J]. The Academy of Management Journal, 2004, 47 (6): 938-951.

[86] Ginsberg A, Horwitch M, Mahapatra S, et al. Ecosystem strategies for complex technological innovation: The case of smart grid development [C]. PICMET 2010 Technology Management for Global Economic Growth, Thailand, Phuket, 2010.

[87] Gnyawali D R, Park B J. Co-opetition between giants: Collaboration with competitors for technological innovation [J]. Research Policy, 2011, 40 (5): 650-663.

[88] Goldenberg J, Libai B, Muller E. Riding the saddle: How cross-market communications can create a major slump in sales [J]. Journal of Marketing, 2002, 66 (2): 1-16.

[89] Gomez J, Vargas P. The effect of financial constraints, absorptive capacity and complementarities on the adoption of multiple process technologies [J]. Research Policy, 2009, 38 (1): 106-119.

[90] Granata J, Lasch F, Le Roy F, et al. How do micro-firms manage coopetition? A study of the wine sector in France [J]. International Small Business Journal, 2018, 36 (3): 331-355.

[91] Granstrand O, Holgersson M. Innovation ecosystems: A conceptual review and a new definition [J]. Technovation, 2020 (90): 7-14.

[92] Grilli L, Murtinu S. Do public subsidies affect the performance of new technology-based firms? The importance of evaluation schemes and agency goals [J]. Prometheus, 2012, 30 (1): 97-111.

[93] Guo Z, Chen J. Multigeneration product diffusion in the presence of strategic consumers [J]. Information Systems Research, 2018, 29 (1): 206-224.

[94] Guseo R, Guidolin M. Market potential dynamics in innovation diffusion: Modelling the synergy between two driving forces [J]. Technological Forecasting & Social Change, 2011, 78 (1): 13-24.

[95] Hagerstrand T. Innovation as a spatial process [M]. Chicago: University of Chicago Press, 1953.

［96］Hahn Y, Yu P. Towards a new technology policy: The integration of generation and diffusion ［J］. Technovation, 1999, 19 (3): 177-186.

［97］Hannah D P, Eisenhardt K M. How firms navigate cooperation and competition in nascent ecosystems ［J］. Strategic Management Journal, 2018, 39 (12): 3163-3192.

［98］Hao H, Ou X, Du J, et al. China's electric vehicle subsidy scheme: Rationale and impacts ［J］. Energy Policy, 2014 (73): 722-732.

［99］Hattori M, Tanaka Y. Subsidizing new technology adoption in a stackelberg duopoly: Cases of substitutes and complements ［J］. Italian Economic Journal, 2016, 2 (2): 197-215.

［100］Hekkert M P, Suurs R A A, Negro S O, et al. Functions of innovation systems: A new approach for analysing technological change ［J］. Technological Forecasting and Social Change, 2007, 74 (4): 413-432.

［101］Helfat C E, Raubitschek R S. Dynamic and integrative capabilities for profiting from innovation in digital platform-based ecosystems ［J］. Research Policy, 2018, 47 (8): 1391-1399.

［102］Hill C W L. Establishing a standard: Competitive strategy and technological standards in winner-take-all industries ［J］. Academy of Management Perspectives, 1997, 11 (2): 7-25.

［103］Hoffmann W, Lavie D, Reuer J J, et al. The interplay of competition and cooperation ［J］. Strategic Management Journal, 2018, 39 (12): 3033-3052.

［104］Hollenstein H. Determinants of the adoption of information and communication technologies (ICT) ［J］. Structural Change and Economic Dynamics, 2004, 15 (3): 315-342.

［105］Hongyan, Yang, Corey, et al. Learning from what others have learned from you: The effects of technology spillovers on the originating firms ［J］. The Academy of Management Journal, 2010, 53 (2): 371-389.

［106］Hoppe H C. Second-mover advantages in the strategic adoption of new technology under uncertainty ［J］. International Journal of Industrial Organization,

2000, 18 (2): 315-338.

[107] House C L, Shapiro M D. Temporary investment tax incentives: Theory with evidence from bonus depreciation [J]. American Economic Review, 2008, 98 (3): 737-768.

[108] Hu A G. The regionalization of knowledge flows in east asia: Evidence from patent citations data [J]. World Development, 2009, 37 (9): 1465-1477.

[109] Huang P, Ceccagnoli M, Forman C, et al. Appropriability mechanisms and the platform partnership decision: Evidence from enterprise software [J]. Management Science, 2013, 59 (1): 102-121.

[110] Huergo E, Moreno L. Subsidies or loans? Evaluating the impact of R&D support programmes [J]. Research Policy, 2017, 46 (7): 1198-1214.

[111] Huisman K, Kort P M. Strategic technology adoption taking into account future technological improvements: A real options approach [J]. European Journal of Operational Research, 2004, 159 (3): 705-728.

[112] Iansiti M, Levien R, Iansiti M, et al. The keystone advantage: What the new dynamics of business ecosystems mean for strategy, innovation, and sustainability [J]. Future Survey, 2004, 20 (2): 88-90.

[113] Jackson M O, Rogers B W. Meeting strangers and friends of friends: How random are social networks? [J]. American Economic Review, 2007, 97 (3): 890-915.

[114] Jackson M O, Yariv L. Diffusion of behavior and equilibrium properties in network games [J]. American Economic Review, 2007, 97 (2): 92-98.

[115] Jacobides M G, Cennamo C, Gawer A. Towards a theory of ecosystems [J]. Strategic Management Journal, 2018, 39 (8): 2255-2276.

[116] Jha A, Saha D. Forecasting and analysing the characteristics of 3G and 4G mobile broadband diffusion in India: A comparative evaluation of Bass, Norton-Bass, Gompertz, and logistic growth models [J]. Technological Forecasting and Social Change, 2020 (152): 7-14.

[117] Jiang Z, Jain D C. A generalized Norton—Bass model for multigeneration

diffusion [J]. Management Science, 2012, 58 (10): 1887-1897.

[118] Johansson M, Kärreman M, Foukaki A. Research and development resources, coopetitive performance and cooperation: The case of standardization in 3GPP, 2004-2013 [J]. Technovation, 2019 (88): 102074.

[119] Kapoor R, Agarwal S. Sustaining superior performance in business ecosystems: Evidence from application software developers in the IOS and android smartphone ecosystems [J]. Organization Science, 2017, 28 (3): 531-551.

[120] Kapoor R, Furr N R. Complementarities and competition: Unpacking the drivers of entrants' technology choices in the solar photovoltaic industry [J]. Strategic Management Journal, 2015, 36 (3): 416-436.

[121] Kapoor R, Lee J M. Coordinating and competing in ecosystems: How organizational forms shape new technology investments [J]. Strategic Management Journal, 2013, 34 (1): 274-296.

[122] Karamanos A G. Effects of a firm's and their partners' alliance ego-network structure on its innovation output in an era of ferment [J]. R&D Management, 2016, 46 (S1): 261-276.

[123] Karmeshu D G. Transient bimodality and catastrophic jumps in innovation diffusion [J]. IEEE Transactions on Systems, Man, and Cybernetics—Part A: Systems and Humans, 2008, 38 (3): 644-654.

[124] Karshenas M, Stoneman P L. Rank, stock, order, and epidemic effects in the diffusion of new process technologies: An empirical model [J]. The RAND Journal of Economics, 1993, 24 (4): 503-528.

[125] Kesavayuth D, Zikos V. R&D Versus output subsidies in mixed markets [J]. Economics Letters, 2013, 118 (2): 293-296.

[126] Kim T, Hong J, Lee H. Predicting when the mass market starts to develop: The dual market model with delayed entry [J]. IMA Journal of Management Mathematics, 2016, 27 (3): 381-396.

[127] Klein K, Semrau T, Albers S, et al. Multimarket coopetition: How the interplay of competition and cooperation affects entry into shared markets [J]. Long

Range Planning, 2020, 53 (1): 7-14.

[128] Kreng V B, Bang J W. An innovation diffusion of successive generations by system dynamics—An empirical study of Nike Golf Company [J]. Technological Forecasting and Social Change, 2013, 80 (1): 77-87.

[129] Kude T, Dibbern J, Heinzl A. Why do complementors participate? An analysis of partnership networks in the enterprise software industry [J]. IEEE Transactions on Engineering Management, 2012, 59 (2): 250-265.

[130] Lambiotte R, Delvenne J, Barahona M. Random walks, markov rrocesses and the multiscale modular organization of complex networks [J]. IEEE Transactions on Network Science & Engineering, 2015, 1 (2): 76-90.

[131] Lansiti M, Levien R. Strategy as ecology [J]. Harvard Business Review, 2004, 82 (3): 68-78.

[132] Lee S H, Tomaru Y. Output and R&D subsidies in a mixed oligopoly [J]. Operations Research Letters, 2017, 45 (3): 238-241.

[133] Lehmann D R, Esteban-Bravo M. When giving some away makes sense to jump-start the diffusion process [J]. Marketing Letters, 2006, 17 (4): 243-254.

[134] Leten B, Vanhaverbeke W, Roijakkers N, et al. IP models to orchestrate innovation ecosystems: IMEC, a public research institute in nano - electronics [J]. California Management Review, 2013, 55 (4): 51-64.

[135] Levinthal C. Absorptive capacity: A new perspective on learning and innovation [J]. Administrative Science Quarterly, 1990, 35 (1): 128-152.

[136] Li B, Chen W, Xu C, et al. Impacts of government subsidies for environmental-friendly products in a dual-channel supply chain [J]. Journal of Cleaner Production, 2018, 171 (2): 1558-1576.

[137] Liu S, Colson G, Hao N, et al. Toward an optimal household solar subsidy: A social-technical approach [J]. Energy, 2018 (147): 377-387.

[138] Li Y R. The technological roadmap of Cisco's business ecosystem [J]. Technovation, 2009, 29 (5): 379-386.

[139] Lopez-Pintado D. Contagion and coordination in random networks [J]. In-

ternational Journal of Game Theory, 2006, 34 (3): 371-381.

[140] López – Pintado D. Diffusion in complex social networks [J]. Games & Economic Behavior, 2008, 62 (2): 573-590.

[141] Luo Y, Huang L. The concept of entropy and the performance entropy of regional technological innovation ecosystem [C]. Proceedings of 2007 International Conference on Management Science & Engineering (14th), China, Chengdu, 2007.

[142] Mahajan V, Muller E, Srivastava R K. Determination of adopter categories by using innovation diffusion models [J]. Journal of Marketing Research, 1990, 27 (1): 37-50.

[143] Mahajan V, Muller E. Timing, diffusion, and substitution of successive generations of technological innovations: The IBM mainframe case [J]. Technological Forecasting & Social Change, 1996, 51 (2): 109-132.

[144] Mahajan V, Muller E. When is it worthwhile targeting the majority instead of the innovators in a new product launch? [J]. Journal of Marketing Research, 1998, 35 (4): 488-495.

[145] Mansfield E. Technical change and the rate of imitation [J]. Econometrica: Journal of the Econometric Society, 1961, 29 (4): 741-766.

[146] Mansfield E. The economic of technology change [M]. New York: Norton and Company Press, 1971.

[147] Mantovani A, Ruiz – Aliseda F. Equilibrium innovation ecosystems: The dark side of collaborating with complementors [J]. Management Science, 2016, 26 (2): 303-330.

[148] Marx F M. Managing Creativity in Small Worlds [J]. Social Science Electronic Publishing, 2009, 48 (4): 6-27.

[149] Mcintyre D P, Srinivasan A. Networks, platforms, and strategy: Emerging views and next steps [J]. Strategic Management Journal, 2017, 38 (1): 141-160.

[150] Meade N, Islam T. Modelling and forecasting the diffusion of innovation—A 25-year review [J]. International Journal of Forecasting, 2006, 22 (3): 529-545.

[151] Mina A, Dagnino G B, Vagnani G. An interpretive framework of the inter-

play of competition and cooperation [J]. Journal of Management & Governance, 2020, 24 (1): 1-35.

[152] Ming-Jer C. Competitive dynamics: Eastern roots, Western growth [J]. Cross Cultural & Strategic Management, 2016, 23 (4): 510-530.

[153] Mitra S, Webster S. Competition in remanufacturing and the effects of government subsidies [J]. International Journal of Production Economics, 2008, 111 (2): 287-298.

[154] Modis T, Debecker A. Innovation in the computer industry [J]. Technological Forecasting and Social Change, 1988, 33 (3): 267-278.

[155] Moore G A. Crossing the chasm: Marketing and selling technology products to mainstream customers [M]. New York: Harper Business, 1999.

[156] Moore G. Marketing and selling technology products to mainstream customers [M]. New York: Harper Collins Publishers, 1991.

[157] Muller E, Yogev G. When does the majority become a majority? Empirical analysis of the time at which main market adopters purchase the bulk of our sales [J]. Technological Forecasting & Social Change, 2006, 73 (9): 1107-1120.

[158] Muller E. Can you see the chasm?: Innovation diffusion according to Rogers, Bass, and Moore [J]. Review of Marketing Research, 2008, 5 (8): 38-57.

[159] Nambisan S, Baron R A. Entrepreneurship in innovation ecosystems: Entrepreneurs' self-regulatory processes and their implications for new venture success [J]. Entrepreneurship Theory & Practice, 2013, 37 (5): 1071-1097.

[160] Newman M. Modularity and community structure in networks [J]. Proceedings of the National Academy of Sciences of the United States of America, 2006, 103 (23): 8577-8582.

[161] Norton J A, Bass F M. A diffusion theory model of adoption and substitution for successive generations of high-technology products [J]. Management Science, 1987, 33 (9): 1069-1086.

[162] Oliver F R. Tractors in Spain: A further logistic analysis [J]. Journal of the Operational Research Society, 1981, 32 (6): 499-502.

［163］Ortt J R，Schoormans J. The pattern of development and diffusion of break-through communication technologies ［J］. European Journal of Innovation Management，2004，7（4）：292-302.

［164］Overholm，Harald. Collectively created opportunities in emerging ecosystems：The case of solar service ventures ［J］. Technovation，2015（39）：14-25.

［165］Ozcan P，Santos F M. The market that never was：Turf wars and failed alliances in mobile payments ［J］. Strategic Management Journal，2015，36（10）：1486-1512.

［166］Palm A. Early adopters and their motives：Differences between earlier and later adopters of residential solar photovoltaics ［J］. Renewable and Sustainable Energy Reviews，2020（133）：110-142.

［167］Pantano E，Vannucci V. Who is innovating? An exploratory research of digital technologies diffusion in retail industry ［J］. Journal of Retailing and Consumer Services，2019，49（7）：297-304.

［168］Park B J R，Srivastava M K，Gnyawali D R. Walking the tight rope of coopetition：Impact of competition and cooperation intensities and balance on firm innovation performance ［J］. Industrial Marketing Management，2014，43（2）：210-221.

［169］Park S J，Choi S. Valuation of adopters based on the bass model for a new product ［J］. Technological Forecasting & Social Change，2016，108（7）：63-69.

［170］Park S. Evaluating the efficiency and productivity change within government subsidy recipients of a national technology innovation research and development program ［J］. R&D Management，2014，45（5）：549-568.

［171］Peres R，Muller E，Mahajan V. Innovation diffusion and new product growth models：A critical review and research directions ［J］. International Journal of Research in Marketing，2010，27（2）：91-106.

［172］Pistorius C，Utterback J M. The death knells of mature technologies ［J］. Technological Forecasting and Social Change，1995，50（3）：215-233.

［173］Pittaway L，Robertson M，Munir K，et al. Networking and innovation：A systematic review of the evidence ［J］. International Journal of Management Reviews，

2004, 5 (3): 137-168.

[174] Reinganum J F. On the diffusion of new technology: A game theoretic approach [J]. Review of Economic Studies, 1981 (3): 395-405.

[175] Ritala P, Almpanopoulou A. In defense of "eco" in innovation ecosystem [J]. Technovation, 2017 (60): 39-42.

[176] Rogers E M. Diffusion of preventive innovations [J]. Addictive Behaviors, 2002, 27 (6): 989-993.

[177] Roges. Diffusion of innovations [M]. New York: The Free Press, 1983.

[178] Rohrbeck R, Hlzle K, Gemünden H G. Opening up for competitive advantage—How deutsche telekom creates an open innovation ecosystem [J]. R&D Management, 2010, 39 (4): 420-430.

[179] Rose-Anderssen C, Allen P M, Tsinopoulos C, et al. Innovation in manufacturing as an evolutionary complex system [J]. Technovation, 2005, 25 (10): 1093-1105.

[180] Rosenkopf L, Metiu A, George V P. From the bottom up? Technical committee activity and alliance formation [J]. Administrative Science Quarterly, 2001, 46 (4): 748-772.

[181] Ruiz-Conde E, Wieringa J E, Leeflang P. Competitive diffusion of new prescription drugs: The role of pharmaceutical marketing investment [J]. Technological Forecasting & Social Change, 2014 (88): 49-63.

[182] Sahal D. Technology guideposts and innovation avenues [J]. Researh Policy, 1989, 14 (2): 61-82.

[183] Saloner G. Economic issues in computer interface standardization [J]. Economics of Innovation and New Technology, 1990, 1 (1-2): 135-156.

[184] Samaniego R M. Industrial subsidies and technology adoption in general equilibrium [J]. Journal of Economic Dynamics & Control, 2006, 30 (9/10): 1589-1614.

[185] Saracho A I, Usategui J. Innovation diffusion subsidies: Supply without precommitment ability and welfare [J]. European Journal of Political Economy, 1994,

10 (2): 357-372.

[186] Scaringella L, Radziwon A. Innovation, entrepreneurial, knowledge, and business ecosystems: Old wine in new bottles? [J]. Technological Forecasting and Social Change, 2018 (136): 59-87.

[187] Schmookler J. Technologyical chance and economic theory [J]. American Economic Review, 1965, 55 (1-2): 333-341.

[188] Selander L, Henfridsson O, Svahn F. Capability search and redeem across digital ecosystems [J]. Journal of Information Technology, 2013, 28 (3): 183-197.

[189] Shakeri R, Radfar R. Antecedents of strategic alliances performance in biopharmaceutical industry: A comprehensive model [J]. Technological Forecasting and Social Change, 2017 (122): 289-302.

[190] Shapiro C, Varian H R. The art of standard wars [J]. California Management Review, 1999, 41 (2): 8-16.

[191] Shen H, Cheng X, Cai K, et al. Detect overlapping and hierarchical community structure in networks [J]. Physica A: Statistical Mechanics and its Applications, 2009, 388 (8): 1706-1712.

[192] Shepherd C, Ahmed P K. From product innovation to solutions innovation: A new paradigm for competitive advantage [J]. European Journal of Innovation Management, 2000, 3 (2): 100-106.

[193] Sinde-Cantorna A, Lvarez-Llorente G, Diéguez-Castrillón I. From steam to diesel in the Spanish fisheries sector: A multilevel perspective in the study of technology diffusion processes [J]. Coastal Management, 2013, 41 (4): 327-344.

[194] S Mäkinen, Dedehayir O. Business Ecosystems' Evolution—An Ecosystem Clockspeed Perspective [M]. Emerald Group Publishing Limited, 2013.

[195] Stolwijk C, Ortt J R, Hartigh E D. The joint evolution of alliance networks and technology: A survey of the empirical literature [J]. Technological Forecasting & Social Change, 2013, 80 (7): 1287-1305.

[196] Suarez F F. Battles for technological dominance: An integrative framework [J]. Research Policy, 2004, 33 (2): 271-286.

[197] Sun C H. Timing of entry and location/product differentiation [J]. International Journal of Economic Theory, 2018, 14 (2): 179-200.

[198] Taegu K, Hakyeon L, Jung-Sik H. Predicting when the mass market starts to develop: The dual market model with delayed entry [J]. IMA Journal of Management Mathematics, 2016, 27 (3): 381-396.

[199] Tassey G. Standardization in technology-based markets [J]. Research Policy, 2000, 29 (4-5): 587-602.

[200] Teece D J. Profiting from innovation in the digital economy: Enabling technologies, standards, and licensing models in the wireless world [J]. Research Policy, 2018, 47 (8): 1367-1387.

[201] Tseng C Y. Technological innovation and knowledge network in Asia: Evidence from comparison of information and communication technologies among six countries [J]. Technological Forecasting & Social Change, 2009, 76 (5): 654-663.

[202] Tsujimoto M, Kajikawa Y, Tomita J, et al. A review of the ecosystem concept—Towards coherent ecosystem design [J]. Technological Forecasting and Social Change, 2018 (136): 49-58.

[203] Van den Bulte C, Joshi Y V. New product diffusion with influentials and imitators [J]. Marketing Science, 2007, 26 (3): 400-421.

[204] Vanhaverbeke W, Gilsing V, Beerkens B, et al. The role of alliance network redundancy in the creation of core and non-core technologies [J]. Journal of Management Studies, 2010, 46 (2): 215-244.

[205] Vanhaverbeke W, Gilsing V, Duysters G. Competence and governance in strategic collaboration: The differential effect of network structure on the creation of core and noncore technology [J]. Journal of Product Innovation Management, 2012, 29 (5): 784-802.

[206] Vilos S. Balancing between and succeeding within ecosystems—case studies of complementor strategies in platform ecosystems [D]. Espoo: Aalto University, 2018.

[207] Wang P. An integrative framework for understanding the innovation ecosystem [J]. Advancing the Study of Innovation and Globalization in Organizations, 2009:

301-314.

［208］Wang S, Fan J, Zhao D, et al. The impact of government subsidies or penalties for new-energy vehicles a static and evolutionary game model analysis ［J］. Journal of Transport Economics and Policy（JTEP）, 2015, 49（1）: 98-114.

［209］Wareham J, Fox P B, Cano Giner J L. Technology ecosystem governance ［J］. Organization Science, 2014, 25（4）: 1195-1215.

［210］West J, Wood D. Evolving an open ecosystem: The rise and fall of the symbian platform ［M］. Emerald Group Publishing Limited, 2013.

［211］Zhao S, Zhu Q, Cui L. A decision-making model for remanufacturers: Considering both consumers' environmental preference and the government subsidy policy ［J］. Resources, Conservation and Recycling, 2018（128）: 176-186.

［212］蔡霞, 宋哲, 耿修林. 稠密人际网络中的竞争创新扩散机制研究——以双寡头同时竞争扩散市场为例 ［J］. 科学学与科学技术管理, 2019, 40（11）: 125-137.

［213］蔡霞, 宋哲, 耿修林. 社会网络结构和采纳者创新性对创新扩散的影响——以小世界网络为例 ［J］. 软科学, 2019, 33（12）: 60-65.

［214］陈金龙, 占永志, 邹小红. 核心企业主导型供应链金融的序贯互惠博弈模型 ［J］. 工业工程, 2017, 20（3）: 106-112, 124.

［215］陈劲, 魏诗洋, 陈艺超. 创意产业中企业创意扩散的影响因素分析 ［J］. 技术经济, 2008（3）: 39-48.

［216］陈锟. 基于复杂系统仿真的创新扩散研究述评 ［J］. 外国经济与管理, 2009, 31（4）: 10-14.

［217］陈莫凡, 黄建华. 政府补贴下生态农业技术创新扩散机制——基于"公司+合作社+农户"模式的演化博弈分析 ［J］. 科技管理研究, 2018, 38（4）: 34-45.

［218］陈斯琴, 顾力刚. 企业技术创新系统生态性分析 ［J］. 世界标准化与质量管理, 2008（4）: 21-24.

［219］陈欣荣. 技术创新扩散的微观机理分析与模拟 ［D］. 华中科技大学博士学位论文, 1996.

［220］陈欣荣，蔡希贤．技术创新扩散的非线性特征［J］．科技管理研究，1995（6）：40-42.

［221］陈子凤，官建成．合作网络的小世界性对创新绩效的影响［J］．中国管理科学，2009，17（3）：115-120.

［222］程鹏，柳卸林，朱益文．后发企业如何从嵌入到重构新兴产业的创新生态系统——基于光伏产业的证据判断［J］．科学学与科学技术管理，2019，40（10）：54-69.

［223］郭本海，储佳娜，赵荧梅．核心企业主导下乳制品全产业链质量管控GERT网络模型［J］．中国管理科学，2019，27（1）：120-130.

［224］郭丽娟，刘佳．美国产业集群创新生态系统运行机制及其启示——以硅谷为例［J］．科技管理研究，2020，40（19）：36-41.

［225］郝英杰，潘杰义，龙昀光．区域创新生态系统知识能力要素协同性评价——以深圳市为例［J］．科技进步与对策，2020，37（7）：130-137.

［226］何丽红，王秀．低碳供应链中政府与核心企业进化博弈模型［J］．中国人口·资源与环境，2014，24（S1）：27-30.

［227］何伟怡，张娉娉．核心企业领导风格与弱稳定性的工程供应链信息共享：关系质量的中介作用［J］．南开管理评论，2020，23（1）：107-117.

［228］贺团涛，曾德明，张运生．高科技企业创新生态系统研究述评［J］．科学学与科学技术管理，2008（10）：83-87.

［229］洪志生，霍佳震，苏强．服务联盟运作中线上核心企业的质量控制研究［J］．系统管理学报，2017，26（5）：990-999.

［230］黄玮强，庄新田．基于随机网络的创新扩散研究［J］．管理学报，2007，4（5）：622-627.

［231］焦李成，刘静，钟伟才．协同进化计算与多智能体系统［M］．北京：科学出版社，2006.

［232］康凯．技术创新扩散理论与模型［M］．天津：天津大学出版社，2004.

［233］李爱国，黄建宏．运输成本对空间经济集聚与扩散活动的影响［J］．求索，2006（7）：9-11.

［234］李红，孙绍荣．基于复杂网络的创新扩散研究［J］．科技进步与对策，2007（4）：52-55.

［235］李晓华，赵武．基于 BOP 群体采纳行为的包容性创新产品扩散研究［J］．科学学与科学技术管理，2017，38（5）：155-170.

［236］李英，蒋录全．Pareto-Nash 混合策略下小世界网络中创新扩散模型仿真分析［J］．上海交通大学学报，2010，44（3）：345-348.

［237］林略，周力全．小世界网络下用户创新扩散效果分析［J］．技术经济，2009，28（7）：18-21，47.

［238］林筠，吴莹莹，乔建麒等．以核心企业为主体的中试模式研究［J］．科学学研究，2019，37（5）：940-949.

［239］刘航，周建青．基于知识图谱的国内外创新扩散研究可视化分析［J］．科研管理，2020，41（8）：72-84.

［240］刘兰剑，项丽琳，夏青．基于创新政策的高新技术产业创新生态系统评估研究［J］．科研管理，2020，41（5）：1-9.

［241］刘伟，丁志慧，黄紫微．在线大规模定制下客户参与企业 NPD 最优策略研究［J］．研究与发展管理，2016，28（4）：1-10.

［242］刘友金，罗发友．企业技术创新集群行为的行为生态学研究——一个分析框架的提出与构思［J］．中国软科学，2004（1）：68-72.

［243］柳卸林，周聪，葛爽．客户异质性与稳定性对核心企业创新绩效的影响研究［J］．科学学与科学技术管理，2018，39（8）：53-68.

［244］栾永玉．高科技企业跨国创新生态系统：结构、形成、特征［J］．财经理论与实践，2007（5）：113-116.

［245］罗杰斯．创新的扩散［M］．北京：中央编译出版社，2002.

［246］迈尔克·波特．竞争优势［M］．北京：华夏出版社，1997.

［247］梅亮，陈劲，刘洋．创新生态系统：源起、知识演进和理论框架［J］．科学学研究，2014，32（12）：1771-1776.

［248］潘海波，金雪军．技术标准与技术创新协同发展关系研究［J］．中国软科学，2003（10）：115-119.

［249］钱堃，鲍晓娜，王鹏．核心企业主导的创新生态系统新能力开发：一

个嵌入式单案例研究的发现 [J]. 科技进步与对策, 2016, 33 (9): 53-61.

[250] 盛亚. 新产品采用者的决策准则 [J]. 数量经济技术经济研究, 2002 (7): 81-84.

[251] 孙冰, 徐晓菲, 田胜男等. 制造业企业技术创新生态系统的创新扩散及其演化机理 [M]. 北京: 科学出版社, 2018.

[252] 孙冰, 周大铭. 基于核心企业视角的企业技术创新生态系统构建 [J]. 商业经济与管理, 2011 (11): 36-43.

[253] 万谦, 孟卫东. 技术创新扩散补贴机制研究——基于微分博弈分析 [J]. 科技进步与对策, 2011, 28 (17): 101-105.

[254] 王纯旭. 新形势下产业技术创新生态系统发展的必然趋向与路向选择 [J]. 企业经济, 2020, 39 (10): 67-74.

[255] 王核成, 帅杏霞, 张海. 基于多层网络的内生型集群核心企业竞争优势演化研究 [J]. 研究与发展管理, 2014 (1): 69-75.

[256] 王宏起, 刘梦, 武川等. 区域战略性新兴产业创新生态系统稳定水平评价研究 [J]. 科技进步与对策, 2020, 37 (12): 118-125.

[257] 王伟光, 冯荣凯, 尹博. 产业创新网络中核心企业控制力能够促进知识溢出吗? [J]. 管理世界, 2015, 261 (6): 99-109.

[258] 王展昭, 唐朝阳. 区域创新生态系统耗散结构研究 [J]. 科学学研究, 2021, 39 (1): 170-179.

[259] 王卓, 王宏起, 李玥. 产业联盟创新生态系统领域主题演化轨迹研究 [J]. 科学学研究, 2020, 38 (4): 723-733.

[260] 危小超, 李岩峰, 聂规划等. 基于后悔理论与多 Agent 模拟的新产品扩散消费者决策互动行为研究 [J]. 中国管理科学, 2017, 25 (11): 66-75.

[261] 吴菲菲, 童奕铭, 黄鲁成. 中国高技术产业创新生态系统有机性评价——创新四螺旋视角 [J]. 科技进步与对策, 2020, 37 (5): 67-76.

[262] 武翠, 谭清美. 基于生态位适宜度的区域创新生态系统与产业协同集聚研究 [J]. 科技管理研究, 2021, 41 (3): 1-9.

[263] 武翠, 谭清美. 长三角一体化区域创新生态系统动态演化研究——基于创新种群异质性与共生性视角 [J]. 科技进步与对策, 2021, 38 (5): 38-47.

［264］肖汉杰，王华．低碳环境友好技术创新扩散非对称演化博弈研究
［J］．中国科技论坛，2017（8）：20-27．

［265］徐建中，付静雯，李奉书．基于演化博弈的制造企业服务创新扩散研
究［J］．运筹与管理，2018，27（7）：177-183．

［266］徐晓菲．制造业企业技术创新生态系统创新扩散的机理研究［D］．
哈尔滨工程大学博士学位论文，2017．

［267］徐莹莹，綦良群．基于复杂网络演化博弈的企业集群低碳技术创新扩
散研究［J］．中国人口·资源与环境，2016，26（8）：16-24．

［268］许冠南，周源，吴晓波．构筑多层联动的新兴产业创新生态系统：理
论框架与实证研究［J］．科学学与科学技术管理，2020，41（7）：98-115．

［269］闫慧．构建可持续发展的医药创新生态系统：深化临床研究体系的设
计和实施［A］//中国药学会（Chinese Pharmaceutical Association）．2017年中国
药学大会暨第十七届中国药师周资料汇编［C］．西安，2017：5．

［270］杨朝均，刘冰，毕克新．政府管制下内外资企业绿色创新扩散的演化
博弈研究［J］．软科学，2019，33（12）：86-91．

［271］杨道箭，白寅．基于Hotelling模型的供应链间核心企业竞争与分散式
［J］．系统工程理论与实践，2015，35（12）：35-47．

［272］杨升曦，魏江．企业创新生态系统参与者创新研究［J］．科学学研
究，2021，39（2）：330-346．

［273］尹洁，施琴芬，李锋．高新技术产业创新生态系统内部种群竞争演化
机制研究［J］．统计与决策，2020，36（24）：161-165．

［274］于丽静，陈忠全．基于演化博弈的物流企业绿色创新扩散机制研究
［J］．运筹与管理，2018，27（12）：193-199．

［275］曾国屏，苟尤钊，刘磊．从"创新系统"到"创新生态系统"［J］．
科学学研究，2013，31（1）：4-12．

［276］张诚，林晓．技术创新扩散中的动态竞争：基于百度和谷歌（中国）
的实证研究［J］．中国软科学，2009（12）：122-132．

［277］张利飞．高科技企业创新生态系统运行机制研究［J］．中国科技论
坛，2009（4）：57-61．

［278］张晓军，李仕明，何铮．社会关系网络密度对创新扩散的影响［J］．系统工程，2009，27（1）：92-97.

［279］张焱，苑春荟，吴江．5G 背景下我国物流产业创新生态系统构建与演化研究［J］．科学管理研究，2020，38（1）：62-70.

［280］赵维双．技术创新扩散的环境与机制研究［D］．吉林大学博士学位论文，2005.

［281］周密．非均质后发大国技术空间扩散的影响因素——基于扩散系统的分析框架［J］．科学学与科学技术管理，2009，30（6）：63-67.

［282］朱翔．产业创新生态系统种群构成与产业创新能力的关系——基于向量自回归（VAR）模型的实证分析［J］．科技管理研究，2019，39（21）：7-13.

后　记

本书将创新生态系统理论与社会网络理论相结合，从制造业企业技术创新生态系统的视角切入，基于竞争与合作关系、两阶段市场和多代技术的视角对制造业企业技术创新生态系统创新扩散的机理展开研究，本书研究主要得到以下成果和结论：

（1）剖析了竞争关系下制造业企业技术创新生态系统创新扩散机理。基于Cournot 数量竞争博弈和创新扩散双重市场的论述，本书对竞争关系下制造业企业技术创新生态系统创新扩散进行了博弈分析与仿真分析，从政府补贴、扩散成本和转换成本的综合作用以及采纳数量和采纳时间三个方面剖析了竞争关系下制造业企业技术创新生态系统的创新扩散机理。研究结果表明：转换成本通过影响投资补贴和产出补贴进而影响创新扩散。在潜在市场规模较大和新技术产品生产成本较低的情况下，政府更有可能提供产出补贴，以推动新技术产品在部分企业之间扩散；对双寡头垄断市场的研究结果同样适用于多家企业组成的市场；当市场上企业较多时，投资补贴成本可能更低，政府更容易选择投资补贴推动新技术的创新扩散；大企业主导的技术总会成为标准技术；当扩散成本比较高时，两家企业都拒绝采纳新技术产品。当扩散成本处于中间区域时，只有小企业生产新技术产品。当扩散成本较低时，两家企业都生产新技术产品；转换成本和企业的连接数越大时，企业扩散成本越低，企业技术创新扩散越快；采用新技术的企业数量会正向影响企业技术创新扩散。早期采纳新技术的企业数量越多，企业技术创新扩散越快。

（2）揭示了合作关系下制造业企业技术创新生态系统创新扩散机理。本书基于技术创新生态系统的创新扩散的合作过程，构建了核心企业和配套企业的合作博弈模型，并对合作关系下技术创新生态系统创新扩散进行了仿真分析，从企业地位、合作策略和收益分配比例三个方面剖析了竞争关系下制造业企业技术创新生态系统的创新扩散机理。本书发现，在早期市场中，核心企业首要的任务是搭建和配套企业的合作桥梁，使配套企业加入创新生态系统时有一个非负的附加收益，才能够完成创新生态系统的构建。可变收益分配比例的增加也会提高配套企业的采纳概率，配套企业分配到的固定收益比例正向影响配套企业采纳概率。核心企业采纳核心技术的收益负向影响企业采纳概率；在主要市场中，配套企业主动采纳配套技术的概率与配套企业采纳配套技术能够获得的收益相关，当收益为非负时，该企业才有可能进行主动采纳配套技术。固定收益分配比例不影响企业采纳概率，配套企业对配套技术的采纳影响增强，核心企业采纳核心技术的收益对核心企业采纳配套技术概率的影响在减缓。

（3）分析了竞争与合作关系下的制造业企业技术创新生态系统创新扩散机理。本书基于数理经济模型构建了制造业企业技术创新生态系统创新扩散的多代技术数理经济模型，阐释了企业采取不同合作和竞争策略时的制造业企业技术创新生态系统的创新扩散机理。研究表明：对于一代技术而言，开拓阶段企业更倾向于选择合作策略。扩展阶段企业倾向于选择竞争策略，领导阶段由合作策略和竞争策略共同主导；对多代技术的扩散而言，二代技术发布时间越晚，学习效应越高，越有利于一代技术扩散。企业的学习能力越低，越有利于二代技术扩散。竞争技术的收益较高会抑制一代技术和二代技术的扩散。

（4）结合竞合分析框架构建了制造业企业技术创新生态系统创新扩散机理的整体框架，实例验证了制造业企业技术创新生态系统创新扩散的机理，针对四种主要类型的新能源客车企业创新生态子系统，分析了电池技术创新扩散机理并提出了对策建议。研究结果表明：新能源客车企业创新生态系统经历的开拓阶段时间最长，而扩展阶段和领导阶段较短。新能源客车企业创新生态系统最大子系统的核心企业一直是由电池制造企业担当。新能源客车企业创新生态系统最大子系统从开拓阶段到扩展阶段得到了快速扩散，系统内企业间关系以合作为主，从扩展阶段到领导阶段扩散速度减缓，系统内企业间关系以竞争为主。

虽然本书基于理论和模型研究得到了一些结论，但本书尚存在一些有待完善之处：第一，在内容上，由于当前企业隐私保护等原因导致企业新技术的采纳成本等相关的实证数据难以收集，未来在情况允许的条件下笔者将收集相应的实证数据，以对制造业企业技术创新生态系统的创新扩散过程进行进一步研究，以期更全面地体现整体网络中的扩散过程。第二，在案例研究上，将选取其他行业进行深入研究，以探讨其他制造业行业的企业创新生态系统的结构特征及其创新扩散特点。